戦略で分析する古戦史

川中島合戦

海上 知明

原書房

戦略で分析する古戦史

川中島合戦

目次

はじめに

合戦に〝芸術性〟などということばを使うことはためらわれるのだが、あえて戦史史上もっとも〝華麗〟で〝芸術的〟な合戦をあげるならば、それは永禄四年（一五六一年）におこなわれた「川中島合戦」につきるだろう。この合戦には、上杉謙信（一五三〇—七八年）と武田信玄（一五二一—七三年）というふたりの名将が秘術をつくした、芸術の競いあいのようなイメージがある。戦史の教科書というものがあるとすれば、「川中島合戦」はもっとも華麗な合戦として、もっとも完璧な戦いかたであった平清盛の「平治の乱」（平治元年（一一五九年））鎮圧と双璧をなすものとされるであろう。

史実としての「川中島合戦」を追う作業はたくさん試みられていて、戦前・戦後をつうじて数多くの研究書が出版されている。過去に出版された軍記物語や研究書を一堂に集めて集大成した内容の本も、合戦経緯を可能なかぎり詳細に著した本も出版されている。しかし、「川中島合戦」にかんする一級史料はすくなく、その全貌はいまだ謎に包まれているという人も多い。

本書は、先人たちのすぐれた研究成果をふまえたうえで、社会科学的な分析に大きく舵を切ったものである。〝華麗〟で〝芸術的〟という形容も、「確定的史実としての川中島合戦」に対してではなく、「世間で広く流布している川中島合戦」に対する評価である。

本来は「確実な川中島合戦の全貌」がわかればいいのだが、よほど画期的な史料でも発見されないかぎり、現状ではそれをもとめることは不可能である。合戦の具体的展開を語るのは、問題点が多々指摘されている軍学書、文学の一系統である軍記物語しかない。それらを利用する以外に、方法はないのである。

そこで、軍記物語は全面的かつ積極的に利用していく。ただそれは、文学として鑑賞するものでも、ましてや書かれている内容をそのまま真実の歴史として利用するものでもない。ひとくふうを加えることによって、フィクションの背後にひそむ真実を見いだすのである。

軍学書や軍記物語を細部にわたってなぞるのではなく、戦略・戦術の原則をあてはめて検証するという方法をとる。つまり、戦史から法則性を導くのではなく、法則性から軍記物語が描く合戦の妥当性を問うという、演繹法《えんえきほう》を使うのである。

上杉謙信も武田信玄も戦略家である。数式を解く際に方程式をあてはめるように、戦略家ならばここでどうするかという〝戦略の法則性〟をあてはめ、謙信と信玄の個性や、領国である越後国と甲斐国、東国の情勢や戦国時代の特性といったものを変数としてとりこみ、おこなわれていた可能性が高いとみなせることを導きだし、それを軍記物語に表れている断片的な記述と照らしあわせてみる。

語られている合戦の経過について、「史実」的視点から整合性を見ていくのではなく、法則が適合するかどうか、その法則はいかなるものかという観点から見ていく。つまり、断片的でしかない史実が戦略原則にあてはまるかどうか、戦略としての整合性があるかどうかを検証する。

軍記物語の記述のなかには、あきらかなフィクションも多い。年月や人名などでのまちがいが見られることも多い。しかし、史実であるかどうかが不明なことについては、整合性がとれているか、法則にあてはまっているか、論理的に説明できるかという視点で、「たぶん、史実であろう」とみなしていく。確実な史実かどうかが不明だからといって、絶対に史実ではないともいえない。「常識」で見て史実ではないという見方もあるが、「常識」は定立した法則ではないから、実際には人によって受けとりかたはさまざまである。

武田信玄には該当するが、上杉謙信には該当しないというように、一律な判断ができないものも多い。おこなわれる可能性があったかどうか、ほかの事象から類推して見ていく。理由もなく「史実でない」と決めつけるのではなく、普遍的法則性に適合するかどうかから見ていくことで、「それは史実ではないか」と類推できることもある。試みるのは法則性、とくに戦略原則からの検証である。

信濃の小さな盆地でおこなわれた国境紛争まがいの合戦がいかなる意味をもっていたのか、どのような意義を有していたのかを見るには、社会科学の諸概念を利用して日本列島の上空からながめるような〝鳥瞰図〟が必要である。巨大なバランス・オブ・パワーの視点、そして地政学の視点を加味したとき、はじめて合戦の意義があきらかになる。上杉謙信も武田信玄も、その意義を心得ていた。だからこそ、双方は数万人の大軍を集めて戦ったのである。このときに双方が集めた兵力は、同時代のヨーロッパでは国家間の合戦ですらめったに見られぬほどの規模である。この合戦はそれほどの重要性を有していたのである。

まとめると、本書は、①法則性から逆算的に検証して軍学書や軍記物語を利用する、②日本列島の上空からながめるような、大きな視点からの「川中島合戦」の意義を検証する、③戦略・戦術から合戦を分析する——という観点から、Ⓐ永禄四年（一五六一年）の「川中島合戦」において決定的な意味をもったのは、上杉謙信が春日山城にのこした軍の存在であった、Ⓑ戦争目的からみて、「川中島合戦」は上杉謙信の勝利であった、Ⓒその後の歴史の流れは「永禄四年川中島合戦」によって決定された——という結論を導きだしていく。

前述したように、地政学とバランス・オブ・パワーから川中島地方を見直すこととは、この合戦が天下の帰趨を決定したといっても過言ではないほどの意義を印象づけるものとなる。前線基地や根拠地から戦場までの軍の移動経路を「作戦線」とよぶが、複数部隊が包囲するように向かうものを「外線作戦線」、全軍が一団となって敵の各部隊を各個攻撃するように進むものを「内線作戦線」とよび、それぞれ「外線」「内線」と称される。外線の視点から「永禄四年川中島合戦」における上杉謙信の全軍配置状況を見直すことは「兵力集中」を再認識させるものになると考えられるので、各種戦略論との照合をおこないながら分析をすすめられればと考えている。

なお、上杉謙信、武田信玄ともに何度も名前が変わっており、不識庵謙信、徳栄軒信玄は法名である。川中島合戦にかかわる時期においても、年代によって謙信には厳密には長尾景虎、政虎、輝虎という名前があり、大徳寺（臨済宗、京都）からうけた宗心という法名もある。同様に、信玄に対しても武田晴信を使うべきなのだが、ここでは混乱を避けるために基本的には上杉謙信、武田信玄で統一している。また長尾家、長尾軍というべき時代であっても、一貫した流れで見るために、上杉家、上杉軍という呼称を使っていることを付記しておきたい。

ただし、例外もある。たとえば地名の「海津」「妻女」、川名の「千曲川」については、基本的にこれらの表記を採用しつつも無理に統一せず、「貝津」「西条（條）」「筑摩川」と記述する軍記物語の該当箇所を紹介するときには後者を採用している。また、人名について軍記物語からの引用は、極力その名前のとおりとし、カッコ内に知られている別名を付した。

第1章

「川中島合戦」を分析するにあたって

第一節　「川中島合戦」の史料

歴史の不確実性

歴史を語る際、そのエピソードが「確実にあった」ものだと断言できることは非常にすくない。現代史においてさえも、解釈がわかれたり、新資料が発見されることで〝事実〟がぬりかわったりすることがあるのだから、ろくな記録ものこっていない数百年まえのこととなれば、それが霧にかくされたような不透明さのなかにあるのは当然のことと思われる。

日本の戦史上でとくに名高い「川中島合戦」も、その知名度とは裏腹に、わからないことだらけであった。五〇〇年近くまえのできごとだということはわかっているが、実際にそれがいつおこなわれたかにかんしてすら議論はわかれる。群雄割拠の時代だから、政府による年代史や国史のようなものは編纂されていない。各地の出来事が風聞として伝えられ、記録されていれば、それで上出来であった。そんな時代のことなので、正確な記録がないのはやむをえない。

「川中島合戦」について〝確実〟にいえるのは、戦国時代（一六世紀半ばから終盤にかけて）に、上杉謙信と武田信玄によって、信濃国《しなののくに》・川中島地方で、一二年近くも紛争が続き、前後数回おこなわれた合戦があったこと、なかでも永禄《えいろく》四年（一五六一年）の合戦は戦国史上最大の激戦であったということぐらいで、いまこれを新聞記事にするとすれば、十数行にしかならないのではなかろうか。

にもかかわらず「川中島合戦」は、講談や頼山陽《らいさんよう》（江戸時代後期の歴史家、思想家。一七八一―一八三二年）の漢詩などをとおして広く世間に知れわたっている。

知名度の背景

この合戦が江戸時代をつうじて有名だった理由のひとつには、武田信玄と徳川家康（一五四三―一六一六年）の関係がある。家康は、天下人となる豊臣秀吉（一五三六―九八年）に「小牧《こまき》・長久手《ながくて》の戦い」（一五八四年）で一矢報いた。ところが、その家康がまったく歯がたたなかったのが、武田信玄であった。そして、その信玄が勝てなかったのが、上杉謙信である。両者のあいだの合戦は、〝一騎打ち〟などの華やかさもあって、戦国随一の有名なものとなっていった。

江戸時代に軍学が盛んになったことが、それに拍車をかける。「軍学の祖」といわれる小幡《おばた》景憲《かげのり》（一五七二―一六六三年）が編集した『甲陽軍鑑《こうようぐんかん》』のハイライトは「川中島合戦」であった。明治時代に国史学者の田中義成《よしなり》博士（一八六〇―一九一九年）によって否定されて以来、『甲陽軍鑑』が史料として利用されることはほとんどなくなったが、江戸時代には盛んに活用され、その内容は『日本外史』（江戸時代後期に頼山陽が著した国史）などでも利用された。

「川中島合戦」の史料の系譜

江戸時代に発刊された「川中島合戦」にかんする書物やそれにふれた書物は、かなりの量となる。もちろん、謙信や信玄にかかわるすべての軍記物語に「川中島合戦」が出てくるわけではなく、これにふれているのは『川中島五箇度合戦之次第（河中島五箇度合戦記）』『北越軍談』『上杉三代日記』『甲陽軍鑑』『武田三代軍記』『太祖一代軍記』『謙信記』『上杉将士書上』『上杉輝虎注進状』『北越耆談』『川中島五戦記』『川中島合戦評判』『川中島合戦弁論』『甲越信戦録』などで、それは大きくふたつの系譜にわけることができる。ひとつは武田側から書かれた『甲陽軍鑑』を源流とする系譜、もうひとつは上杉側から書かれた『川中島五箇度合戦之次第』を源流とするものである。諸軍記は、このふたつの源流に集約できるという。

両者の大きな差異は、「川中島合戦」のあった年代と回数、「川中島合戦」最大の激戦の時期、上杉謙信と武田信玄の一騎打ちの描写、一騎打ちの時期についての記述である。

『甲陽軍鑑』『川中島五箇度合戦之次第』『北越軍談』など

『甲陽軍鑑』は武田家の関係者による軍学書であり、元和《げんな》年間（一六一五―二四年）に原本が成立したとされている。武田家の家臣・香坂弾正忠虎綱《こうさかだんじょうのじょうとらつな》（高坂昌信《こうさかまさのぶ》。一五二七―七八年）が天正三―五年（一五七五―七七年）に書いた実録を、甥の春日惣次郎（生没年不明）と猿楽師の大蔵彦十郎（生没年不明）が筆録したという体裁をとり、天正一四年（一五八六年）五月の日付で終了している。信玄の軍師として知られる山本勘助（「菅助」との説もある。一四九三―一五六一年）を主役級としているため、勘助の子の作だとか、前出の軍学者・小幡景憲が香坂らの名を借りて作成したなどといわれていたが、「石水寺物語」など川中島合戦と同時代性が高い内容も盛りこまれている。一般的な見解は、香坂の書きおきに、山本勘助の子であった京都・妙心寺（臨済宗）の僧侶の記録などを加え、それに小幡自身が聞いていた内容を付加して集大成したものだとされる。

『川中島五箇度合戦之次第（正式名『就御尋書上候信州川中島五箇度之次第』、別名『河中島五箇度合戦記』『川中島五戦実記』）』は、『甲陽軍鑑』に書かれている川中島合戦の記述の真偽やいかにという問いかけに対して、もういっぽうの関係者である上杉家が、のこっていた記録などをまとめたものである。慶長二〇年（一六一五年）三月二三日に上杉家のふたりの家臣・清野《きよの》助次郎（長《なが》範《のり》。一五七三？―一六三四年）と井上隼人正（生没年不明）が書きおいたものを中心にしたという体裁になっており、寛文九年（一六六九年）五月五日、大老・酒井雅楽頭《うたのかみ》（忠清《ただきよ》。一六二四―八一年）をとおして江戸幕府に提出したという。

主要な川中島合戦を五回としたのは、この『川中島五箇度合戦之次第』の登場以降となる。

『甲陽軍鑑』に対抗する上杉側からの軍学書としては、ほかに『北越軍談』もある。上杉謙信の軍師・宇佐美定行《さだゆき》（定満《さだみつ》。一四八九—一五六四年）の子孫を称する宇佐美勝興《かつおき》（一五九〇—一六四七年）の子・定祐《さだすけ》（生没年不明）が元禄時代（一六八八—一七〇四年）に書きあげたもので、山本勘助に対抗してか、宇佐美定行の活躍が強調されている。

そして、この『北越軍談』と『甲陽軍鑑』を合体させたのが『甲越軍記』で、川中島第三回戦の前半までが記されている。途中で切れているのは、著者の速水春暁斉《はやみしゅんぎょうさい》（彦三郎。江戸後期の大阪の画工。一七六七—一八二三年）が死去したことによる。その後、小沢東陽（柳園種春。生没年不明）がこれを引き継いで、『烈戦功記』を完成させている。

一級史料

上杉家には、公式記録として『上杉年譜』がある。本来は鎌倉幕府の『吾妻鑑《あずまかがみ》』同様に一級史料としてあつかわれてもいいものだが、『吾妻鑑』もそうであるように、後世の成立であり前述した軍学書も利用して書かれているため、事実関係の信頼性という点で課題がのこる。

ほかに、米沢藩主・上杉家に伝えられてきた古文書を集めた『上杉家文書《もんじょ》』がある。ただ、上杉家では「御館《おたて》の乱」（一五七八年に謙信が急死したのち、その家督をめぐって、ふたりの養子——上杉景勝《かげかつ》〔実父は長尾政景《まさかげ》。一五五三—一六二三年〕と上杉景虎《かげとら》〔実父は北条氏康《ほうじょううじやす》。一五五四—七九年〕

――のあいだで起こったお家騒動）があり、このときにかなりの記録類が消失している。

一級史料が後世に伝えられているかどうかという点でいえば、天目山《てんもくざん》（現在の山梨県甲州市にある峠）で滅んだ武田家のほうは悲惨なものがあるが、それでも『高白斎記』『妙法寺記』という良質な史料がのこっている。残念なことに『高白斎記』は本格的な川中島合戦まえの天文二二年（一五五三年）までで終わっているが、『妙法寺記』は同時代の記録であり、永禄六年（一五六三年）まで続いている。ただし、甲斐国河口湖畔の寺の記録であるため、「川中島合戦」にかかわる内容の大半は風聞になってくる。

『甲越信戦録』

江戸時代後期に登場した『甲越信戦録』は、「川中島合戦」との同時代性はないが、川中島地方出身の著者が、それ以前に出ていた『甲陽軍鑑』や『川中島五箇度合戦之次第』などを参照しながら、川中島地方に伝わる話を加味して加筆・修正したもの。以前に出た諸軍記物語の集大成版であるとともに、極力史実に近づけようとした内容となっている。内容の細かいまちがいは多々見られるが、筋を読みとるものとしては、大きくまちがってはいないように思われる。

現在定説となっている「川中島合戦」にかかわる内容で、永禄四年（一五六一年）の合戦において上杉謙信が布陣した山の名を「西条（西條）」から『上杉三代日記』と同じく「妻女」に変更したり、謙信が善光寺に置いた兵数を五〇〇〇人、妻女山に率いていた兵力を八〇〇〇人としたりしているのは、『甲越信戦録』の影響である。

いっぽうで、『甲越信戦録』の内容には否定的な見解も多く、信玄が当初布陣したのは『甲陽軍鑑』にあるとおり「雨宮の渡し」であるとか、謙信が布陣したのも西条であるとか、謙信が直接率いていったのは八〇〇〇人ではなく一万三〇〇〇人としたり一万人としたりする説も見られるが、よほど信憑性が高い史料が出てこないかぎり不毛な議論になるだけである。

第二節 「川中島合戦」をめぐる諸説

「川中島合戦」の回数と時期の諸説

「川中島合戦」が実際に何回あったのかについては、当初からさまざまな説があった。

『甲陽軍鑑』では一二回おこなわれたことになっており、それは、天文一六年（一五四七年）一〇月、同一七年（一五四八年）、同一八年（一五四九年）五月、同一九年（一五五〇年）九月〜一〇月、同二二年（一五五三年）八月、同二三年（一五五四年）、同二四年（一五五五年）三月、弘治二年（一五五六年）三月、同三年（一五五七年）四月、永禄元年（一五五八年）、同二年（一五五九年）

二月、同四年（一五六一年）八月となっている。だが、天文一六年は、「川中島合戦」の発端になったといわれる、信玄による村上義清《よしきよ》（北信濃の戦国大名。一五〇一―七三年）駆逐よりもまえである。村上義清がその居城である葛尾城《かつらおじょう》（現在の長野県埴科郡《はにしなぐん》にあった）から追われて謙信をたよったのは、天文二二年のことである。

『北越軍談』があげているのは一四回で、天文一六年一〇月、同一七年七月、同一八年四月、同一九年五月、同一九年九月、同二一年（一五五二年）四月、同二三年五月、同二三年八月、同二四年四月、弘治三年四月、同三年八月、永禄元年五月（両雄会盟）、同二年二月、同四年七月となっている。

『川中島五箇度合戦之次第』は五回で、天文二二年一二月、天文二三年八月、弘治二年三月、弘治二年八月、永禄四年八月となっている。さらに永禄七年（一五六四年）七月には上杉軍と武田軍双方の代表による一騎打ちがあったとしている。『川中島五箇度合戦之次第』の登場以降、江戸時代をつうじて、川中島合戦がおこなわれた回数は五回戦説が主流となる。『甲越信戦録』は天文一六年一〇月、同二一年一〇月、同二三年八月、弘治二年、弘治三年八月、永禄四年八月の六回をあげているが、『川中島五箇度合戦之次第』に合わせて弘治二年三月の合戦を第三回戦、弘治三年八月の合戦を第四回戦と呼んでいるが、記述されている回数とは一致していない。

『妙法寺記』では、天文二四年に対陣が二〇〇日におよんだことと、信玄は兵力三〇〇〇人、鉄砲三〇〇、弓八〇〇を配備したこと、そして永禄四年九月一〇日に合戦がおこなわれたことが記されていて、それは確実である。

回数と時期の検証

天文二四年（弘治元年（一五五五年））と永禄四年（一五六一年）は多くの書籍に共通してとりあげられており、この年に激戦がおこなわれた可能性は高い。

さらに、明治になって発給文書などによってさまざまな検証がすすめられた。

田中義成氏がとなえたのが二回戦説で、弘治元年の戦いを初戦とみなし、天文二三年（一五五三年）の合戦は否定。会戦は、弘治元年、永禄四年とみなした。『甲越川中島戦史』の著者である陸軍の軍事史家、北村建信氏も、弘治元年、永禄四年が会戦、永禄七年（一五六四年）、元亀元年（一五七〇年）が対陣であるとみている。上杉謙信の伝記研究で知られる布施秀治氏（一八七五―一九四八年）も、弘治元年を初戦と位置づけている。長野県の郷土史家栗岩英治氏（一八七八―一九四六年）は、弘治元年、弘治三年ともに謙信の出馬はあったが、永禄四年のみが会戦だったとしている。長野市教育会が編集した『川中島戦史』の年表によると、天文二二年、天文二四年、弘治二年、弘治三年、永禄四年、永禄七年（一五六三年）が会戦と対陣であるという。

そして、日本史学者の渡辺世祐《よすけ》氏（一八七四―一九五七年）がほかの関係資料も確認して新し

「川中島合戦」の回数と時期の諸説

『甲陽軍鑑』	『北越軍談』	『川中島五箇度合戦之次第』	渡辺世祐氏(定説)
天文16年10月	天文16年10月		
天文17年	天文17年7月		
天文18年5月	天文18年4月		
天文19年9～10月	天文19年5月 天文19年9月		
	天文21年4月	天文21年12月	
天文22年8月			天文22年8月
天文23年	天文23年5月 天文23年8月	天文23年8月	
天文24年3月	天文24年4月		天文24年（弘治元年）7月
弘治2年3月		弘治2年3月 弘治2年8月	
弘治3年4月	弘治3年4月 弘治3年8月		弘治3年8月
永禄元年	永禄元年5月		
永禄2年2月	永禄2年2月		
永禄4年8月	永禄4年7月	永禄4年8月	永禄4年9月
		永禄7年7月*	永禄7年8月

＊合戦ではなく、代表者の一騎打ち

川中島関係年表

	上杉謙信	武田信玄	川中島合戦など
大栄元年（1521年）		11月、信玄誕生	
享禄3年（1530年）	1月、謙信誕生		
天文10年（1541年）		6月、信虎追放	
天文11年（1542年）		6月、諏訪攻め 9月、安国寺合戦	
天文12年（1543年）	栃尾入城		
天文14年（1545年）	10月、黒田秀忠討伐	4月、上伊那郡制圧	
天文15年（1546年）	2月、黒滝城攻略	5月、佐久郡内山城攻略	
天文16年（1547年）		7月～8月　佐久郡志賀城攻略	
天文17年（1548年）	12月、家督相続	2月、上田原合戦 7月、塩尻峠合戦	
天文19年（1550年）		9月、戸石崩れ	
天文20年（1551年）	8月、越後国統一	5月、戸石城奪取	
天文21年（1552年）	関東管領上杉憲政亡命		
天文22年（1553年）	9月、上洛（第1回）	4月、村上義清敗走	4月22日、更級郡八幡で武田軍と「敵五千」との戦闘が勃発 8月「布施の戦い」 9月1日「八幡の戦い」
天文23年（1554年）		「善徳寺の会盟」	
天文24年（弘治元年、1555年）			4月より「対陣二百日」
弘治2年（1556年）	3月、隠遁表明（説得により思いとどまる）	3月より川中島地方で一連の謀攻	
弘治3年（1557年）			2月、信玄葛山城攻略 4月21日に善光寺に謙信着陣、25日に旭山城

			を再興 8月、「上野原の戦」
永禄元年 （1558年）		1月、信濃守護職補任 就任	
永禄2年 （1559年）	4月、上洛（第2回～ 10月） 6月、関東管領支援公 認		
永禄3年 （1560年）	3月、富山城攻略 8月、関東出兵（第1 回～永禄4年6月帰国）		
永禄4年 （1561年）			8月、謙信の妻女山布陣 9月、第4次川中島合戦 11月、双方が関東に出 兵
永禄5年 （1562年）	12月、関東出兵	11月、氏康とともに 関東で松山城を攻撃	
永禄7年 （1564年）		3月、信濃国水内郡野 尻城攻撃 6月、飛騨国出兵	7月下旬、謙信春日山 城出立、第5次川中島 合戦（対陣60日）
永禄9年 （1566年）	2月、12月と二度にわ たり関東出兵	9月、箕輪城陥落させる	
永禄10年 （1567年）		12月、三国同盟破綻	
永禄11年 （1568年）		12月、駿河国侵入開始	
永禄12年 （1569年）	5月、小田原北条氏と 講和	9月、関東出兵 10月、三増峠合戦	
元亀2年 （1571年）		10月、北条氏康死去に より小田原北条氏との 関係修復が開始される	
元亀3年 （1572年）		10月、上洛開始 12月、三方ヶ原合戦	1月、謙信と信玄が利 根川をはさんで対峙
元亀4年 （天正元年、 1573年）		4月、信玄死去	
天正4年 （1576年）	5月、本願寺と講和		
天正5年 （1577年）	9月、手取川合戦		
天正6年 （1578年）	3月、謙信死去		

い立場から五回戦説を述べた。それによると、信玄が弘治三年に信濃国更級郡の土豪・大須賀九兵衛尉《きゅうべえのじょう》（?—一五七五年）にあたえた感状と、謙信が弘治二年に長慶寺の天室光育に送った書状から、天文二二年八月に第一回戦があったことをわり出し、弘治元年七月、弘治三年八月、永禄四年九月、永禄七年八月と続いたことになっている。今日ではその説が踏襲されていることが多く、ほぼ定説化しているが、田中氏のとなえた二回戦説も、依然としてのこっている。

『高白斎記』の問題

しかし、一級史料とされている『高白斎記』に、天文二一年（一五五二年）正月九日に長尾景虎（上杉謙信）・長尾政景《まさかげ》（一五二六—六四年）と信玄とが信州時田《ときだ》（常田）で合戦をしたという記述がある。この合戦は、『甲陽軍鑑』の記述とも一致する。『甲陽軍鑑』によれば、時田合戦とは、川中島ではなく信濃国小県郡《ちいさがたぐん》（現在の長野県上田市）の地蔵峠でおこなわれた戦いである。

このほかにも、『高白齊記』には海野平《うんのたいら》（信濃国小県郡）でも対陣や小競りあいがあったことが記されているが、これを検証した本にお目にかかったことはない。もしかすると、『甲陽軍鑑』や『川中島五箇度合戦之次第』の記述どおりの小戦闘があったという可能性ものこされているが、これも新史料が見つからないかぎり検証の余地はない。

結局のところ、「川中島合戦」の時期についての論証は、多少の微調整はあっても実質的には渡辺世祐氏の打ち出した説に沿うものである。

一騎打ちの諸説

もうひとつ議論が続いていたのは、上杉謙信と武田信玄の一騎打ちについてである。一騎打ちがあったとして、どのような形態でいつあったのかについては、諸説がある。

こちらも、『甲陽軍鑑』系と『川中島五箇度合戦之次第』系とに大別される。時期については天文二三年（一五五四年）と永禄四年（一五六一年）という説にわかれ、一騎打ちの形態も、謙信と信玄がともに馬上にあって川中で斬りあったという話と、馬上の謙信が床几《しょうぎ》（移動用のおりたたみ式簡易腰かけ）に腰をおろした信玄に斬りつけたとする話とにわかれる。

『甲陽軍鑑』には、永禄四年の合戦で白毛の馬にのった「胴肩衣武者《どうかきぎぬむしゃ》」（袖なしの羽織を着た武者）が信玄に斬りつけ、のちに聞くとそれが謙信だったという話が出ている。『甲越信戦録』も、永禄四年のこととして、謙信が信玄に太刀で斬りかかり、信玄は床几に座ったまままこれを団扇《うちわ》でうけとめたとされている。『松隣夜話』の記述もほぼ等しい。

この対決を天文二三年の合戦での話として載せているのが、『上杉将士書上』である。ふたつの説があり、武田信玄に仕え、のちに徳川家康の家臣となった横田甚右衛門《じんえもん》（一五五四―一六三五年）の証言によれば、謙信が太刀で斬りかかり、信玄は床几に座ったまま団扇でうけとめたとされる。その横田の話を否定するのが、家康の参謀で天台宗の僧・天海僧正（一五三六？—一六四三年）の目撃証言。八月一八日、天海僧正による雨宮の山上からの目撃談によると、謙信と信玄が一騎打ちをしたのは御幣川《おんべがわ》（長野県長野市）のなかであった。合戦後に武田軍の本陣をたずねると、信玄が負傷しており、この件について他言は無用といわれたという。

ほかに、天文二三年説としては『北越軍談』に武田家の初鹿伝右衛門《はじかのでんえもん》（一五〇五？—一五四八年）の上杉弾正定勝（一六〇四—四五年）への証言が登場している。それによると、御幣川のなかで謙信と信玄が一騎打ちを演じており、信玄の近習《きんじゅ》（主君のそば近くに仕える者）だった伝右衛門が謙信を槍で突こうとしたという話になっている。

なお、『北越軍談』では、『甲陽軍鑑』のなかで信玄に斬りかかった「胴肩衣武者」を、武田側が荒川伊豆守《いずのかみ》（長実《ながざね》。生没年不明）だったと噂していたと付加されている。つまり、実際に斬りつけたのは謙信だが、荒川伊豆守だという噂になっていたというもので、『上杉年譜』での荒川伊豆守説の背景を記しているのである。実際の『甲陽軍鑑』はちゃんと、斬りつけたのは謙信だとみなしている。

『川中島五戦記』では、謙信と信玄の一騎打ちは天文二三年だが、永禄四年には荒川伊豆守による信玄への斬りつけがあったとしている。

今日では天文二三年の川中島合戦は否定されているため、一騎打ちがあったとすれば永禄四年しかなく、『甲陽軍鑑』『甲越信戦録』『松隣夜話』といった永禄四年説で共通している描写が、時期はことなるものの『上杉将士書上』とも同じであるため、両将の一騎打ちの姿として妥当であろう。

とはいえ、時田合戦や海野平対陣についての『高白斎記』の記述もあるのだから、この方面のこともまた変更される可能性がある。

第三節　諸軍記が伝える川中島合戦の最激戦

明治時代の田中氏の見解

以上のように、諸軍記もおおよそ統一された内容とはいいがたい。したがって、今日では史料として軍記物語を利用することはほとんどない。そもそも江戸時代から軍記物語の内容を問題視する見方はあり、江戸時代中期の軍談書『常山紀談《じょうざんきだん》』や肥前平戸藩の藩主松浦鎮信《しげのぶ》（一五四九―一六一四年）による戦話『武功雑記』では、『甲陽軍鑑』が批判されている。また、『武功雑記』は、山本勘助に対する過度な評価は勘助の子が創作したものだからだということを示唆しており、後世の山本勘助雑兵説につながっている。『甲陽軍鑑』については、上杉側の軍記物語などでも誤りが指摘されていた。

そして、軍記物語否定を決定づけたのが、前述した明治時代の田中義成氏の研究である。田中義成氏は日本中世史の泰斗であるが、実証の立場から、発給文書などをもとに事実とことなる多くの誤りを指摘し、『甲陽軍鑑』や『川中島五箇度合戦之次第』の史料性を否定、「『甲陽軍鑑』は虚を前に伝え、『川中島五戦記』は妄を後に加えた」と酷評している。

実際、軍記物語における年月や人名などの記述ミスは多い。『甲陽軍鑑』にかんしては、「海野《うんの》口城《くちじょう》攻略」「信虎《のぶとら》追放」「諏訪攻め」「上田原合戦」「塩尻合戦」「戸石《といし》（砥石）崩れ」「第一次川中島合戦」「謙信の小田原城攻め」「箕輪城《みのわじょう》攻略」「武田義信《よしのぶ》自刃」などの年代が、前後したりちがっていたりしているし、川中島第一回合戦が実際より六年もはやくおこなわれたことになっている。『川中島五箇度合戦之次第』は、信玄の弟・武田信繁《のぶしげ》（一五二五―六一年）の討死を天文二三年（一五五四年）としているだけでなく、天文二三年に「御幣川合戦」があったと記している。天文二三年に「御幣川合戦」があったとしている点は『北越軍談』と同じであるから、これが架空の戦記だといわれてもしかたない。

田中義成氏の指摘に反論するつもりはない。というより、わたしもそのとおりだろうと考えている。軍記物語の内容をそっくり事実と考えるのは、フィクションを事実とみなすに等しい。

しかし、歴史における法則性のようなものは、必ず主軸のひとつとして存在している。江戸時代をとおしてさまざまな軍記物語が登場しているなか、そこに共通した内容があったとすれば、それは何かの事実に肉づけしたものであり、その肉づけ部分のみがちがっていたとも考えられる。

社会科学の視点は、法則性を重視する。その法則から逆算的に登場する事柄をあてはめて分析することが可能である。演繹《えんえき》的にながめることでの検証というかたちで、逆に事実だった可能性があるかどうかの検証すらおこなうことができる。

内容的に類似している部分は、元ネタとなった『甲陽軍鑑』から派生したからだという指摘もあり、否定はしない。しかし、『甲陽軍鑑』に対抗して登場した『北越軍談』や、幕府への献上を前提に、のこっているかぎりの資料をもとに史実をあきらかにしようとした『川中島五箇度合戦之次第』、地元にのこるいい伝えなどをもとに検証しようとした『甲越信戦録』が訂正していなければ、その記述はある程度の真実をふまえているようにも思われる。系譜のことなる『甲陽軍鑑』『川中島五箇度合戦之次第』『北越軍談』などに類似した内容があれば、それは実際に展開された合戦の本質部分に近いものと考えられるのだ。

最大の激戦

一般に、「川中島合戦」のなかで最大の激戦とされるのは、第四回戦とされる「永禄四年(一五六一年）川中島合戦」であるが、それは以下のように語られていることが多い。

永禄四年八月一四日、謙信は春日山城（現在の新潟県上越市にあった）を出発して一万人で南下。信濃衆三〇〇〇人を加え、五〇〇〇人を善光寺へのこし、八月一六日、信玄との勢力境界線・犀《さい》川《がわ》を渡って、敵中ふかく妻女山に布陣した。

その報をうけた信玄は、八月一八日に一万三〇〇〇人で甲府を出立《しゅったつ》。途中で四〇〇〇人の兵を加えて八月二四日、川中島到着、茶臼山に入る。信玄は海津城と茶臼山で遮断線を形成して謙信の退路を断ったが、謙信はまったく動じない。

八月二九日、信玄は三〇〇〇人がこもる海津城に移動する。

九月九日、霧の発生を予知した信玄は軍議をひらく。軍を二分して、一万二〇〇〇人が妻女山を奇襲する別動隊となり、八〇〇〇人を信玄が率いて八幡原《はちまんばら》（長野県長野市）で待ちうけ、敗走する上杉軍を捕捉することにする。

しかし、謙信は信玄の行動を事前に察知して夜半に八幡原に移動。霧が晴れるや、信玄本隊に猛攻を開始した。乱戦の最中に、謙信と信玄の一騎打ちがおこなわれる。そこへ武田の別動隊が到着し、謙信は犀川を渡って撤退する。

『甲陽軍鑑』の記述

今日では、最大の激戦は永禄四年（一五六一年）の第四回戦になっているが、軍記物語によって、激戦の時期も第何回戦かもことなっている。

『甲陽軍鑑』では、永禄四年が激戦だったとして、以下の内容が記されている。

永禄四年八月一六日、謙信は川中島に出馬、西条山に布陣する。

信玄は、八月一八日に甲府を出て二四日に川中島に到着する。信玄は、当初は「雨宮の渡し」（現在の長野県千曲市）に陣どって謙信の退路を断つが、二九日に「かいつの城」（貝津城）に移動し、重臣の飯富《おぶ》兵部（虎昌《とらまさ》。一五〇四―六五年）、馬場民部助（「民部」のみの記述もあり。信春。一五一五？―七五年）に相談して決戦すべきかどうかをたずねる。

山本勘助の提案で、軍を二分して、一万二〇〇〇人で西条山に夜襲をかけることとする。謙信は勝っても負けても川を越えて引きあげてくるはずだから、それを信玄が八〇〇〇人を率いてはさみ撃ちにする作戦だ。

九月一〇日、信玄は午前三時に本隊を率いて広瀬の渡し（現在の長野県長野市）を越し、布陣する。しかし、謙信は炊煙の多さから事前にこの計画を察知し、午後九時に出発して雨宮の渡しを渡り、信玄軍の前面に出る。

謙信は、家臣のあまかす（甘粕）近江守《おうみのかみ》（景持《かげもち》。？―一六〇四年）に一〇〇〇人をあたえて後方に置き、直江（景綱《かげつな》。一五〇九―七七年）に小荷駄《こにだ》（戦争に必要な兵粮や弾薬、陣地設営道具などを運ぶ部隊）二〇〇〇人をあずけて守備させ、自らは一万人を率いて「車懸」（全体をいくつかのグループにわけて、入れかわりたちかわり攻めたてること）で決戦を挑む。上杉軍の先鋒は柿崎景守《かげもり》（景家。一五一三？―七四年）、二陣に謙信が続く。

上杉軍は、武田軍の右翼を崩していく。武田軍は、信玄の旗本部隊、穴山信君《のぶただ》（一五四一―一五八二年）隊、飯富隊以外の各部隊は、ことごとく破られる。このときに、謙信と信玄の有名な一騎打ちがある。

しかし、別動隊が到着することで形勢は逆転する。信玄の弟・信繁と諸角豊後守《もろずみぶんごのかみ》（室住虎光《もろずみとらみつ》。？―一五六一年）、山本勘助、初鹿源五郎が戦死。前半は上杉軍の勝ち、後半は武田軍の勝ちと記されている。

『北越軍談』の記述

『北越軍談』では、永禄四年（一五六一年）七月が激戦とされている。

七月、謙信は、戦兵八〇〇〇人、輜重《しちょう》（前線に輸送・補給すべき兵糧や武器・弾薬などの軍需品をおくる係）・遊撃兵一万三〇〇〇人を率いて出陣し、七月一六日には飯山城を出て上杉全軍を鞍《くら》橋《じ》山にあげ、背後の赤坂山の川をせきとめて堀として、海津城を一〇町ほどの眼下に見おろす。

信玄は、二万六〇〇〇人を率いて猿ヶ馬場の北の茶臼山に布陣。西条山麓の下米宮《あめのもり》の橋を焼いて、越後街道への通路を断ち切る。

対陣したまま動かない上杉軍に対し、山本勘助の提言は次のようなものだった。武田軍一万五〇〇〇人を一三隊にわけて広瀬を渡り、鞍橋山に向かわせて、夜明けに攻撃を加えさせる――。

信玄は、一万人を八隊にわけて筑摩川を越えて杵淵《きねぶち》・網島のあいだで「魚鱗の陣」(「人」の字のかたちに似た布陣。263ページ参照)で待機し、勝っても負けても西条山をおりてくる謙信を捕捉する。

信玄本隊と武田別動隊は、午前四時に出発する。しかし、九日の夜に海津城から出た炊煙で夜襲を察知した謙信は、午後一〇時に下山し、午前一時には川中島に移動した。

ふかかった霧が、午前八時前後に晴れる。夜明けに謙信の存在を知った信玄は、「魚鱗の陣」を「鶴翼の陣」(ツルが羽を広げたような「V」字形の布陣。263ページ参照)に変更する。

上杉軍一万人は、正丸(真円)に備え、「長尾家に秘する処の大長蛇の備え、車懸」で三筋にわかれて攻め寄せる。

武田軍は「湾月《わんげつ》」(弓の形)にひらいて待ちうける。信玄の弟・信繁、戦死。長男・義信(一五三八―一五六七年)負傷。海津城に逃げこもうにも、河原で上杉軍が遮断している。そこに一万五〇〇〇人の別動隊が駆けつけてきたため、上杉軍は撤退する。

武田軍は、死者三五一六名、負傷二八五九名を出す。
前半は上杉軍の勝ち、後半は武田軍の勝ちと記されている。

『川中島五箇度合戦之次第』の記述

『川中島五箇度合戦之次第』は、弘治二年（一五五六年）の第三回戦と永禄四年（一五六一年）の第五回戦を激戦として描いている。

弘治二年三月、謙信が川中島に出陣。信玄も出陣し、草刈り、足軽のとりあいが続くが、双方動かず。

三月二五日夜、信玄は、戸神山（鞍骨山から鏡台山にまで連なる山脈のなかの一ピーク）中から謙信の背後を突くため、一一将（一一人の武将）が率いる六〇〇〇人を迂回させ、本隊一万八〇〇〇人が川中島で上杉軍を待ちうけることにする。謙信は、武田軍の炊煙・篝火を見て事前に察知。午後一〇時に八〇〇〇人を率いて夜中に筑摩川（千曲川）を渡川する。

二六日午前四時、上杉軍が信玄本隊を攻撃。信玄は敗北する。

武田別動隊が到着し、挟撃態勢がとられるが、上杉軍は撤退を装いつつ「車返し」（急に反転して迎撃すること）で反撃。未明に三回、夜が明けて四回、手合わせ（戦闘）がおこなわれる。武田軍は死者四九一名、負傷一二七一名、上杉軍は死者三六五名、負傷一〇二〇名を出す。

第五回戦が永禄四年八月である。

謙信は、川中島に出陣して西条山に布陣。下米宮街道（詳細不明。雨宮の渡し近くの道か？）と貝津城の連絡を遮断し、西条山のうしろから赤坂山に出る水の流れをせきとめて堀とする。

八月二六日、信玄は川中島に出陣して下米宮に布陣。さらに二九日、貝津城に入城。それまでのあいだに、矢合戦程度の小競りあいが八回おこなわれる。

九月九日夜、信玄は貝津城を出て筑摩川を渡り、川中島に布陣。上杉軍は間諜（忍び＝スパイ）によって武田軍の動きを察知し、川中島に布陣する。

一〇日明け方、信玄の不意をついて謙信が攻撃開始。謙信は旗本勢とともに信玄本陣に迫り、信玄は犀川のほうに退く。謙信は追撃を試みるが、武田義信隊が背後にきたので引き返す。

上杉全軍を原町で休息させていたところ、義信隊が攻めかかる。貝津口を押さえていた上杉軍の本庄繁長《しげなが》（一五四〇――一六一四年）隊、大川駿河（忠秀。？――一五六一年）隊が救援、義信隊を撃退。夜になり、謙信は犀川を背にして布陣。

一一日朝、謙信は直江隊、甘粕隊、宇佐美隊を西条山へ遣わし、陣小屋を焼いたあと、善光寺に三日逗留。長沼に二～三日逗留し、越後国に帰陣する。

『川中島五戦記』『北越耆談』『上杉三代日記』の記述

『川中島五戦記』では、弘治二年（一五五六年）の第三回戦と永禄四年（一五六一年）の第五回戦を激戦として描いている。

第三回戦にあたる弘治二年三月二五日。夜、信玄が軍を二分し、一万二〇〇〇人を戸神山からまわらせて西條にいる謙信を奇襲。信玄は謙信を待ちうけて捕捉するつもりだったが裏をかかれ、謙信は夜半に筑摩川を渡って攻撃を開始する。

信玄の本隊がかなりの打撃をうけたところに一万二〇〇〇人の奇襲隊が到着。謙信軍を前後からはさみ撃ちにする。謙信は犀川の方面に撤退。武田軍に追撃されると、「車返し」という方法で逆襲した。

第五回戦が永禄四年八月で、謙信は西條山に陣どり、赤坂で水の流れをとめて堀の役割をもたせ、防御に利用する。

信玄は八月二六日に到着。当初は下雨宮に陣どったが、二九日に貝津城に移動。九月九日に貝津城を出て筑摩川を渡り、川中島に布陣する。

間諜の報告でそのことを知った謙信も軍を移動し、貝津城から攻め寄せる部隊に備えて信濃勢を押さえるための兵をのこし、本軍は筑摩川を渡った。筑摩川岸に本庄、色部など二〇〇〇人を置いて西條山を見はらせ、一〇日朝、武田軍の不意を突いて攻撃を開始。大激戦となる。

このとき、荒川伊豆守が信玄に斬りかかるが討ちとられる。武田義信が善戦するも、最終的には宇佐美定行の横槍に突き崩され、武田軍が敗退したとある。『上杉謙信日記』とほぼ同じ内容である。

『北越耆談』は、第三回戦を、ほぼ『川中島五戦記』の第三回戦と同じ内容にしている。

『上杉三代日記』では、第三回戦にあたる弘治二年と第五回戦にあたる永禄四年の合戦については、「妻女山」と「西條山」といった表記のちがいはあるものの『川中島五戦記』とほぼ等しく、ほかに弘治三年（一五五七年）の第四回戦も激戦として描いている。それによると、弘治三年八月一六日から二五日まで対陣し、二六日に信玄が岩野原に引きとりはじめたので謙信が追撃し、卯の刻（午前六時前後）から未の下刻（午後三時ごろ）まで五度の迫合（つばぜりあい）があって、そのうち三度、上杉軍が勝利したという。

『川中島合戦評判』『春日山日記』『太祖一代軍記』の記述

永禄四年（一五六一年）九月の合戦を激戦としている軍記物語は何冊かある。

『川中島合戦評判』の永禄四年の合戦記述によれば、謙信は一万三〇〇〇人の兵を率いて西條山に入り、信玄は雨宮に陣を置いて上杉軍を本国と遮断したが、五日後に軍を移動、海津に入る。道鬼（山本勘助）の献策により、信玄は二万人のうち一万二〇〇〇人を西條山に向け、自身は八〇〇〇人を率いて挟撃体制をとった。しかし、炊煙の多さから謙信はこの作戦を見抜き、永禄四年九月九日の亥の刻（午後八時ごろ）に雨宮を通過して広瀬に向かい、信玄本隊と向かいあった。

霧が晴れて狼狽する武田軍に対し、謙信は、甘粕隊一〇〇〇人を後隊とし、直江隊二〇〇〇人に輜重を守らせ、一万人をふたつにわかって、「奇正」相かさねて攻撃をかけた。このときに武田軍の浦野という者が、上杉軍は「各々に分列して、既に犀川に赴き、交互に退く」と報告するのを聞いて、信玄はそれこそが「車懸」だと呼んでいる。

先鋒は柿崎隊、二陣に謙信がひかえ、義信の堅陣を破って謙信と信玄の一騎打ちもおこなわれた。この後、西條山に向かった武田別動隊が到着して上杉軍を挟撃するが、甘粕・直江隊は崩れることもなく撤退したとある。

『春日山日記』も、永禄四年を激戦として描いている。

謙信が信玄の作戦を事前に予測して西條山に入り、謙信の予想どおり、信玄は雨宮に陣を置いて上杉軍を本国と遮断したが、六日後に信玄は軍を移動して海津に入った。

九月九日寅の刻、謙信は、信玄の行動を予測して西條山をあとにした。

翌一〇日、卯の刻に、信玄も善光寺の道筋で越後への帰路を遮断するように筑摩川まで移動。そこで謙信に襲われたということであるが、これだと、謙信が何手も先まで予測して事前に布石を打っておいたことになる。

『太祖一代軍記』では、謙信は永禄四年八月上旬に西條山に入り、信玄は最初は下米宮、のちに貝津城に移り、九月九日夜に筑摩川を越えた。謙信もその前面に移動し、そこで激戦となる。

謙信は、村上義清、高梨政頼《まさより》（?—一五八一年）ら信濃勢二〇〇〇人を西條山に陣どらせる。上杉軍の左の先手は齋藤朝信《とものぶ》（一五二七?—九一?年）、右は長尾政景と柿崎和泉守《いずみのかみ》（景家《かげいえ》）、二の陣は北条丹後守《きたじょうたんごのかみ》（景広《かげひろ》。一五四八—七九年）、左手脇が長尾藤景（?—一五六八年）、右脇が山吉親章（豊守《とよもり》?。一五二五—七五?年）、その次に謙信の旗本、右へ四町先に宇佐美定行、さらに後備は中條藤資《ふじすけ》（?—一五六八?年）、五町引きさがって直江實綱《さねつな》（景綱）。また、横槍を入れるために本条繁長《しげなが》、新発田《しばた》尾張守《おわりのかみ》（長敦《ながあつ》。一五三八—八〇年）らが二〇〇〇人でひかえ、数度の合戦に謙信は勝利して武田軍三〇〇〇人を討ちとり、永禄七年（一五六四年）にも対陣したとされている。

第四節　諸軍記物語が伝える骨格としての川中島合戦

共通した記述

相違点が目立つように見えるが、『甲陽軍鑑』『北越軍談』『川中島五箇度合戦之次第』『太祖一代軍記』『川中島合戦評判』『春日山日記』の永禄四年（一五六一年）の戦闘には共通点が見られ、さらに『川中島五箇度合戦之次第』の弘治二年（一五五六年）三月の戦闘、『上杉三代日記』の弘治二年と永禄四年の戦闘にも似かよった内容が記されている。これらは、後生の人が付加・修正するために収集した伝聞などのなかにも、それ以外の内容がなかったからであろう。

いずれも、謙信が武田領内ふかくに侵入して布陣。信玄は、上杉軍と本国とを遮断するように布陣したのちに海津（貝津）城に入り、軍を二分して謙信を夜襲しようとするが、見破られて戦闘になるという流れが見られる。『上杉年譜』巻七でも、信玄は、軍を二分して諸将を西条山に向かわせ、謙信が千曲川を越えて退いてくるところを旗本勢で討ちとろうと考えていたが、謙信に裏をかかれたとしている。

つまり、各軍記物語での激戦には共通の作戦が見られるのである。戦略を分析するには、骨格的な要素さえわかれば十分である。

諸説分立の背景

そもそも『甲陽軍鑑』『北越軍談』『川中島五箇度合戦之次第』などがだれによっていかなる手法で書かれたかを考えると、細かいまちがいがあるのは不思議ではない。記憶にたよったいくつもの思い出、それを後代の人が噂や伝説もふくめて編集しているからである。

詳細な日記ならば正確な日時がわかるのだろうが、記憶にたよるような書きつけでは、日時にちがいがあるのは当然である。なにしろ、人間の記憶は三割がうそだともいわれているのだから。あえてフィクションを仕立てたというよりも、正確に書いているつもりで記憶ちがいがあったと考えたほうが妥当だし、何人かの人たちの書きつけの合作では、前後に矛盾が出ることもありうるだろう。

地元での伝承も、概要はともかく、正確な日時などが混乱しているのは当然のことである。川中島地方の騒乱は、一一年間にわたったのである。単一支配者のもとにあったわけではなかったので、記録などはない。口づての噂がさまざまな情報になる。口頭伝承は、根拠はあるが正確な記録ではない。地元にのこる伝承の類いも、雑多なかたちで混同していったはずである。

各軍記物語は、細部の差異はあっても、大きな流れにはあまりミスがないと見るべきではないか。『甲陽軍鑑』などを読めば、史実とされているものに合致している側面も多い。「志賀城攻略」「永禄四年川中島合戦」「三増《みませ》（三益）峠合戦」などの時期はあっているからだ。『甲陽軍鑑』が完全なフィクションではないことは、国語学者の酒井憲二氏（一九二八―二〇一二年）の検証で、戦国期特有の表現が出ていることからもわかる。

さらに、『川中島五箇度合戦之次第』や『北越軍談』は御幣川をとりあげているが、この川は承徳二年（一〇九八年）の洪水によって生まれたもので、江戸時代に入ったころには用水路に改修されていた。つまり、軍記が執筆されたころにはもう、川としては存在していなかったのだ。戦国時代を背景にしていなければ、御幣川を舞台に設定することはできない。軍記の原型は戦国時代に成立していた。だから、江戸時代後期の地形と地名で再検証した『甲越信戦録』では、川ではなく地名であると述べ、わざわざ訂正しているのだ。

合戦の流れを想定するには、こうしたことをふまえたうえで、諸軍記物語に共通した内容を集約したものに史料などを付加するのが妥当ではないだろうか。今日でもさまざまな異説は現れているが、それらも推論の域を出ない以上、結論は出ないと思われる。

『甲越信戦録』に『甲陽軍鑑』や『川中島五箇度合戦之次第』を付加したかたちで語られているのが、通説として語られる「永禄四年川中島合戦」である。この合戦の経緯から立体として「川中島合戦」を見るとき、戦略と戦術が浮かびあがる。そして、日本列島の上空から点として「川中島」を見るとき、地政学とバランス・オブ・パワー（勢力均衡）が浮上してくる。

第五節　日本にしめる川中島の位置

川中島の重要性

表面的な事象としてのみ川中島合戦をとらえれば、上杉謙信と武田信玄の合戦が川中島地方を舞台にしたのはあたりまえに感じられる。なにしろ勢力圏が接触する場所なのだから、小さな領土をめぐる国境紛争ということになるのだろう。

しかし、それだけでは戦場が川中島になったことを説明する理由としては不十分である。そもそも、小さな国境線をめぐる戦いで得られる領土はかぎられている。そこに大軍が動員されるのは、尋常なことではない。

戦争というものは、経済を圧迫し、民を苦しめ、国を疲弊させる。『孫子』を学んでいた武田信玄は、こうしたことを百も承知である。『孫子』には、こう書かれている。

「凡そ用兵の法は、馳車千駟、革車千乗、帯甲十万。千里に糧を送るときは、則ち、内外の費、賓客の用、膠漆の材、車甲の奉、日に千金を費して、然る後に十万の師挙がる」（「作戦篇」）

「凡そ師を興すこと十万、出征すること千里ならば、百姓の費、公家の奉、日に千金を費やす」（「用間篇」）

信玄は、戦費発生と戦争による疲弊・弊害をきらい、合戦を避けることを心がけている。動員は合戦に直結することが多く、費用が発生する。にもかかわらず信玄は川中島に固執し、数万人規模の兵を動員している。謙信もまた、それに呼応して多くの兵員を投入した。永禄四年（一五六一年）の合戦など、双方あわせて三万三〇〇〇人が川中島地方に集結している。

戦国時代には数万人規模の動員がなされる合戦がたびたび発生しているが、それは、それだけの戦費と兵員を投入しても元がとれるからである。費用対効果から考えて必要だと思われるからこそ、動員はなされる。双方が威信政策をとっていたために偶発的に一度ぐらい合戦がおきたというのであれば説明もつくが、大規模動員が五回もおこなわれ、しかも第四回戦にいたっては、戦死者的には双方ともに大敗北的なレベルになりながらも戦いつづけていることは、単なる国境紛争や威信政策だけでは説明しきれない。

信濃国全体のなかでは小さな領域でしかない川中島地方で、単なる面積以上の価値がなければ、大戦争にはならないはずだ。謙信、信玄という歴史に名をのこす非凡な人たちは、凡人にはうかがい知れぬものを見ていた。その土地がもっている力を理解していた。川中島が重要度をもっていたからこそ、双方あわせて数万人が激戦をくり広げたのである。

川中島にかぎらないが、大きな合戦がおこった場所では、歴史をつうじて、ことなる時代に何度も合戦がくり返される傾向がある。戦場となるところには、なるだけの理由があるからである。すぐれた将軍は、最終決戦場を事前に予測している。『孫子』にも「戦いの地を知り戦いの日を知らば、則ち、千里にして会戦す可し」と書かれている。川中島の地は、天下の帰趨を決定する重要性をもっていたからこそ、謙信も信玄も並々ならぬ決意をいだき、同じ時代のヨーロッパならば国家間の戦争でもないかぎり動員されないほど大規模な兵力を率いて戦ったのである。

「川中島合戦」以前の川中島合戦

川中島地方は、戦国時代以前から何度も戦場になっていた。それは、勢力圏が抵触するしないにかかわらずおきていた。とくに大きな合戦は三つ、「横田河原合戦」「舟山合戦（青沼合戦）」「大塔合戦」である。

「横田河原合戦」は、平家と河内源氏の全国的な対立、俗にいう「源平合戦」のひとつとして登場している。

治承四年（一一八〇年）に木曾義仲（一一五四—八四年）が信濃国で挙兵する。平家側の武将として鎮圧にのりだしたのが、越後国の豪族・城助職《じょうすけしげ》（長茂《ながもち》。一一五二—一二〇一年）である。いわば、中部勢力と北陸道勢力の合戦ともいえる。

治承五年（一一八一年）六月、城助職は「雨宮の渡し」対岸の川中島平南部の横田城に布陣し、対する義仲は佐久郡の依田城を拠点として木曾衆・佐久衆（平賀氏など）、上州衆（甲斐衆）を集結する。

北上した義仲は、六月一三日に城助職と激突する。千曲川対岸から平家の赤旗を掲げて渡河、油断した城軍に接近し、奇襲しての勝利である。

この勝利ののち、義仲は武力で抵抗する勢力がいなくなった越後国に川中島から侵入して支配し、南下して北陸道五か国の制圧に成功した。

「舟山合戦（青沼合戦）」は、建武二年（一三三五年）におこった合戦である。きっかけは、滅ぼされた鎌倉幕府側の残党がおこした反乱「中先代の乱」である。埴科郡船山郷（現在の長野県千曲市小船山）の守護所を川中島の国人領主の四宮左衛門太郎や保科弥三郎らが襲撃し、守護側の古河氏と八幡原で合戦になっている。その後、諏訪氏、滋野氏ら北条氏派が信濃国府中を焼き討ち。武蔵国に侵攻して、鎌倉を攻略している。信濃国内での合戦にはじまり、勝者は関東に侵攻している。

「大塔合戦」は、応永七年（一四〇〇年）、信濃国内の合戦で、勝者が信濃国の覇権を握っている。信濃国守護・小笠原長秀（一三六六―一四二四年）が善光寺を拠点に支配を確立しようとしたのに端を発する。村上氏が横領していた川中島地方で年貢徴収をおこなうが、多くの信濃国豪族が横領していたため、村上氏に対する守護の行為は他山の石とできず、村上氏に与して小笠原長秀に戦いを挑んだというものである。

このなかでも「横田河原合戦」は、「川中島合戦」を見る際の重要な視点をふくんでいるように思える。北陸勢力と中部勢力が戦い、勝者が敗者の勢力圏をくみこんだからである。また、「舟山合戦（青沼合戦）」「大塔合戦」ともに川中島が反乱の発端場所となっていること、「舟山合戦（青沼合戦）」の勝者が関東地方に攻めいるなど、川中島地方の領有が領土を獲得して面積が増えたという以上の力の拡大であることを示唆している。

この理由は、鳥瞰図として川中島をとらえるとわかりやすい。大きな地図上で川中島をながめ、地政学とバランス・オブ・パワーの法則で分析すれば、その重要性は一目瞭然である。「川中島合戦」の発端は村上義清が謙信に救援の依頼をしたこととされているが、義清が謙信をたよったのも、信玄との戦いが必然と見たからではないか。

地政学

地図上のある場所が、単純な面積でははかれないほどの重要性を有することがある。これを解く鍵が、地政学（Geopolitics）である。地政学とは、地理的な位置関係が国家理性や国際関係、あるいはその国の軍事形態や政治特性にあたえる影響を研究する学問である。さまざまな地形のもとで生活する人びとからさまざまな発想が生みだされ、地形が独特の勢力圏を形成させ、独自の行動原理で動く集団をつくりあげる。

たとえば、島国は海洋国家として発達しやすく、海軍の運用に長けているというのは、こうした地政学の考えかたがもとにある。ある国の行動は、その国の地理上形成されてきた歴史的伝統で説明しやすいというのが、地政学のおおもとにあるルドルフ・チェレーン（一八六四―一九二二年）の思想であった。チェレーンはスウェーデンの政治学者で、地理学と政治学をむすびつけて「地政学」という語をつくった。地政学には、いくつかの学派がある。

ハートランド論

英国の地理学者ハルフォード・マッキンダー（一八六一―一九四七年）が提唱したのが、ハートランド論である。彼は、内陸部で蓄えられた陸上権力の力、ランドパワーに注目する。

世界の陸地の三分の二はユーラシア大陸である。マッキンダーは、ユーラシア大陸を「世界島」と呼ぶ。世界島の中心部でシーパワーの影響をうけないで力を蓄えることができる地域を「ハートランド」と名づけた。イメージとしてはモンゴル帝国がそれに近いが、マッキンダーの時代にはシベリアを領有するロシアがクローズアップされており、冷戦時代にはソ連が該当すると見られていた。東欧を経由してドイツがハートランドに拡大する可能性もあった。

マッキンダーの定理では、「東欧を制するものはハートランドを制し、ハートランドを制するものは世界島を制し、世界島を制するものは世界を制す」と述べたとみなせる。ハートランドを制するものは世界島を支配していくのだが、ハートランドの外周部ではシーパワーとの角逐がおきてくる。マッキンダーは、この対立舞台となる場所を、ハートランドにそって半月型の地域「内側のクレセント」とみなした。ハートランド勢力は、モンゴル族が騎馬集団であったように、広大な陸上遠征を可能とし、機動力と打撃力に富んだ軍隊をつくりあげる。

リムランド論

マッキンダーがハートランドとシーパワーが対決すると指摘した地域に注目したのが、アメリカの地政学者ニコラス・スパイクマン（一八九三―一九四三年）である。スパイクマンは、ユーラシア大陸の沿岸部を「リムランド」と呼んでいる。

広大ではあっても土地生産性に乏しいハートランドに対し、リムランドは肥沃である。そして、多様な国々が存在している。シーパワーに属するアメリカは、リムランドに対してどう対応していくか。スパイクマンがみるところ、リムランドに対してシーパワーにはふたつの憂慮があったり、各々対応策があった。

リムランドはハートランドが拡大するときの侵入路であるから、ハートランド勢力がリムランドにのりだすことを阻止すること。リムランドに強力な国が登場すると、その力がシーパワーにもハートランドにも侵食・拡大していくことになるから、リムランドは小さな国家の乱立する地域とすること。

そして「リムランドを制するものはユーラシアを制し、ユーラシアを制するものは世界の運命を制す」との信念から、スパイクマンはリムランドをシーパワーの影響下に置くことを提唱する。

地政学のあてはめ

地政学は国際政治を見る際の視点のひとつを提供するものだが、縮小版として日本国内を分析することもできる。

上杉謙信の越後国がリムランド的とすれば、武田信玄の甲斐国はハートランド的である。地理上の平野は、土地生産力が高く人口も多いので、その地域の中心として力を結集しやすい。広い平野をもつ越後国は、日本海沿いに南下することで北陸道勢力として力を集め、甲斐国は拡大することで中部勢力となる。この北陸道勢力と中部勢力が接する境界は、地理上は長大だが、ほとんどは山岳地帯で遮断されている。各々が動員した大軍が侵入できる箇所はすくないから、おのずと軍事衝突がおこりやすい場所はかぎられてくる。つまり、大軍がぶつかりあう地点

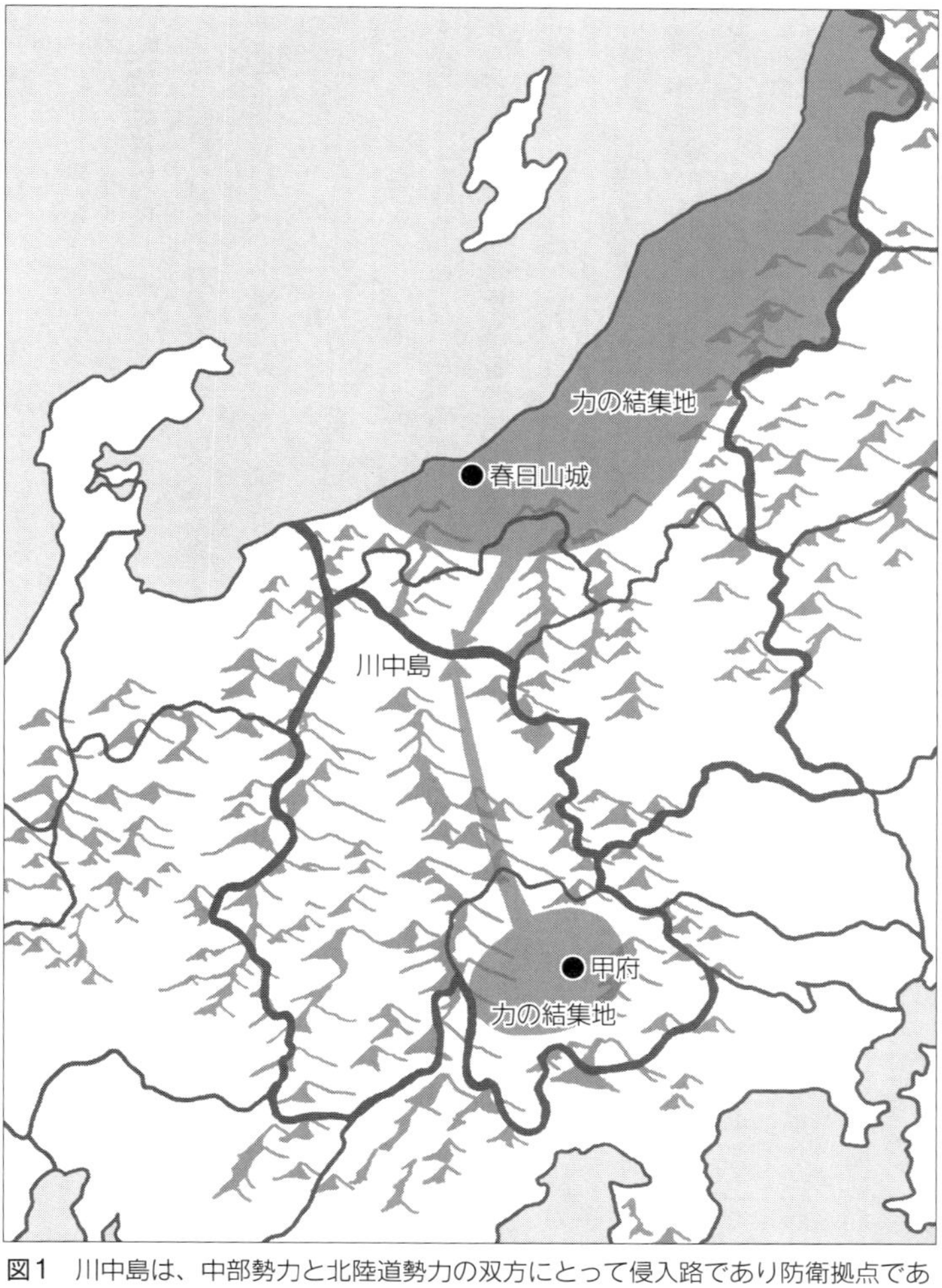

図1　川中島は、中部勢力と北陸道勢力の双方にとって侵入路であり防衛拠点である。中部勢力が大規模に越後国に侵攻するとすれば、川中島からになる。

は、はじめからわかっているともいえる。

「交通地域」

こうした各種勢力が衝突しやすいのが、「交通地域」である。山脈、砂漠、大河などの障害物がある場合には、各勢力が移動したり交易したりできる通路はかぎられる。その要地が「交通地域」となる。たとえば、海上では海峡などだ。各勢力は「交通地域」を手に入れようとやっきになるから、そこでは争いがおこりやすい。ドイツの軍人カール・フォン・クラウゼヴィッツ（一七八〇―一八三一年）は、『戦争論』のなかでいみじくもこう指摘している。

「どこの国にも重要な地点がある。その地点は多数の道路が相合し、糧食を楽に調達でき、またそこから何処へでも楽に行けるような地点、約言すれば、そこを占有すれば諸般の必要を充たし、諸種の有利を享けるような地点であることはいうまでもない」

日本列島の上空から地形を加味してながめた地図で川中島地方および「川中島合戦」をとらえると、どう見えるのか。川中島地方とは、南佐久郡から流れ出た千曲川と松本平経由で流れてくる犀川が合流して信濃川を形成する地点で、ふたつの川にはさまれて巨大なデルタを形成する盆地である。長さは三〇キロメートル、幅は広いところで一〇キロメートルほどであるから、大軍が進むのに適している。

川中島は、中部から北陸道への通路上のドアのような地点にあたる「交通地域」である。北陸道勢力が川中島を押さえれば、そこから中部へ力を拡大していけるし、逆に中部勢力の侵出を遮断できる。中部勢力が川中島を押さえれば、そこから北陸道へ力を拡大していけるし、逆に北陸道勢力の侵出を遮断できる。川中島は双方にとって侵略通路を遮断する地点であり、侵略の玄関口でもある。川中島を手に入れれば、中部勢力が北陸道を、あるいは北陸道勢力が中部地方を併合することが可能になる。双方にとって、まさに死命を制する運命的な場所である。

謙信は、中部勢力の侵入路を遮断するためにここを信玄に渡すわけにはいかず、信玄は、北陸道侵略の玄関口を得るためにここを欲していた。「横田河原合戦」のときと同じである。川中島を手に入れることによって、その後のバランス・オブ・パワーに変化がもたらされる。

バランス・オブ・パワーの理論

地理的風土と各勢力の動きに相関を見いだし、軍事衝突や紛争地域選定の必然性を解説するのが地政学だとすれば、純粋に力の増減で諸現象を物理的力学として説明するのが、バランス・オブ・パワーの理論である。バランス・オブ・パワーというのは国際政治学の用語で、大昔から理解され、把握されていたが、現代においてシカゴ大教授の国際政治学者ハンス・モーゲンソー（一九〇四―八〇年）が集大成した「パワー・ポリティクス」の概念である。

国際社会で国家は、影響力を拡大しようとしてパワー・ポリティクスを展開している。モーゲンソーはこれを、「力」として定義できるナショナル・インタレスト（国益）を拡大しようとしているのだと述べている。こちらは、各勢力の有利・不利と動きとを物理的な計算で換算してみせるものである。

この各国の動きと各々が有する力とが、戦争か平和かを決定する。いくつかの国々が並立しているとき、各国の力の均衡がとれていれば平和が保たれ、均衡が破れると戦争がおこりやすくなる。国家は、力の均衡を守るためにさまざまな方策をとる。隣国が拡大状態にあれば、自国もやはり力を拡大するか、同盟国を得るか、相手の力を削ぐか、相手の同盟国を引き離すか……なんらかの手段を講じなければ、力を拡大した相手によっていつでも征服が可能な状態になってしまうからである。

このバランス・オブ・パワー理論では、絶対的な力の拡大よりも周辺との相対的な比較が重視されている。たとえ自国が力を拡大しても、周辺国家がみな同じくらいに拡大すればバランス・オブ・パワーは保たれ、現状の力関係を打破する動きをとることはできない。自国が拡大していても、周辺国家がそれ以上に力を増大させていればバランス・オブ・パワーは崩れていて、いつでも侵略される立場になる。自国の国力が一定のままでも、周辺国家の力が低下していれば、逆にバランス上は有利な立場となり、いつでも侵略することが可能になる。

戦国時代における領土拡大とはすなわち力の拡大だが、天下統一がすすむとすれば、バランス上圧倒的に有利な状態の勢力が現れたときである。

バランス・オブ・パワーのあてはめ

バランス・オブ・パワーの法則で、北陸道地方と中部地方が合体したという仮定を入れたらどうなるだろうか。謙信が勝つか、信玄が勝つか、いずれにせよ地政学上の要地である川中島を手に入れ、負けた側を併合するというかたちをとるとする。

「川中島合戦」がおこなわれている時点では、小田原北条氏が関東で最大の勢力であるが、小田原北条氏領以外の関東地方も大きい。関東地方に統一勢力が存在していない段階であれば、北陸道・中部連合勢力は東国においてほかに優越する力を有するから、関東地方を併合するかもしれない。北陸道・中部・関東の統一勢力ができれば圧倒的な力が登場するから、奥羽地方

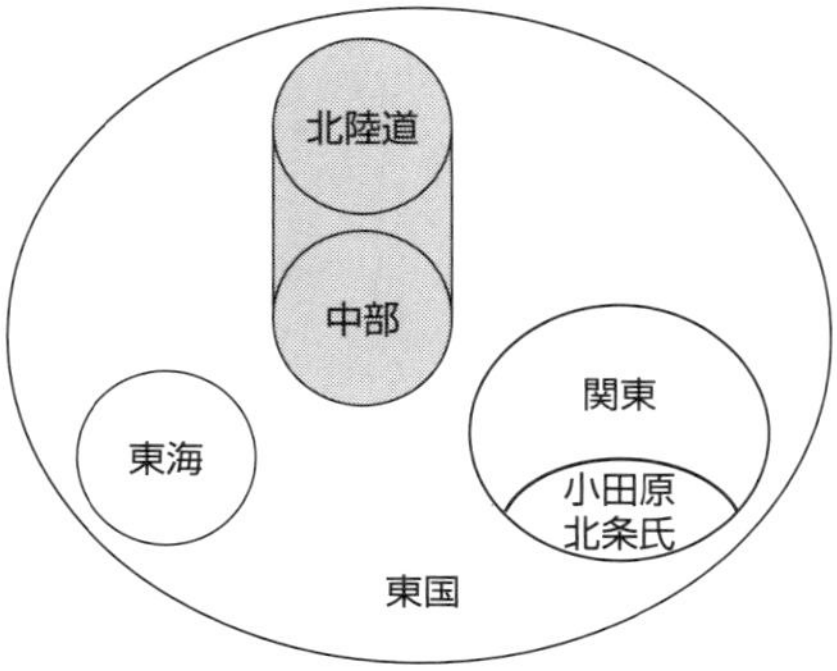

図2 関東が統一されていない段階ならば、中部勢力と北陸道勢力が合体すると東国最大の勢力となる。

の勢力は戦わずして屈する可能性が高い。そうすると、東国全体がひとつの勢力となるのも時間の問題で、天下統一の過半がなった状態になる。

東国政権として影響力を拡大していくか、東国の大兵力をもって上洛して近畿・西日本を征服するか、いずれにせよ東国勢力による天下統一がかなったも同然となる。その東国勢力の中核が北陸道勢力なのか中部地方勢力になるのかは、「川中島合戦」の勝敗次第ということになる。

もちろん、これに上杉謙信と武田信玄の個性が加わるから、こうした単純な物理学的な力の加算がすすむわけではないだろう。

バランス・オブ・パワーでの予測

謙信が勝利したら、おそらく中部勢力併合は考えず、北信濃で南下は停止し、関東に向かったろう。武田信玄の邪魔がない状態であれば、北条氏康（一五一五―七一年）が死去した段階で関東地方は謙信の傘下となり、奥羽は戦わずして服属してくるから、東国政権が成立した可能性が高い。その後、のこる地方を服属させるための上洛戦が開始されたのではないか。

信玄が勝利したら、越後国に侵入して北陸道制圧をはかったことはまちがいない。天文二二年（一五五三年）一二月に上杉家の家臣・北条《きたじょう》高広（一五一七?―八七?年）が謙信に反旗を翻したが、その際に高広は武田家家臣の甘利《あまり》昌忠《まさただ》（信忠《のぶただ》。一五四三―六四年）と春日山攻略の謀議をこらしているし、弘治三年（一五五七年）に小谷城を攻略している。川中島地方と並ぶ越後国への侵入経路上にある野尻城は何度もねらわれ、永禄七年（一五六四年）には一時、信玄の手に落ちたこともあった。飯山城、野尻城に次ぐ信越国境の要である割ヶ嶽城《わりがたけじょう》も、永禄四年（一五六一年）四月に攻略されている。永禄三年（一五六〇年）にも越後国南部に侵入しているから、越後国に目標が設定されていたのはあきらかである。

信玄はそのことを公言していた。永禄元年（一五五八年）閏六月一九日山城国醍醐寺理性院への書状、八月の信濃国戸隠社の願文、永禄二年（一五五九年）五月の信濃国佐久郡松原神社への願文、永禄三年九月には信濃国佐久郡松原神社での戦勝祈願文……いずれにも越後国出兵が明記されている。

しかし、その後の拡大はどうであったろうか。『甲陽軍鑑』には、北条氏康死去に際して、関東八州を併呑し、越後国に向かおうという意見が出たとされており、武田家中には東国政権をめざすべきという考えかたが強くあったが、信玄はあくまで上洛を望んでいる。したがって、実際の選択肢は、甲斐国、信濃国に越後国、越中国を加え、さらに関東勢力、東海勢力と同盟をむすんだまま北陸道を南下するというパターンと、甲斐国、信濃国に越後国、越中国を加え、関東勢力と同盟したまま東海勢力を併合して西に向かうというパターンがあった。いずれにせよ上洛開始時期は一〇年早まり、上洛段階の動員力は数倍となったろう。

天下の帰趨を決する要所・川中島

これらも考えに入れれば、「川中島は、北陸道と中部の通路であり、扉であり、鍵である」と定義できるし、この段階においては「川中島を制するものは北陸道と中部地方を領有することで関東を制し、関東を制するものは東国を制し、東国を制するものは天下を制する」といっても過言ではないだろう。地政学とバランス・オブ・パワーでの重要性からいって、「川中島合戦」とは、天下の帰趨を決定した戦いなのである。

第2章

川中島合戦にいたる経緯

第一節　東国の情勢

関東の混乱

「応仁の乱」（一四六七―七七年）は、足利幕府の無能力さを赤裸々に暴露した。擬制を信じこませる力が大幅に低下し、統治機構も破壊されて機能しなくなる。中央権力の権威の失墜と権力喪失の結果、地方勢力が自立割拠し、おのおのが力を拡大するという、パワー・ポリティクスをおこなうようになった。これが「戦国時代」である。

そのなかで東国は、いくつかの地域単位に力が結集されていった。中心となるのは関東である。関東は豊穣の地であり、開拓地として平将門（?―九四〇年）以来独立の気風が高く、中央の権力に対して単独で対抗する力をもっていた。日本全体の六分の一以上の石高をほこり、中心部を形成する日本最大の広大な平野が、山々に囲まれて守られるように存在している。地政学的にひとまとまりになる地域として見れば日本最大の勢力を形成することもできたが、豊穣すぎるために各種の地域勢力が強力な力をもってしまい、統一ができなかった。

足利幕府が正常に機能していた段階では、関東は関東公方（鎌倉公方）によって治められていたが、「応仁の乱」よりもまえの享徳三年（一四五四年）から続いていた「享徳の乱」のころから、関東は混乱していた。関東公方は、古河《こが》（現在の茨城県古河市）に本拠地を移して古河公方となり、東関東に勢力を張った。関東公方の執事であった上杉氏は、関東管領として西関東に力をのばしていた。

将軍・足利義政（一四三六―九〇年）は、兄・政知《まさとも》（一四三五―九一年）を鎌倉に入れてあらたな関東公方にしようとするが、伊豆国の堀越《ほりごえ》（現在の静岡県伊豆の国市）で足どめをくらい、堀越公方となる。関東にふたりの関東公方が並立したのである。

上杉氏は四家にわかれていたが、山内上杉氏が力を強め、それに対して太田道灌（一四三二―八六年）を配下にした扇谷《おうぎがやつ》上杉氏が対抗するという局面となっていた。古河公方、山内上杉氏、扇谷上杉氏は相互に対立していた。関東には古河と堀越のふたりの公方と、山内と扇谷上杉氏のふたりの関東管領が存在する事態となったのである。

その混乱のなかに、小田原北条氏が台頭してくる。

小田原北条氏の拡大

小田原北条氏は、伊勢新九郎長氏すなわち北条早雲《そううん》（伊勢宗瑞《そうずい》。一四三二―一五一九年）にはじまる。今川家に身を寄せ、太田道灌との交渉によって今川家の危機を救うことで小領主となった早雲は、謀略をもって伊豆国と相模国の領主になった。早雲のあとを継いだ息子の氏綱《うじつな》（一四八七―一五四一年）は父の精神と能力を受け継ぎ、『小田原日記』には「父のあとをよく守って後嗣《こうし》（あとつぎ）としての功があった」と記されている。

内政に力を入れたのみならず、合戦もかなり頻繁におこなっており、上杉氏との戦いだけでも一〇回近かった。大永四年（一五二四年）四月には、上杉朝興《ともおき》（一四八八―一五三七年）を破って江戸城を入手。武蔵国南部への進出をはかる。

氏綱と上杉朝興の抗争が頻繁におこなわれ、そこに里見氏が加わることで、戦いはさらに広範に展開することとなった。

巨大な関東地方の混乱は、周辺地域も巻きこんだ。

氏綱は、東海地方勢力の今川氏とは友好関係にあったが、中部勢力の武田氏とは対立する。上杉朝興と同盟した武田信虎《のぶとら》（信玄の父。一四九三―一五七四年）と氏綱との戦いが甲斐国で勃発している。そして、信虎を打ち破っているあいだに上杉朝興が相模国に乱入する。信虎は今川氏親《うじちか》（一四七一？―一五二六年）と対立していたため、今川・北条勢力が団結して向かっていた。ところが、信虎の娘が今川義元（一五一九―六〇年）に嫁いだことから、一転して今川氏は氏綱と敵対関係となる。天文六年（一五三七年）、氏綱は駿河国に出陣、「河東《かとう》の乱」で富士川以東を領有した。同年七月には武蔵国・川越城を攻略、天文七年には「国府台合戦《こうのだいかっせん》」で里見氏を破り、武蔵国にまで領国を拡大した。

この氏綱の子が氏康《うじやす》（一五一五―七一年）であり、戦国史上最大の逆転劇といわれる天文一五年（一五四六年）の「川越の夜討ち（河越夜戦《よいくさ》）」で関東最大の勢力となる。このままいけば氏康による関東統一は時間の問題とも思われたが、関東には、常陸国《ひたちこく》の佐竹氏、安房国《あわこく》の里見氏、下総国《しもふさこく》の結城氏、下野国《しもつけこく》の宇都宮氏といった、ひと筋縄ではいかない割拠勢力があり、これが東海地方、中部地方、北陸道勢力とむすびついて合従・連衡をくり返したため、混沌としていた。謙信の父・長尾為景《ためかげ》（一八四九―一五四三年）は北陸道勢力として、信玄の父・信虎《のぶとら》は中部勢力として、関東の混乱に関与していた。

東海地方の今川氏

関東に介入していた勢力のひとつに駿河国の今川氏がいたが、その勢力拡大の動きは典型的な東海地方勢力のものである。東海地方は太平洋に面して平野を形成しており、豊かな生産力を有していた。平野伝いに統一勢力を形成しやすいが、海からの影響をうけるため、沿岸部では水軍が力を発揮する。

今川氏は室町幕府の名門で、一族には九州探題に就任した了俊《りょうしゅん》（貞世《さだよ》。一三二六―一四二〇？年）がいたばかりでなく、「足利将軍家で世継ぎが絶えれば吉良《きら》家から養子をむかえ、吉良家が絶えれば今川家が継ぐ」という伝承があるほどである。ここに今川氏親が登場する。氏親は、伊勢新九郎長氏（北条早雲）の力を借りて今川家を継ぐと、駿河国の支配を完全なものとし、さらに遠江国までも勢力園にくみこんだ。その次男が義元である。

義元の目はもっぱら西方に向いていたので、関東地方や中部地方については介入をひかえるようになっていく。義元のもとで今川氏は最大の版図を獲得し、当時にあっては東国最大級になるにいたった。

義元の能力は内治にあった。今川仮名目録追加をおこない、検地によって石高を確定し、さらに新田開発も盛んであった。

義元のすぐれていたところは、自分の欠点を心得ていたことで、外交や軍事においては軍師として太原雪斎《たいげんせっさい》（一四九六―一五五五年）を重用した。義元は織田信長（一五三四？―八二年）の勢力圏の尾張国にしきりと圧迫を加えていった。鳴海城《なるみじょう》（現在の愛知県名古屋市にあった）の山口左馬助（教継《のりつぐ》。？―一五六〇？年）は、調略によって今川方になってしまっている。

義元は、鳴海だけでなくほかに二城を奪取し、『瑞光院記』によれば三河守に就任して三河国の領国化も強化している。とくに永禄元年（一五五八年）には、二月に寺部城《てらべじょう》、三月に刈屋、五月に大府《おおぶ》、七月に東広瀬、八月に衣城《ころもじょう》、一二月に村木を攻略していた。こうして義元の時代、今川家は三河国と尾張半国までをも勢力圏に置き、武田信玄や北条氏康とはげしいかけひきをおこなった。

奥羽は、東国として面積は広大であったが、生産力が低かった。狭い平地が山々に遮断されて割拠的地形を提供していて、強力な統一勢力も出なかったため、東国におけるバランス・オブ・パワーのサブシステムとして、関東勢力や北陸道勢力に従属化していた。

第二節　武田信玄の登場

信濃国の情勢

東国のなかでも中部地方はまばらな平地の点在が見られたため、統一勢力を形成しにくかった。とくに中部においてもっとも大きな面積を占める信濃国は、山々を境界とする小さな盆地がいくつも存在するので地域単位に分裂しやすく、ひとつのかたまりとすることがむずかしかった。地形的には奥羽に近いが、奥羽とちがって、北陸道や関東などの諸勢力の中心に位置していた。それでも、中央政府が安定していれば信濃国内のどこかを無理矢理中心として統一体にできたが、戦国時代のように中央の威令がとどかなくなると、信濃国は求心力を失った状態になる。信濃国における豪族の乱立の背景には、地政学的な理由もあったのである。

信濃国内で勢力が結集しやすいのは、伊那谷《いなだに》、松本盆地、佐久盆地、長野盆地の四地域である。この四地域は、平地で農業生産も高く、人口も多いが、山々によってさえぎられていたため、地形的にも軍事行動的にもどこかの勢力がほかをのみこんでまとめにくく、一〇万石前後の石高で分裂しているかたちになりやすい。実際に地理的境界と政治勢力が等しく、各々の平地を中心に豪族たちが割拠する形態になっていたのである。

信濃国南部では小笠原氏、諏訪氏、木曾氏、北部では村上氏、高梨氏、島津氏、東部では海野氏、望月氏、大井氏、伴野氏らが分立抗争をしていた。このなかで有力なのは小笠原氏と村上氏であったが、統一勢力になるにはいたっていない。

通常、石高は検地によって算出するが、戦国時代には検地がなかったうえ、おこなわれたとしても時と方法によってことなった数字を出すことが多いから、正確な石高は不明となる。類推すれば、信濃国の石高は四〇万石～五〇万石とされているから、個別の豪族の勢力は二〇万石に満たないレベル、十数万石あれば大きな勢力といえた（戦史を研究した井上一次氏〔旧陸軍中将〕は最大の村上義清が九万石だったとしている。また、慶長年間での川中島四郡の石高は一四万石といわれていた）。

信濃国の内部からの統一がむずかしいのは、バランス・オブ・パワーでも説明しやすい。地理的分裂をうけて、各地域の力が均等とまではいかなくとも拮抗していたからである。国内の一地方勢力による他地域の征服は困難であった。ただし、分裂状態であるから、外側から大きな勢力に攻撃されると各個撃破されやすい。

バランス・オブ・パワーのサブシステム

それでいて、信濃国を領有することは大きな力の獲得になる。それは、信濃国が東国のバランス・オブ・パワー上、サブシステムを形成しているからである。関東、北陸道、東海といった勢力に対して、信濃国が単独で対抗することはむずかしい。しかし、甲斐国が信濃国を領有することで中部勢力がまとまった力になると、関東、北陸道、東海道の各勢力にとっても侮りがたい勢力となる。

逆に、もし関東や北陸道の勢力が信濃国を制したら、中部勢力は分裂状態のままほかの勢力の草刈り場になってしまう。そして、信濃国を領有した勢力の力を、絶対的にだけでなく相対的にも高めることになる。

信濃国の分裂状態は、東国の群雄割拠の縮小版であり、ここをだれが領有するかは、戦国期東国が天下に占める位置を見るうえでも重要な点となる。この信濃国の南に甲斐国があった。

甲斐国の情勢

信濃国とことなり、甲斐国は統一勢力が形成しやすかった。中心に盆地があって力が結集しやすいうえ、周囲を山々に囲まれていたからである。もともと甲斐とは「山の峡」の意味で、北部から東部は関東山地で二〇〇〇メートル級の山々が連なり、西部には赤石山脈が連なっている。そして、北西国境に八ヶ岳、南東国境に富士山がそびえている。周囲が山であるということは、守るに適しているということだ。この山々のあいだに、信濃国、関東、東海地方の三か所への通路をもっている。そして、この通路が大軍が通過することができる地点であるから、甲斐国の防衛上の、そして侵略上の、要所となる。

三か所の通路のうち、関東方面への出口は大菩薩峠と御坂《みさか》山地によって甲府盆地とさえぎられているから、大軍が侵攻可能な甲府への入り口は、実質二方向からとなっていた。

信玄は「人は城、人は石垣、人は堀」と述べたといわれている。防衛を考えたとき、国境に城を築くのもひとつの手だが、中央部に兵力を集中して、必要な方向にふりむけて撃退するという機動的な防衛も有効な方法である。甲斐が団結していれば、土地の地侍が侵入者に即応して防衛しているあいだに、中心から必要地点への兵力集中が可能となる。つまり、領国レベルで「内線の利」を生かすことができる。複数の敵と戦うとき、集中した兵力ではやく移動して敵を個別に撃破することが可能である。これは信玄登場以前からも意識されていて、棒道がいくつもあった。

甲斐国が統一体を形成して外部にのりだそうとするときは、もっとも弱い方向に向かうのが理にかなっている。『延喜式』によれば、甲斐の田地は一万二〇〇〇町で、上国である。石高は、慶長検地によると二二万石。一国としては小さくないが、統一された地方勢力として見れば、周囲よりも劣る。関東方面は小田原北条氏、東海方面は今川氏と、いずれも強敵がいたから防御に徹し、侵攻するなら分裂状態の信濃国に向かうのがいい。信濃国は、石高的には甲斐国の二倍だが、分裂している。甲斐国の総力は、個々の信濃国有力豪族よりもやや大きい程度であるから、大が小を併合していくことをくり返していけばいいことになる。

甲斐国が統一体になりやすいのは、土着勢力として武田氏が根を張っていたこともある。武田氏は、清和源氏（正式には陽成源氏）のなかの河内源氏系の流れをくんでいる。源義家《よしいえ》（一〇三九―一一〇六年）の弟・新羅《しんら》三郎義光《よしみつ》（一〇四五―一一二七年）が甲斐国に地盤をつくった。義光の三男・義清《よしきよ》（一〇七五―一一四九年）が武田氏の祖として甲斐国を根拠地としたからである。信玄の父・信虎（信直）は、この一八代目にあたる。

武田信虎

信虎は剛勇の人である。戦国の世であるから、下克上の風潮は甲斐国をもおそっていた。永正四年（一五〇七年）、一四歳の信虎の家督相続にともなって叔父・油川信恵《あぶらかわのぶよし》（?―一五〇八年）

と有力国人衆がいっせいに謀反をおこしたのに対し、翌永正五年（一五〇八年）一〇月に信虎は、信恵を討ちはたして甲府盆地から敵対勢力を一掃することに成功した。同年中には郡内（現在の山梨県南東部地区）の反乱軍も掃討している。甲斐国を統一して、永正一六年（一五一九年）に本拠地をそれまでの石和《いさわ》から躑躅ヶ崎《つつじがさき》に移した。

信虎のもとで統一体となった甲斐国は、いよいよ東国のバランス・オブ・パワーのなかで動きはじめる。東海地方勢力の今川家家臣・福島正成《くしままさしげ》（一四九二?―一五三六?年）率いる大軍が甲府に向けて進軍してきたのを打ち破り、関東地方には積極的に遠征している。しかし、室町時代の守護大名同様に、関東への遠征は領土の直接的獲得ではなく本拠地から敵地への長躯の遠征のかたちをとったため、疲弊をもたらすのみで、国内では反乱すらおきている。

「内線」上の位置をいかすために、信虎は侵略方面と防衛方面を限定させようとする。守りやすい関東方面は防御を主体とし、天文五年（一五三六年）、今川家の「花倉の乱」に介入して今川義元擁立に加担。今川氏と好《よしみ》をつうじる。さらに信虎は天文六年（一五三七年）、娘を義元に嫁がせ、義元と同盟をむすんで東海方面を平定し、東海勢力との提携のもと関東を牽制しながら侵略の矛先を決定していく。信濃国方面では、諏訪氏と姻戚関係をむすび、佐久方面に目標を設定する。天文九年（一五四〇年）の佐久郡侵攻では一日に三六城を落とし、翌天文一〇年（一五四一年）には、葛尾城（埴科郡坂城町）にあった村上義清、諏訪頼重とともに海野幸綱（のちに真田幸隆。一五一二―七四年）を攻めて、海野平を陥落させている。

しかし、これが結果的に甲斐国を疲弊させた。その残酷さゆえに、信虎は家臣からも領民からもきらわれていたといわれるが、それよりも、戦争による負担の大きさがきらわれていた。『孫子』がいう「凡そ師を興すこと十万、出征すること千里ならば、百姓の費、公家の奉、日に千金を費やす」（『用間篇』）となったのである。

信玄の登場

天文一〇年（一五四一年）、信虎は今川義元に嫁いだ娘をたずねるために駿河国に赴いた。その瞬間をねらって嫡男の信玄が、信虎が甲斐国に帰れないように路を封鎖してしまう。実質的な国外追放である。天文一〇年は飢饉の酷かった年だったので、その年をねらって決行した可能性が高い。これは、家臣からも領民からも絶大な支持を集めた。『妙法寺記』には「地下侍出家男女共に喜び」と、『塩山向岳禅庵小年代記』には人民が「快楽の哄ひを含む」と記されている。指導者となるには最高のタイミングであった。こうして、武田信玄が甲斐国を動かしだすのである。

富国強兵と外交政策

信虎によって統一された甲斐国を相続した信玄は、自分流で甲斐国を強国にしていく。

富国強兵化がすすめられた。信玄堤に代表される治水や新田開発、甲州金にみられる鉱山開発、漆をはじめとした特産品の生産を奨励して国を富ませることを試みる。さらに、分国法（戦国大名が領国に設定した独自の法）を制定して内治を整備した。

外交的には、今川氏に加えて小田原北条氏とも提携し、東海勢力、関東勢力と連合して背後を固めながら、同時に力の均衡を保ち、東国における力の空白地であり甲斐国と隣接する信濃国への拡大を思索していく。

今川義元は、父・氏親の時代に駿河国に遠江国を加えており、北条氏康は伊豆国、相模国、武蔵国を父・氏綱より譲られていた。これに各種の検地などをあてはめていくと、今川氏、小田原北条氏ともに五〇万石程度を領有し、さらに今川義元は三河国から尾張国に、北条氏康は下総国や上総国《かずさこく》に拡大していた。信玄が継承したのが二十数万石とすれば、出発段階で二倍近い差があるから、単純に石高だけでみればどちらにも優位に立てる相手ではない。

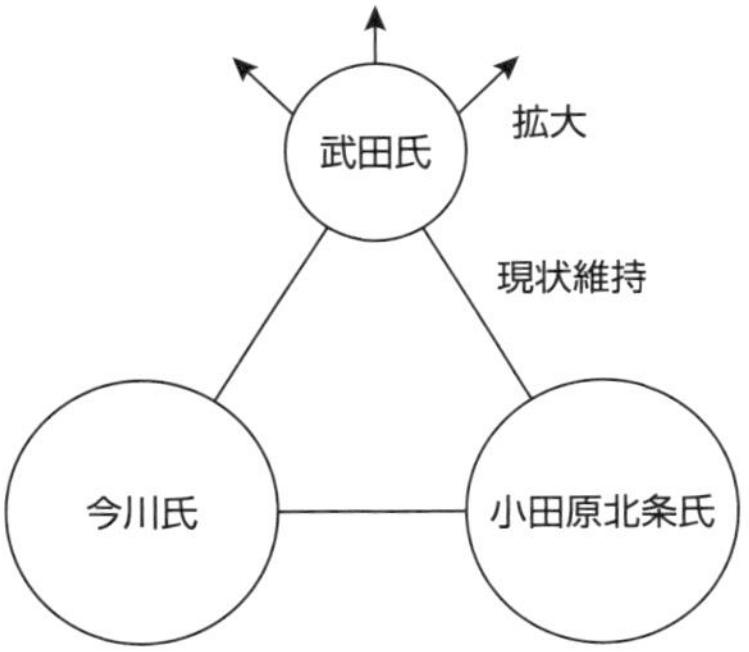

図3　小田原北条氏と今川氏の勢力を均衡させせつつ、力の空白地帯である信濃国を侵略する。

しかし、どちらの勢力も、信玄と連携したほうが、もういっぽうに対して優位になる。今川氏と小田原北条氏が対立関係にあれば、信玄は自分を高く売りつける取引ができるが、拡大欲求をもっている信玄は、さらに一歩すすめて三者連携によって各々の勢力圏と進出地域を定め、相互に援助しながら拡大していく。この場合に、信玄の拡大が今川氏や小田原北条氏よりも大きければ、信玄の位置は高くなる。バランス・オブ・パワーの枠組みのなかで力を拡大し、優位を確立して、最終的にはバランス・オブ・パワーそのものも覆そうというのである。

兵力増強策

軍事力強化は、信玄のみならず多くの戦国武将が遂行していたことであるが、信玄は石高単位の兵数を増加させるという選択をした。戦時に農村から臨時に兵を徴集すること、つまり農兵比重の増加策である。これにより、信玄は大兵力の動員が可能になる。『甲陽軍鑑』品第一七の記述を全面的に肯定してみると、騎馬九一二一騎（一騎に四人の従卒《じゅうそつ》がつく）、それに信玄直属の旗本八八四人と足軽五四八九人を合計した数字である五万一九七八人が、総動員兵数となる。

それだけでなく、さらに多くの兵が参集した可能性もある。やはり『甲陽軍鑑』の「武田法性院信玄公御代惣人数之事」には、御親類衆、御譜代家老衆、先方衆、旗本、役人の順に九三四〇騎という数字があがっている。これに馬廻りのものをかけることになる。信玄の最盛期の石高は一二〇万石前後であったから、慶長年間（一五九六―一六一五年）の動員率から一万石につき二五〇〇人、関ヶ原合戦の三〇〇〇人が動員される計算でみれば三万～三万五〇〇〇〇人程度にならなければいけないのだが、『甲陽軍鑑』のなかには武田軍の騎兵比率は八分の一という部分もあり、『甲陽軍鑑』の「武田法性院信玄公御代惣人数之事」に出ている九三四〇騎を八倍すると七万四七二〇人になるし、同じく『甲陽軍鑑』にある四五人中乗馬が五人とすれば九倍した数字八万四〇〇〇人にもなるから、一万石について七〇〇〇人近い兵を集めた計算になる。

これが荒唐無稽の数字でないことは、同じように農兵比重を高めていた小田原北条氏の例を見ればわかる。北条氏の家臣で配下の足軽大将・大藤長門守《おおふじながとのかみ》(生没年不明)の場合、「北条家人数覚書」では五〇騎の人数を引きつれていたことになっているが、「大藤文書」では二五二人を引きつれていたことが記録されている。一騎につき四人の兵がついていた計算で、動員数は五倍ということになる。すると、天正一五年(一五八七年)に北条氏が動員した人数は「北条家人数覚書」に掲載されている三万四二〇〇騎の五倍、一七万一二五〇人の動員があったと推定できるが、当時の北条氏の領土は二七〇万石程度であったから、理屈のうえでは一万石につき七〇〇弱の兵を集めることが可能となっていたことになる。

この比率をあてはめると、信玄の動員力は八万人程度になってもおかしくない。また、騎兵一に対して歩兵九という、歩兵の多さも説明することができる。ただし、この兵数は国土防衛のためのものである。戦争形態によって軍の構成が変化したことは、ふまえておかなくてはならない。

信玄旗下の武田軍の頑強さは定評がある。これは、基幹兵を提供している甲斐国の人間の強さである。甲斐国は、土地生産力に乏しい、貧しい国だったので、自然環境への辛抱が強い精神を養ったのだとされている。

兵隊を集めるには、農村に余剰人口がなければならない。信玄の偉大さは、甲斐国を豊かに富ませて農村余剰人口を多くし、しかも七公三民という高い年貢を課しながらも信望を高めたことにある。そうでなければ農兵比重が高い軍はつくれないし、実際、信玄生存中に年貢に対する不満からおきた一揆はほとんどなかったようである。

これは、関東の豊かな土地生産力を背景に四公六民という民衆に重きを置いた年貢で人望を集めた小田原北条氏よりも大きなハンデを克服したことも意味する。戦争形態自体を民衆に負担がすくないものにしただけでなく、推測すれば、高い年貢を納めても余力がのこるほどに民衆の生活を向上させたということだろう。単なる強制だけでは、農村から兵を集めることはできない。

農繁期と農村余剰人口

農兵比重を高めると農繁期に農村から徴兵できないため、この時期に攻めこまれた場合に対応できないのではないかという仮説がある。ところが信玄は、農繁期に頻繁に兵を動かしている。

当時の農繁期とは、田植え時期の五月（現在の六月）と稲刈り時期の一〇月（現在の一一月）であるが、佐久郡の内山城攻略、上野の倉賀野城攻略は五月、伊奈郡福与城や竜ヶ崎城攻略、安曇野《あずみの》郡平瀬城や小岩岳城攻略、永禄四年（一五六一年）の川中島合戦、小田原攻め、上洛開始は一〇月である。しかも、長期遠征が多い。弘治元年（一五五五年）の川中島の対陣は、五月にはじまり一〇月まで続いている。元亀三年（一五七二年）の上洛作戦にいたっては、農繁期の一〇月に開始し、一年近くかけるつもりであった。

興味ぶかいことに、兵農分離をすすめたとされる織田信長は、農繁期に兵を動かしていない。兵農分離が農閑期にしか動けない敵に対して有利にはたらくとすれば、農兵主体の敵が対応できない農繁期こそが戦争開始時期になるはずである。ところが、上洛戦の開始は九月、元亀元年（一五七〇年）の「朝倉攻め」は田植えまえの四月、やはり元亀元年の「姉川の戦い」は田植えが終わったあとの六月、天正元年（一五七三年）の越前一乗谷攻略は稲刈りまえの八月であった。信長の戦歴において農繁期の五月と一〇月におこなった戦いはあまりなく、大規模なところでは、五月は「桶狭間《おけはざま》合戦」「長篠《ながしの》合戦」、一〇月は「長島一揆征伐」「信貴山城《しぎさんじょう》攻め」ぐらいしかない。それも、「桶狭間合戦」は攻めこまれての戦い、「信貴山城攻め」は反乱をおこされての鎮圧、「長篠合戦」も武田勝頼《かつより》（一五四六—八二年）の軍事行動への対応。つまり、信長の自発的な戦いではないのである。

信玄も信長も、農兵の利点と欠点を農繁期と農閑期でとらえていないことは明白である。ではなぜ、農兵が多くても農繁期に兵を動かせたのであろうか。

当時の農村は、多産多死社会であった。成人にいたる子がすくないため、多くの子がいないと家が絶えてしまうからである。そのいっぽうで、土地生産力はかんたんには増加しないから、単位あたりで養える人数はかぎられている。もし兄弟の多くが成人したら、全員に分配することができない。そのようなことをしたら「たわけ」（おろか者。田を細かくわけすぎると、どの家も家族を養うことができなくなってしまうところからきた）となってしまう。したがって、複数の成人した男子がいる場合には、長男のみが結婚を許され、二男以下は一種の作男（雇われて耕作する男）として一生を終えることになる。こうした男子が、一軒に何人も存在している。これが、農村余剰人口である。長男以外の男子を兵士として提供した家には年貢減免のような利益があたえられた。また、兵士は、手柄を立てれば恩賞がもらえるほか、武士にとりたてられることもあった。

イギリスの軍事評論家リデル＝ハート（一八九五―一九七〇年）は、軍事分析の誤りのひとつに「ナポレオン（一七六九―一八二一年）以前の戦争にナポレオン以降の原則を尺度」としていることをあげているが、農兵の問題だけではない。火力や総力戦の尺度などは、産業革命前後で見方を変えなくてはならないのである。

経済的制約

農兵のデメリットは、戦費負担の大きさにある。そのために信玄は、農兵の大規模動員は防衛用とわりきり、ほかに『孫子』的に大規模兵力をすみやかに投入して、短期間に戦果をあげるときに多用するようにしている。

記録上、信玄の生存中には甲斐国への敵の侵攻がなかったため、八万人の動員力が活用されることはなかった。甲斐国の地形が「内線の利」を提供しているために、侵入者が相当の大軍でも、中央から必要方面への兵力集中で対応できるはずであった。

信玄が甲斐国にあらたな城を築かなかったのも慧眼である。農兵を籠城させることは、兵糧の負担からも兵の士気をさげることからも避けなければならない。民間人が大量に入りこんだ軍隊の危険性は、英国の労働党員だったキャスリーン・コーリーが著書『軍隊と革命の技術』のなかで指摘するところである。

農兵利用の前提

ただ、この農兵動員がうまくいくには、『孫子』のいう「民をして上と意を同じうし、之と死すべく之と生く可くし、而して危わざしむるなり」(「始計偏」)を達成すること、「上下欲を同じうする」(「謀攻偏」)を国レベルでなしとげなくてはならない。内政さえ完全ならば、短期間の戦争にはかなりの効果を発揮する。

信虎のように絶えず戦争をしている者は民に愛想をつかされる。信玄が遺言で「兵をみだりに動かすことなかれ」といったのは、このことをふまえており、信玄死後には防衛に徹するようにということであった。防衛、そしてほんとうに必要なときの動員にのみ農兵を活用し、戦闘は極力避けて政略によって戦争目的を達成していくことが、信玄の基本方針であった。しかし、後継者となった勝頼は煩雑に兵を動かし、国を疲弊させたため、農兵利用の防衛システムはうまく機能しなかったのである。

たんに民間人を軍隊に入れるというだけならば、軍は脆弱になる。市民軍を評価したルネサンス期のイタリアの政治思想家マキアヴェリ（一四六九―一五二七年）に抜け落ちていたのは、共同体形成の視点である。農兵利用が有効であるためには、君主への忠誠心も必要である。制限戦争の時代にあって、フランスの軍人サックス元帥（一六九六―一七五〇年）は、名誉を一般人民にまで拡大することによって強大な軍隊ができあがるとみなし、ドイツの歴史家ユストゥス・メーサー（一七二〇―九四年）は、一般人民に名誉、誇り、自信をあたえるために人民を兵隊に転換させることを考えている。

ナショナリズムの喚起した時代に国民軍が成立したのも理解しやすい。共同体を形成し、その所属共同体への帰属意識と忠誠心をもたせることが、サックスが夢想した兵隊につながるものである。その共同体形成を、戦国大名は試みた。

兵隊が名誉を重んじることで最強の軍隊をつくりあげたのが、上杉謙信なのである。上杉軍においては、死よりも重い刑罰は、帯刀を認めないことであったという。

謙信の農兵利用

謙信も農兵を活用している。地下人《じげにん》とは一般民衆であるが、永禄一一年（一五六八年）に北越後の本庄繁長の反乱鎮圧に際し、現地に派遣した直江政綱（景綱）と柿崎景家に対して「地下鑓《じげやり》」（鑓をもった地下人）を集めることを指示しているし、同年、武田信玄が禰知谷《ねちだに》を通って攻めこんでくることに警戒して、越中の陣中から本庄と直江に対して「地下鑓」を集めて留守中の軍勢を多くすることを指示している。

謙信の勢力圏ではこうした地下人が広く動員されていたようで、一〇月には、沼田付近で一五〜六〇歳の人間に動員がかけられ、元亀三年（一五七二年）には上田の栗林次郎左衛門（政頼《まさより》。？—一五九九年）尉に対しても地下人を多く集めるよう指示している。また、天正元年（一五七三年）八月には、河野忠清《ただきよ》（生没年不明）に命じて越中との国境近くの境、市振《いちぶり》、玉ノ木、宮崎付近の地下人に鑓や小旗を用意させ、敵が攻めてきたら防衛にあたらせるようにした。これらも主として防衛のための動員であるから、外征の兵数とのあいだに差が出るのは信玄と同じである。

農村からの兵の徴集には時間がかかるので、いったん戦闘が終わるとしばらくは休止し、時間をかけて再度徴収しなければならないようなイメージもあるが、謙信も信玄も動員は容易であった。信玄は大量の農兵を動員した可能性が高い永禄四年（一五六一年）の川中島合戦の二か月強後に、こんどは関東で謙信と対峙している。両将の動員にほとんど支障がなかったことはあきらかである。

農兵利用の長短

戦費負担を軽くするために兵農分離がすすんでいくことと、火縄銃装備率の向上、横隊の発達とは、三位一体であった。兵農分離して常備軍化がすすむと、兵隊は突撃をしぶるようになる。そのために飛び道具、それも極力遠距離から攻撃できる武器が好まれるようになり、その効率的使用法として横隊が発達する。いっぽう縦隊は、先頭部分は敵の飛び道具によって死ぬ確率が高いが、戦闘に入ったら強い。謙信、信玄の軍は、縦隊をとることができた。

ただし、すべての合戦に農兵が大量にいたわけではない。石高と動員率からみて、信玄はここぞという決戦で大兵力が必要なときにのみ大規模に利用し、謙信は動員態勢をつくりあげただけで、遠征中に越後本国の留守居役的な使い方をしていたようである。

なお、農兵利用は、生産力の低い地域では農村余剰人口の範囲をこえて動員されることもあるらしく、まれにではあるが、農村の長男まで動員された可能性も見られる。土佐国の長宗我部《ちょうそかべ》氏と薩摩国の島津氏には、農閑期のみに動員し、農繁期にかかると撤退するという軍事行動が見られるからである。

第三節　膨張政策と信玄にあらわれた『孫子』

『孫子』による消耗戦

信玄に見られた富国強兵策は、基本は甲斐国を守る防衛のためのものであるが、それだけではなく、膨張をも考えていた。最終目標は、上洛、天下統一という遠大なものである。これを、東国の小さな甲斐国を出発点にして達成しようというのである。当然、領土拡大が試みられる。しかし、信虎の失敗からも、十分な資力をもたないままでの長大な遠征による征服には消極的にならざるをえない。

信玄は、甲斐国の支配者になるまえから解決策を学んでいた。それが、武田家に伝わっていた『孫子』である。

『孫子』は、いまから二五〇〇年まえの中国（呉）の兵法家・孫武《そんぶ》（前五三五？―？年）によって書かれた兵書である。戦争の様相は多様だが、本質は等しい。孫武は、戦争を哲学的に考察した。きわめて平易な文章ではあるものの抽象的な内容で、応用が困難なものとなっている。

『孫子』の解釈は各人によってことなるが、その基本には、「戦争は悪であるが、なくなることはない。それは、戦争には目的があるからである」という思想があり、それゆえに「戦わずして人の兵を屈するものは善の善なる者なり」（「謀攻」）という考えかたが導きだされている。そして、どうしても戦争をおこなわなくてはならないときには、万全の準備を整えて、開始されたらすばやく終結させることが述べられている。戦争の弊害をいかにすくなくするかが、『孫子』の力点となっているのだ。

武田信玄は、消耗戦略を好んでいる。直接の戦闘を避けながら、総合的に敵を消耗・衰弱させる消耗戦略は、ヨーロッパでは絶対王政時代に好まれた。絶対王政の軍隊は、兵農分離のなされた常備軍である。常備軍は高価なので兵の損失を補うのがたいへんであり、しかも兵は戦闘をいやがったので、消耗戦略が盛んになった。しかし、信玄の軍隊はこれとはことなり、農兵比重の高い共同体軍である。ではなぜ、信玄は消耗戦略を好んだのか？

それは、信玄が、外征をくり返して国を疲弊させ、領民から恨まれた父・信虎の失敗を教訓としていたからである。だから信玄は、不戦思想をもった『孫子』を採用した。

では、信玄の手法と制限戦争時代の手法の共通点は、何によって導きだすべきか？　リデル＝ハートは、ナポレオン時代の殲滅戦争をきらい、制限戦争時代の英知に学ぶべきだとした。そして、リデル＝ハートが評価したのが、『孫子』であった。つまり、損失と戦闘をきらう『孫子』的なるものが、信玄の手法と制限戦争時代の手法とをむすぶ共通項になる。

『孫子』は、マニュアルとしては不完全である。これを独自に解釈して応用することを成しとげた信玄は、外交を駆使して有利な状態を整え、政略による征服を第一として、隣接する地方に膨張するというかたちをとる。そして、戦争に訴えるときには、万全の準備を整えて短期間の出兵で領土を拡大するという方法をくり返した。戦争の疲弊を最小としながらも、戦争による利益は最大に得るようにし、それを上洛にまでつなげていこうとしたのである。

信濃国攻略戦争

信玄は、まず姻戚関係にあった諏訪頼重《すわよりしげ》（一五一六―四二年）を攻める。諏訪氏の力は甲斐国一国の支配者である武田氏よりも小さく、しかも姻戚関係だから油断している。信玄は、諏訪氏内部に内通者をつくり、ひそかに兵力を集結させるとすばやく進撃。不意を突かれた諏訪軍は、パニックをおこして戦わずして崩壊。まさか義弟から攻められるとは思ってもみなかった頼重は城に逃げこむが、城からも逃亡者が続出し、陥落は時間の問題となる。信玄は、力攻めで落城させることが十分に可能なのに講和を呼びかけ、諏訪頼重を甲府に連れていくと自刃を強要する。敵地で守ってくれる者もなく、頼重はやむなく切腹する。この戦争での武田軍の死者は皆無に等しく、諏訪地方への進撃から頼重が死ぬまでの期間はわずか七日程度。「戦わずして勝つ」「巧遅よりも拙速」ということで、『孫子』の模範実例となった。

信玄は、自分よりも小さな勢力を併合し、併合した勢力と合算した力で、さらに小さな勢力を併合するということをくり返していく。各個撃破できれば、小さな甲斐国をもって大きな信濃国を征服することも可能だ。その先に、甲信二か国の力をもって周囲に膨張していく。信玄は、甲斐国と諏訪郡を合わせた力で上伊那郡を併合し、甲斐国と諏訪郡と上伊那郡を合わせた力で佐久郡を征服する。さらに、甲斐国、諏訪郡、上伊那郡、佐久郡を合算した力で小県郡に進出を図る。バランス・オブ・パワーの原理のなかで拡大していったのである。

だが、ここで信玄の信濃国征服は頓挫する。北信の猛将・村上義清が立ちはだかったのである。義清は、長野盆地をふくむ領域である埴科郡、水内《みのち》郡、更級《さらしな》郡を領土とし、東の高井郡を支配する高梨氏を圧迫しつつ、南の小県郡にも進出をはかり、その先に佐久地方進出を考えていたから、北上する信玄との衝突は時間の問題であった。

村上義清との死闘

侵略が着実にすすんできたことに加えて動員力も増大し、信玄は『孫子』的な慎重さを欠いた戦いをするようになっていた。敵内部への裏切りを誘うことも、敵を共同で攻撃する同盟者をつくることもしなくなった。

天文一七年（一五四八年）の「上田原合戦」は、村上義清の必死の奮戦で信玄が敗北する。しかし、敗北しながらも信玄は、戦場にとどまった。『甲陽軍鑑』は「上田原合戦」を武田軍の勝利としていて、また信玄と村上義清の一騎打ちがおこなわれたとも書かれている。一般的に「芝を踏んでいる（戦場にとどまる）」ことが敗走せずに勝ち残っているということで勝利の〝根拠〟とされていたのだから、信玄という思慮深い人物は、あとあとの宣伝効果も考えて、負け戦のなかにも「勝利」を吹聴できる布石を打っていたのだろう。『孫子』にも「兵は勝つことを貴び」（「作戦偏」）と書かれている。

しかし、敗北は隠しきれなかった。信玄の領国にはかなりの動揺がはしった。佐久郡や諏訪郡では信玄から離脱する動きが見られ、義清主導で反武田同盟ができあがる。この同盟を信玄は、信濃国の地形的特質を生かして各個撃破していく。とくに、義清と並ぶ勢力であった小笠原長時《ながとき》（一五一四―八三年）に対しては、「塩尻峠合戦」「林城《はやしじょう》攻略」と『孫子』の模範例となる戦いかたで撃破し、信濃国の過半を制圧した。

ところが信玄は、再び義清に敗れる。村上方の戸石城《といしじょう》を攻めたのだが、高梨氏と戦っていた義清が急遽高梨氏と講和して武田軍に迫り、あわてて撤退を開始したところを攻められて敗退したのだ。ちなみに『甲陽軍鑑』では、この「戸石崩れ」も信玄が勝利したことになっているが、損失の多さに信玄が不機嫌となったとも書かれている。

信玄の信濃国征服は再び頓挫したかに見られたが、領国を固めておいたために、今回は動揺も見られなかった。そして、信玄の家臣・真田幸綱《さなだゆきつな》（幸隆《ゆきたか》）が調略をもって戸石城を手に入れてしまい、いつのまにか義清は劣勢となって信玄の圧迫をうけていた。義清も反撃を試みてはいるが、信玄の侵略をとめることはできず、天文二二年（一五五三年）、居城であった葛尾城を捨てて亡命した。たよったのが、上杉謙信である。

第四節　上杉謙信の登場と越後国の情勢

越後国の特質と謙信の家系

上杉謙信が根拠とした越後国は、東西に細長いかたちをしている。統一するのは甲斐国よりも困難であるが、越後平野、高田平野（頸城《くびき》平野）、国仲平野などがあり、それが日本海に面しているので勢力圏は形成しやすい。しかも、この平野群がひとつのまとまりをつくると、日本海沿いに西進することが可能となる。木曾義仲なども、越後国から西進して上洛している。越後国は大国であり、戦国期には三六万〜四五万石とされているが、江戸時代には八〇万〜九〇万石になっていて、かなりの生産力があったとみなすことができる。

越後国のもうひとつの特徴は、日本有数の豪雪地帯であることで、きびしい自然環境が頑強な人間をはぐくむとともに、冬場には行動の制約をもたらしていた。

上杉謙信は、この越後国に生まれた。信玄が父から統一された甲斐国を簒奪したのに対し、謙信は治乱興亡の越後国で台頭した。信玄は統治の徹底と富国強兵につとめているが、謙信はまず国内統一をすすめなければならなかった。

上杉謙信の家は、もともとは千葉氏、梶原氏、土肥《どひ》氏、三浦氏、大庭氏、秩父氏、上総《かずさ》氏と並ぶ関東八平氏（坂東八平氏）のひとつである長尾氏で、相模国の長尾庄が本拠であったという。源頼朝（一一四七—九九年）が謀反をおこしたとき、長尾氏は平家に味方したためにらまれ、かろうじて三浦氏の被官として生きのこったが、三浦氏が「宝治合戦」で没落すると本領までもが没収されてしまう。しかし、足利家の家臣である上杉氏にしたがえたことから運命は一転し、以後、上杉氏とともに発展することとなった。上杉氏の一族は、関東管領だけでなく越後国守護にもなっていたから、その流れで越後国にも守護代として長尾氏が赴任していたのである。

長尾為景

謙信の父・長尾為景は、典型的な戦国武将であった。永正三年（一五〇六年）九月、一向一揆征伐のために遠征していた長尾能景《よしかげ》（一四六四―一五〇六年）が神保氏の裏切りによって越中国で戦死したため、家督を継いで越後国守護代となった。息子の謙信とは対照的に、為景は下克上の典型の人物とされている。永正四年（一五〇七年）八月、主君である越後国守護の上杉房能《ふさよし》（一四七四―一五〇七年）を追って房能の養子・定實《さだざね》（一四七八？―一五五〇年）を守護の地位に就け、自らは守護代として実権を握った。

越後国と関東地方は、地形的には三国峠によって隔てられていたが、越後国守護の上杉氏と関東管領の上杉氏が同族であることから、かかわりをもっていた。長尾為景は、房能の兄として越後国に介入してきた関東管領・上杉顕定《あきさだ》（一四五四―一五一〇年）、能景以来の因縁がある越中国の神保慶宗《じんぼうよしむね》（？―一五二〇年）、一向一揆、そして上条定憲《じょうじょうさだのり》（定實の弟とも甥ともいわれている。生没年不明）などと死闘をくり広げながら勢力を拡大し、越後国国人の頂点に立つとともに、越中国にまで力をのばしている。越後国で劣勢になったときには佐渡島や越中国に退いて力を回復し、逆襲するというかたちをとっていて、これも北陸道の性格を利用したものといえる。

永正一〇年（一五一三年）、上条定憲との戦いに勝利した為景は、実質的に越後国の実権を握った。越中国への介入は、越中国守護・畠山氏からの要請というかたちでおこなっていて、永正一七年（一五二〇年）には越中国三守護代のひとりである神保慶宗を滅ぼし、大永元年（一五二一年）には畠山氏より越中新川郡守護代職に任じられている。

ちなみに関東管領との戦いにおいて為景は、北条早雲と連携したこともあり、後の謙信と小田原北条氏との対立を考えると関東との因縁を感じさせる。上杉顕定の子・憲房《のりふさ》（一四六七—一五二五年）などは「長尾為景は二代の主君を殺害した天下に例の無い奸雄である」と評している。しかし、正当性を重んじる謙信も、一〇〇回近くも戦闘をおこなった父・為景のことは誇りに思い、漢の高祖・劉邦《りゅうほう》（前二五六—前一九五年）にもまさると述べている。

為景に対して定憲は、享禄三年（一五三〇年）、天文四年（一五三五年）と二回挙兵した。このとき、為景の一族である上田の長尾房長（一四九四？—一五五二年）が定憲側につき、宇佐美定満《さだみつ》ら国人でも定憲側につくものが増えていった。外部勢力である会津の葦名《あしな》（蘆名《あしな》）氏までが定憲側についた。北信濃の豪族である高梨政盛《まさもり》（一四五六—一五一三年）が為景側についたが、それでも不利な状況であった。この事態収拾のために為景は天文五年、嫡男・晴景《はるかげ》（一五〇九—五三年）に家督を譲って隠退する。

謙信の登場

謙信は晴景の弟である。三男とも四男ともいわれる謙信には、家督相続権はない。長尾氏の菩提寺である林泉寺（現在の新潟県上越市にある曹洞宗の寺）に入れられて僧になる予定だったが、軍事への関心の強さから、寺からもどされたという。そして、七歳のときに父・為景が死去すると、謙信は甲冑をつけて葬儀に臨んだという。

初陣は、一四歳とも一五歳ともいわれている。敵が栃尾城に攻めよせたとき、謙信は少数の城兵をふた手にわけ、一隊で傘松に陣を張る敵本陣の背後を急襲、敵が混乱した瞬間に城内からもう一隊を突撃させて、これを打ち破っている。

『越佐史料』のなかの「上杉文集」では、謙信は天文一四年（一五四五年）に栃尾から府内にもどったとされている。謙信の手によって、天文一五年（一五四六年）には国内はほぼ鎮圧される。越後国の国人・豪族たちは、その軍事的天才ぶりを見て謙信を領主にと推し、天文一七年（一五四八年）、病弱の兄・晴景にかわって家督を継いだとある。

『越佐史料』では、越後守護上杉定實の調停によって天文一七年一二月に家督が謙信（当時は景虎）に譲られたという内容を『上杉家記』とともに「上野文書」や「歴代古案」が載せ、諸役免除などの実質的な動きが天文一八年（一五四九年）にあったことを載せている。天文一九年（一五五〇年）には、将軍・足利義輝（一五三六—六五年）から越後国主の地位を認められているが、反旗を翻した長尾一族の長尾政景を天文二〇年（一五五一年）に鎮圧、越後国を統一した。まだ二二歳という若さだった。

謙信の軍事的才能

上杉謙信は軍事の天才である。これが天性のものだったことは、少年時代からその天才性を発揮していたことからもわかる。十代の謙信の戦いは、各種軍記物に登場する。いくつか紹介しよう。たとえば江戸時代に書かれた『北越軍談』に載っている話であるが、天文一三年（一五四四年）正月二三日、まだ一五歳の謙信（当時の名は景虎）がいた栃尾城に敵が攻めてきた。蔵王堂方面から一万の長尾俊景《としかげ》（生没年不明）、黒田秀忠（一四九二？—一五四六年）軍が攻めこんできたが、激戦のすえにとりあえず撃退した。その際、謙信は、一時撤退を開始した敵への追撃を主張する家臣たちを押さえて、敵の動きを静観した。そして、追っ手がこないことに安心した敵が乱れを見せて引きあげはじめたときに突如襲いかかり、これを撃破している。

また、同年四月、謙信に対し、こんどは従兄弟の長尾政景が攻め寄せた。敵は柿崎の浜に陣をかまえ、激戦の末に謙信が勝利する。謙信は、敵が米山を越えて府中に逃げこもうとしているのを見て、追撃をやめて小休止する。山上にさしかかったところで謙信が追撃してきたら追い落としてくれようと考えていた敵は、追撃がないことに安心して山をくだりはじめる。敵が三分の二ほど山をくだったところで謙信は突如追撃を再開し、いっきに潰走させた。

これに類似する話は、『太祖一代軍記』『北越軍記』『上杉三代日記』『北越太平記』などの各種軍記物語にさまざまなバージョンで語られており、『名将言行録』にも収録されている。敵は長尾俊景、黒田秀忠であったり、兄・晴景であったりしているし、攻め寄せる軍勢の数もことなっているから、なにかの元ネタから派生したのだろう。天文一六年（一五四七年）四月のこととして、栃尾城にいた謙信に敵が攻め寄せたとき、倉にのぼって敵陣を見た謙信は、敵に兵糧の用意がないのを見て今夜中に引きあげることを予測し、夜間に撤退を開始したところを襲って敗走させたといった内容もある。

天文一四年（一五四五年）に黒田秀忠が晴景に反旗を翻しているが、兄にかわって謙信が鎮圧した。詳細な年代にはずれがあるが、『北越太平記』では天文一三年、謙信が一五歳のときのこととして記しているものが該当するようである。謙信は二〇〇〇人で黒田秀忠軍一万人をむかえ討ち、敵が川を半渡したところで攻めかかって破ったという話だが、これはほぼ事実に近い内容のようである。『上杉年譜』巻一では、天文一三年に長尾平六（俊景）と黒田秀忠が六〇〇〇人の兵で栃尾に攻めてきたことになっている。城兵は二〇〇〇人にすぎなかった。厳寒のなか、川を渡りはじめた敵に対し、本庄慶秀《ほんじょうよしひで》（一四九七―一五七八年）、宇佐美定満が迎撃を進言するのを制止して、敵が川を半渡したところで攻めかかり、一戦にもおよばず敵を敗走させた。黒田秀忠は再度反旗を翻すが、完全に鎮圧されている。

内容はともかく、これらの多くが年代などから史実ではないということは、戦前にすでに指摘されており、とくに後段の「柿崎合戦」では、柿崎の浜と米山の距離などを考えてもフィクションにすぎないことはあきらかである。『越佐史料』では、謙信の栃尾城関係の攻防としては、天文一二年（一五四三年）八月のこととして「長尾景虎、越後栃尾ニ在リ、諸将之ニ抗ス、及リテ景虎出陣シテ、コレ等ト戦ハカトス」という『上杉家譜』の記述が載り、合戦の詳細は載せていないから、やはり史実とみなしていないことがわかる。

しかし、多くの軍記物が載せているところをみると、なんらかのモデルになる戦いがあったことが推察できる。そして、これらの戦いかたに共通している要素が、謙信を特徴づける戦略なのである。

兵法書の影響

信玄と同様に、謙信も中国の兵書を読んでいたことが推測できる。弘治三年（一五五七年）五月に小菅山元隆寺《こすげさんがんりゅうじ》（長野県飯山市。現在は小菅神社となっている）に納められた祈願状には「義を以て不義を誅するは、江河を決して爝火に漑ぎ」の文句が書かれているが、これは太公望兵書『三略』のなかの「下略」の一文である。『謙信家記』にも黄石公《こうせきこう》（生没年不明）の名前が登場しており、『三略』が読まれていた可能性は高い。

じつは、義家が『孫子』を伝授されるよりもまえに、平貞盛《たいらのさだもり》（?―九八九?年）が学者・大《おお》江維時《えのこれとき》（八八八―九六三年）から兵書を伝えられていたとされているので、板東平氏のなかには『孫子』が伝わっていた可能性がある。長尾氏にもそれがなかったとはいい切れず、謙信が『孫子』に目をとおしていた可能性も皆無ではない。

『北越軍談』のなかの謙信の言行録には「武の七書」「奇正」といったことばも見あたり、「軍勢法令条々」には、「天の時、地の利、人の和」や中国戦国時代の魏の将軍・龐涓《ほうけん》（？―前三四一年）の故事が引用されていた。「敵国に入らば、先ず宜しく地の形勢、遠近、広狭、兵の大小、彼と我と孰れか勝りたらんと云事を察すべし。是れ所謂地の度を生じ、度の量を生じ、量の数を生じ」と記されている。付録部分などは、『孫子』や『呉子』の形式だけでなく、謙信と宇佐美良勝（定満）との対話形式という『李衛公問対』をまねた「武備問対」まで載っている。ただし、『北越軍談』は江戸時代に成立したものであり、長らく秘伝の書であった「七書」などがすでに広く一般に流布していたという前提があるため、相当に割り引いて考えなければならない。

より確実なかたちで謙信に色濃く見え隠れするのは、『呉子』（中国の春秋戦国時代（前七七〇―前二二一年）に著されたとされる兵法書）の思想である。「死なんと戦えば生き、生きんと戦えば必ず死するものなり」とは春日山城の壁書きにあった文言だが、これは『呉子』「治兵第三」にある「死を必すればすなわち生き、生を幸すればすなわち死す」からとったものと思われる。

上杉軍の軍規

『呉子』は、教育による精兵主義をとっている。武田軍も軍紀はきびしかったが、上杉軍の軍紀のきびしさは、弘治元年（一五五五年）の川中島での信玄との対陣中に出された誓書からうかがわれる。

「一、景虎何ヶ年御張陣候とも、各々儀は如何とも候へ、拙者一身の事、無二御　次第、在陣之を致し、御馬前に於て走廻る可き事。一、陣中に於て喧嘩無道、召仕の者之を致すに於ては、則ち成敗の事。一、備方の儀存じ寄る子細候はば、のこらず心底申達す可き事。一、行方の儀に付いては、何方へなりとも自専らと存知、御量の如く走廻る可き事。一、御馬を入れられ、重ねて御出陣候とも、一騎にても馳参じ走廻る可き事」

『北越軍談』にも各種「禁制」が出てくる。酒宴や賭博が禁止されているだけでなく、食事は一汁二菜とか、命令がないうちに具足を脱いだり馬から鞍をはずすことの禁止、相討や抜け駆け、そして首を奪うといった戦場での禁止事項、さらに小屋放火や刈田、乱どりといった民間への乱暴の禁止に到るまでが述べられている。

軍規のきびしさは、敵地での安全にもつながる。おそろしいのは、住民を敵にまわすことであった。略奪は敵を増やす。「国を全う」することが目的の信玄は、ごく一部の例外をのぞいては敵地でも支配することを考慮して行動したが、義戦のみをおこなう謙信も、部下に対して略奪などを禁じていた。すくなくとも、謙信旗下の上杉軍が略奪をしたという確実な史料はない。「箱根神社文書」「赤城山年代記」などが伝える民間の疲弊は、戦災の爪痕であって、略奪によるものではない。相模国の金光山最勝寺《こんこうざんさいしょうじ》の場合には、破壊に対して補償がおこなわれている。

「人身売買をした」というのも、割り引く部分がある。信玄が志賀城攻略後に人身売買をおこなったことはよく知られているが、これも「みせしめ」の理由が大きいように思える。謙信が永禄九年（一五六六年）に小田城下で捕虜売買を認めたという記録はのこっているが、金額が二〇～三〇文程度では当時の人足の日給にも満たない程度だとされるから、こちらは「捕虜解放」の要因だったろう。そもそも奴隷とは労働力が不足しているところで必要とされるものだから、農村余剰人口が存在するところでは、不要どころか負担の大きい、余分な存在にしかならない。

上杉軍の精強さ

きびしい自然環境のなかで育ち、謙信によって鍛えられた上杉軍は、精鋭であり、この点は武田軍とともに全国的に名を知られていた。信長の支配地域においてでさえ『大和国興福寺蓮成院記録・天正十年三月の項』に「甲斐、越後之弓矢天下一之軍（武田軍と上杉軍の強さは天下一である）」と記されているが、上杉軍の強さは武田軍以上との評価もある。

『松隣夜話』には、太田三楽（資正《すけまさ》。一五二二―九一年）が評した上杉軍の強さについて、

「大将と申し、士卒といひ、たとひ二三百たりとも、欺き申すべき相手にあらず。其上其勢堅く、一万なれば、是れ五万・六万の敵に取合せても、之を以て、戦時は不足なき位に候。第一には金鉄の湿兵、死を一途に思ひ定め、一万にて、戦はんを、誰やの人か、大事の敵と慎むまで候べき。氏康も信玄も、悪しく召されては、多分敗軍なるべし」

と書かれている。

上杉軍の兵ひとりで敵の兵五〜六人に匹敵するとされているのだから、兵を多く集めることよりも有効に使用することのほうが重視される。謙信が大軍を率いることがすくなかったのは、別段動員能力が低いからではない。これについては、サックスが一定数をこえた大軍であることがかえって役に立たない状況をつくりあげるとした指摘、さらにリデル＝ハートがナポレオンの戦い方をながめて、熟練兵のみが機動を可能とすること、そしてナポレオンが数の原理に陥ったのは戦争の乱用により熟練兵が減少したためとみなしていることと重ね合わせると、興味ぶかい。

謙信は、大軍を集められなかったわけでも大軍を使えなかったわけでもなく、ただ最適規模の設定をしていただけなのだ。『北越軍談』巻二〇には「定式の八千」という記述があり、謙信が領土の大小に関係なく常時使用していた兵数が八〇〇〇人であったことが書かれている。『謙信家記』でも、二万人の兵を率いていながら八〇〇〇人のみを使用したという内容の記述がある。

上杉軍の武器構成比率

謙信は、大軍であることよりも機動性や突撃力を重視し、軍隊を手足のごとく縦横に動かすことを試みたのである。謙信自身のことばとして、『北越軍談』では「大将を器にして、麾下《きか》（直属の部下）の士卒水の如く随順せば、百戦戦して一度の敗走も有べからず」とある。

上杉軍の武器構成上の特質は、長槍の多さである。『越佐史料』には、謙信麾下の各武将の鑓、手明、鉄砲、旗、馬上などが掲載されている。これを比率で見ると、上杉軍は槍六五％、騎馬一〇％、鉄砲六％、大小旗七％となっている。武田軍の場合には、槍四六％、騎馬一二％、鉄砲一〇％、弓一〇％、兵站三％である。上杉軍は飛び道具の比率がすくない。弓の記述がないので実際に六％にとどまることはないと思われるが、白兵戦に力点が置かれていることがわかる。

謙信、信玄とも突撃力を重視しているが、謙信はなかでも槍を主体にしていた。信玄は麾下のみに長槍をもたせたが、謙信は各部隊に配備した。槍を有効活用するために謙信は、「味方の勢を唯一隊に作り丸く備えて前に弓・鉄砲を立てて敵の先鋒を打ち甘げ、其の後総勢一同に鬨を発し旋風の如くおしかかり、前後左右に伐り破るべし」「勇敢なる騎馬三〜五〇〇騎がそれぞれに長槍をもち、騎馬ひとりに弓兵ひとり、切具兵ひとりずつを付し、この集団が丸く一丸となって敵の旗本目がけて一散に突入し、敵を蹴散してさっさと引き退く」を指示していると、自衛隊の学校で長く教官をつとめた金子常規氏（一九一六—二〇〇〇年）は述べている。

槍の弱点は、側面攻撃にもろいことや、運動の機敏さに欠けることである。そのために謙信は、小部隊編成での運用もおこなっている。信玄のほうは、鉄砲隊や長槍隊もあったが、騎馬一騎に歩兵数人をつけて突撃力をもたせた。金子氏はこれを「騎歩チーム」と名づけ、志気戦意で優越し、混戦に強い有利さがあると述べている。

上杉軍では鉄砲の比重がかなり低いが、『北越軍談』によれば、天文一五年（一五四六年）とされている佐渡攻めに鉄砲が使用されたという記述があり、天文一九年（一五五〇年）の川中島合戦でも、六〇人を六段に列して三〇目の鳥銃を交互に撃って敵をひるませたと書かれている。一般には、天文二二年（一五五三年）に上洛したとき、将軍・足利義輝が大友宗麟《そうりん》（義鎮《よししげ》。一五三〇―八七年）から献上された秘伝書をあたえたことから、謙信と鉄砲とのかかわりができたといわれている。

謙信がなによりも重視したのは、機動力であった。謙信は、農兵動員によって大軍利用が可能であっても、一万人前後の兵力を使うことが多かった。機動力を重視したためである。『日本百傑伝』には、謙信が谷間に厩舎を置いて馬を何匹も具え、二里に一処、三里に一処、出入りするたびに馬をのりかえたため、すばやく行動できたとある。

上杉軍と武田軍の軍団構成比較

軍団の構成単位は有力家臣・豪族であるから、統治体制とリンクしやすい。ここにも、謙信と信玄の独自性が表れている。

信玄の領国は、信玄に対抗する有力豪族の存在を押さえる方針で、各家での相続は一子単独相続よりも子どもたちへの細分化された相続をすすめるものであった。この各々が各部隊を率いることになるので、かなりこまめな指示を出すしくみが必要になる。そのために、旗、金鼓、そして伝令譜代の百足衆《むかでしゅう》などをつうじて全軍を整然と統制した。

その反面で、戦闘単位が小部隊になる傾向があった。このことは、いっぽうでは戦地における柔軟な対応によるすばやい陣形の変化を可能にし、個々の単位での対応によって全軍総崩れになりにくい、防御における頑強さをもたらした。しかし、個々の単位の小ささは、機動力的には鈍足となり、攻撃力も「勢」が出にくい。また、各個撃破的な攻撃にあうともろかった。

それに対して大豪族（国人）連合のうえになりたっていた謙信は、その有力豪族の内部に立ちいることはすくなかったので、比較的大規模な豪族がのこることとなる。政治上の支配権ということになると、信玄ほど徹底しなかったが、攻撃において「勢」がつきやすいのは上杉軍のほうで、運動速度は迅速になり、個々の戦術単位が大きいので各個撃破されにくかった。しかも、信玄とはべつな意味での指揮系統の強化がなされていた。

毘沙門天《びしゃもんてん》の神軍

謙信は、出陣まえに毘沙門堂で瞑想しながら作戦を立てる。それがまとまると、毘沙門堂から出て各武将に伝える。『名将言行録』が伝えるところによると、契約などがあるときには配下の武将に神前に供えた水をあたえた。同じ『名将言行録』には、軍のなかを謙信が十文字に馬を走らせ、それを部隊の区切りとしたため、各豪族の家来が主人と離れてばらばらになったままだという話がある。つまり、大豪族単位の軍団を、意によって好きに編成できたのである。これによって、精神性が強力な軍になるとともに、謙信の指揮の絶対性が確立される。部下たちが謙信を神格化していたからこそ可能なことであった。

米沢の林泉寺で拝聴したことであるが、高野山に入ることをあきらめた謙信は、地上にとどまって毘沙門天になることを誓ったのだという。布施秀治氏は、謙信の出陣まえに五壇護摩《ごま》（五つの護摩壇で火入れ護摩祈祷をおこなう）を執行して武旆式をあげることや、ことをなすときには先に所信を神明仏陀の前で告白して加護を祈願すること、そして毘沙門堂前に諸将を集めて誓わせたことなどを述べている。

信玄のほうは、筮竹占いをして戦勝を確認し、御旗・盾無の前で「御照覧あれ」と誓いを立てる。武田軍が『孫子』四如の旗（風林火山）をかかげてつねに全軍に軍令を徹底させていたのに対し、毘沙門天の頭文字を掲げた上杉軍は、自軍に神軍としての自覚をもたせていた。謙信も信玄も教育的であったことが推察できる。

上杉軍と武田軍の長短

『北越軍談』には、謙信の父・為景が定めたという制度が出ている。戦闘中に主・指揮官が討たれた場合には、旗本からひそかにかわりの指揮官が派遣され、戦闘継続を可能にするという。総大将が倒れた場合ですらも、軍代や軍奉行による代行がある。この制度を軍団編成時に適用すれば、謙信の意のままの部隊編成が可能であった。

「桶狭間合戦」の今川軍のように、総大将が殺されれば全軍崩壊するのは明白であるが、「長篠合戦」では、小さな単位の部隊においてさえも、主が討たれたために部下が右往左往してしまって戦闘不能になる部隊が続出している。平時の統治的には信玄の支配権は強力だが、戦時の指揮権は謙信のほうが強力といえる。

一般的な軍隊の特質は、土地風土や時代だけでなく、率いる指揮官の特性、支配形態、戦争目的と戦略などにもむすびついている。上杉軍と武田軍の特質はそうした諸々の反映である。そして、両将とも各部隊長が国人・豪族として支配する土地に密着していたので、農村より兵を集めやすかったし、農兵比重も高くできたのである。もし部隊長が土地と切り離されていたら、一度失った兵力の穴埋めはむずかしかったろう。

第3章

川中島合戦の展開

第一節　謙信の戦略と信玄の戦略、その特徴

戦争目的の差異

領土拡大を第一とした武田信玄の戦略の基本に『孫子』があったのに対し、上杉謙信の戦略の基本にあったのは何か。謙信は欲得のために戦うことをきらい、生涯をつうじて征服目的の侵略戦争はしなかった。領土的野心をもたない謙信の戦争目的は、敵主力野戦軍の殲滅にある。信玄は謀略による「戦わずして人の兵を屈する」ことを好んだが、謙信はみずからの正義の意志を押しつけることを目的とした。

信玄が戦略家であったことは多くの人が指摘するとおりであるが、謙信を戦略家として評価する意見にはあまり出会うことがない。「上杉謙信は天才的な戦術家であるが、戦略はない」的ないい方が横行しているように見えるが、それは正当な評価とはいえない。戦略の定義を見て、その戦略概念に謙信の行動が該当するかどうかで検証しなければならない。

戦略の定義

「戦略」ということばは古代ギリシア時代から存在していたが、それを近代的に定義したのが、

カール・フォン・クラウゼヴィッツである。クラウゼヴィッツ以降、何人かの戦略理論家が戦略概念について述べている。以下、主要なものを列挙してみたい。

「戦術は、戦闘において戦闘力を使用する方法を指定し、また戦略は、戦争目的を達成するために戦闘を使用する方法を指定する」「戦略は戦争計画を立案し、所定の目的に到着するための行動の系列をこの目標にむすびつけるのである。則ち戦略は個々の戦役の計画を立て、またこれにの戦役において若干の戦闘を按排するのである」（カール・フォン・クラウゼヴィッツ『戦争論』）

「戦略とは、図上で戦争を計画する術であって、作戦地の全体を包含しているものである」（アントワーヌ・アンリ・ジョミニ『戦争概論』）

「政略上の諸目的を達成するために軍事的手段を分散し、適用する術」（バジル・リデル＝ハート『戦略論』）

いいかたはさまざまだが、根本は同じことである。戦略が全体の動きとすれば、戦術は個々の動きであり、戦略が骨格とすれば、戦術は手足に該当する。イメージとしては、体全体を動かしながらパンチをくりだすときの、体全体の動きとパンチの関係が、戦略と戦術の関係である。どんなに強いパンチでも、ただつっ立ったまま出したのでは効果が薄い。効果的なパンチを出すには、全体の動きをうまく使わなくてはならない。同様に、戦術だけで勝敗を決するのは困難である。戦略のなかでうまく使われてはじめて、効果は絶大なものになる。

こうした概念区分は、時代が後代になるにつれて戦争規模が巨大なものとなり、役割分担が詳細になることから登場してきた。

古代においては、ひとりの人間が戦略家であり戦術家であることが多かった。しかし、戦争そのものが「戦争」「戦役」「戦闘」と区分してながめられるようになり、各々に該当する担当範囲が「大戦略」「戦略」「戦術」とわかれるようになっていったのである。現在ではさらに、「戦略」のなかで「軍事戦略」と「作戦戦略」が分離するようになっている。

「戦略」が担当するのは「戦役」である。戦争はいくつかの区切りをもつことが多い。「戦役」とはその区切られた期間、戦争状態にある両軍が相互に関連する一連の軍事行動をおこなっているあいだをさす。つまり、信玄については、甲府から出陣して、戦闘を終え、再び甲府に帰還するまでが「戦役」である。通常、軍が出撃して帰還するまでを区切りとすることが多いため、その期間全体を担当するのが「戦略」ということになる。

戦術との差異

旧日本軍では、目に見えるのが戦術で目に見えないのが戦略としていたそうであるが、部隊を直接率いて戦闘指揮をとるのが戦術とすれば、地図をながめて部隊の移動を考えるのが戦略に近いということなのだろう。

戦術は、何がおこるかわからない戦場でのできごと、事前に予測しがたい戦闘というものに対応しており、直感と慣れがものをいう世界である。もちろん、すばやい判断と的確な対応には単なる直感と慣れだけで片づけられない叡智がひそむ。しかし、予想しがたいというのはいたしかたない。なにしろ相手が何を考えているのかがいちばん予測しがたいレベルのことであるからだ。クラウゼヴィッツなどは、「戦場の霧」といういい方までしている。

それにくらべて戦略は、事前に考えて計画しておくものである。それすら実際の推移にしたがって現地での修正を余儀なくされるが、地図などを見て効果的な動きを考え、相手の動きを予測することは可能である。

謙信の戦略

こうした定義と概念から見れば、上杉謙信が出陣まえに春日山城の毘沙門堂にこもって作戦を練っていたこと自体が、「戦略がなかった」ことを否定するものになる。戦術を考えるのは、戦闘開始まえに両軍が対峙したあとでもまにあう。まして、一瞬のひらめきのなかに勝利の可能性を見いだすならば、戦場から遠く離れた春日山城の毘沙門堂で、戦闘開始よりもはるかまえに考えるはずはない（謙信は、戦略の仕上げとしての陣形と撤退方法は考えていた可能性はあるが）。

では、謙信の戦略とはいかなるものとなるのか。実例として、織田信長との「手取川合戦」(一五七七年)で展開された上杉軍の動きをあげてみたい。

①能登国の七尾城を攻めている謙信のもとに、織田信長の大軍が加賀国を出撃したという知らせが入る。七尾城を攻めている謙信の背後にまわって、七尾城軍と挟撃してしまおうという作戦である。

②すると謙信は、わざと七尾城を落とさず、攻めるのにてまどっているように見せかけた。

③謙信がてまどっているとみた織田軍が上杉・織田国境の手取川を渡るようだという知らせをうけるや、謙信はすばやく七尾城を陥落させ、ひそかに前進して織田軍の目の前に布陣した。

④背後に雪解け水で増水した手取川があるという最悪の条件下、いきなり目の前に現れた上杉軍に、織田軍はパニックをおこす。

⑤にもかかわらず、謙信は静観して動かない。織田軍の不安はいいようがないほどに高まって、夜半すぎ、ついに川を渡って撤退を開始した。

⑥と同時に、謙信は攻撃指令を出す。暗闇のなかで増水した川を渡っているところを背後から攻撃されたのだから、ひとたまりもない。織田軍は大敗北を喫して逃げ帰ることとなった。

⑦謙信は追撃して越前国九頭竜川まで進み、そこで前進を停止する。

この一連の流れが戦略である。そして、一連の流れの先に、仕上げとして戦術が存在している。

謙信の戦略を表現するとすれば、「おこりうる相手の心理上の動きを数手先まで読み、その心理的動きの彼方にあらかじめ罠をしかけておく」ということになる。そして、行動の数手先にしかけられた罠に、敵みずからが入るという高度なテクニックである。

謙信が十代で見せた合戦の特徴も、敵の心理的な動きと、先にしかけられた罠の存在であった。これが『孫子』の体現者として、戦理に合致した行動のみをとる観がある武田信玄と戦うのだから、「川中島合戦」が一般人の理解をこえた高度なレベルの知略戦になったのも当然である。

信玄の戦略

信玄の戦いかたは、信濃国での各個撃破の各場面に特徴が見られるが、野戦での決戦をあえて誘うこともあった。「三増（三益）峠合戦」（永禄一二年（一五六九年））や「三方ヶ原《みかたがはら》合戦」（元亀三年（一五七三年））がそれに該当するが、どちらも殲滅戦というよりも、敵に打撃をあたえて戦闘力を失わせることが主眼であり、その目的のために戦略をくみたてていた。

このうち、「三方ヶ原合戦」は、浜松城にこもった徳川家康をたたいた合戦である。上洛途上に位置する織田信長の同盟者・家康は、浜松城に八〇〇〇人でこもっていた。信玄は、東海道沿いの駿河国方面国境からでなく、信濃国から南下する。予期せぬ方向からの侵入に、家康は混乱した。駿河国方面の諸城はまったく役に立たないものとなってしまったため、諸城で籠城していた兵そのものが「遊軍」になってしまう。そこに信長の援軍三〇〇〇人が到着した。信玄は、時間をかけて二俣城を攻略して、家康をじらしておく。

そこから信玄は、真の目的をかくすような複雑な進軍を開始する。次のような作戦だ。

まず、二俣街道を南下して、浜松城をめざすように進む。

ところが、浜松城近くにきた段階で反転し、新たな進軍方向を、井伊谷を通って長篠に出、奥三河を進ませるかたちにする。最終的には、美濃国に侵入した信玄の家臣・秋山信友（虎繁。一五二七—七五年）と挟撃するように合流することが予想される進路である。

家康にしてみれば、何もしないで籠城していれば信長の力の根源たる美濃国が奪われてしまい、自身の将来を信長にかけた思惑がはずれることになるし、あとあと信長から嫌疑をかけられる可能性もあるから、なんらかの意思を行動で示さなくてはならなくなる。

信玄の進路に祝田の坂がある。信玄がそこを通過して下りにかかったとき、後方から追撃すれば勝つチャンスもあると考え、家康はあわてて浜松城をとびだして追撃を開始する。

信玄は、坂田の坂の上で前進を停止して反転し、追ってきた徳川軍の前面で「魚鱗の陣」を敷いて待機する。

『孫子』のいう「善く戦う者は、人を致して人に致されず。よく敵人をして自ら至らしむるは、これを利すればなり」（「虚実偏」）の典型である。

軍隊は、用兵上の特質と戦争目的にあったかたちに仕上げられていく。信玄は、勝てると見ても決戦をきらったし、おこなうときにはかなりの勝算のうえで決戦をおこなった。対して謙信はひたすら決戦を望んでいるが、それは戦略が立てられていたため、すでに決戦しても勝てる状態が謙信の頭のなかにできあがっていたからであり、勝算がつねにあったということである。

第二節　軍記物語が伝える永禄四年以前の戦闘

『甲陽軍鑑』が伝える諸戦闘

ともかく「川中島合戦」は、不明点が多いというよりも基本的には全貌が見えないままの推測になっている。たよりになるのがフィクション織り交ぜの軍記物語という情けない状態である。前述したように永禄四年（一五六一年）の第四回戦は『甲越信戦録』をもとにした記述が登場しているが、第一回戦と第三回戦についてはほとんどふれられていない。無視しているのではなく、資料がすくないためにふれられないのである。

では、最大の激戦以外の戦闘について、各軍記物語はどのように記述しているのだろうか。『甲陽軍鑑』では、一連の合戦の開始時期を天文一六年（一五四七年）一〇月六日として、謙信

（一八歳の景虎）と信玄（二七歳の晴信）が信濃国海野平で合戦をおこなったとある。一二回の戦いのほとんどが対陣で、実際に戦闘になったのは天文一六年と永禄四年の二回のみである。

以下、代表的なものについて年代順に概略を羅列する。

天文一七年（一五四八年）、信濃国小県で、謙信と信玄がともに出馬するかたちで一二日間の対峙がある。

天文一八年（一五四九年）五月一日、信濃国海野平で五日間、対峙する。

天文一九年（一五五〇年）九月二八日、信濃国海野平で対陣開始。一〇月一〇日まで続く。

天文二二年（一五五三年）八月、信玄が川中島にかいづ（貝津）城を築くが、この段階では謙信は「定て一年に一度づつ、川中島に働かるる」と書かれ、頻繁に川中島に出馬していたとされている。

天文二三年（一五五四年）には、謙信が一万三〇〇〇人の兵力で川中島清野に出馬するも、合戦らしいものはなく撤退している。

天文二四年（一五五五年）三月五日、謙信は川中島に出馬し、信玄も六日に川中島に到着。五日間対峙したのちに、謙信は兵を退く。

弘治二年（一五五六年）三月二八日、謙信は川中島に出馬し、四月中対陣したのち、五月に撤退する。

弘治三年（一五五七年）四月一二日、謙信、信玄とも川中島に出馬し、五月末まで対陣する。

永禄元年（一五五八年）、謙信と信玄は五月から閏六月なかばまで七〇日あまり対陣。

永禄二年（一五五九年）二月、信玄は川中島に出馬。謙信は三月に出馬して対陣。四月二日、謙信は加賀国・能登国に出陣するために撤退したとある。

なお、これら以外に天文二二年（一五五二年）に時田合戦があったことや、海野平でも小競りあいがあったことが記されている。

『北越軍談』が伝える諸戦闘

『北越軍談』では、毎回のように戦闘がおこなわれていたことになっている。当初は村上義清への援軍のかたちをとっており、義清が葛尾城を追われるまえから戦っていたことを補足説明している。

初回は『甲陽軍鑑』と同じく天文一六年（一五四七年）一〇月九日で、謙信が八〇〇〇人の兵を率いて出陣し、一八日に海野平に進出。信玄が二万人で出陣して戦闘があり、謙信は一〇月二三日に帰陣する。

天文一七年（一五四八年）五月には、信玄が伊那郡を攻めたのに対して謙信が七〇〇〇人を率いて小県郡に出兵し、戦闘を交えるとある。

天文一九年（一五五〇年）五月一日、謙信が深志に進出。犀川を渡って猿ヶ馬場に布陣。信玄は一万七〇〇〇人で出陣。謙信は八〇〇〇人の兵を九備（九部隊編成）につくる。部隊をわけての遊軍・後殿の奇正を設け、鉄砲を連射して敵をひるませているうちに突撃し、武田軍四七〇人、上杉軍一八〇人の死者が出る。合戦後の夜間、上杉軍は陣小屋に火をかけ、攻めてきた武田軍一六〇人を討ちとって帰陣する。

同じく天文一九年九月二一日、謙信が海野平に出陣。九月二九日、信玄、保福寺辺に布陣。小規模な合戦後に、上杉軍は撤退する。

天文二一年（一五五二年）四月一〇日、謙信が小県に出陣。四月一一日、信玄が一万八〇〇〇人を率いて常田に到着、地蔵峠で合戦がおこなわれる。

天文二三年（一五五四年）八月上旬、謙信が川中島に出陣する。信玄は、一万六八〇〇余人で出陣。合戦後、双方とも撤退する。

弘治三年（一五五七年）八月、謙信が川中島に出陣。信玄は二万余騎でこれと対陣。八月一六日朝、武田軍が陣を退くところを謙信が追撃し、武田軍一一一三名、上杉軍八九七名の死者が出る。

『川中島五箇度合戦之次第』が伝える諸戦闘

『川中島五箇度合戦之次第』は、その名のとおり五回の合戦を描いている。

初回は天文二二年（一五五三年）のこととして、一二月一九日、武田軍二万人と上杉軍とで小競りあいがあった。一二月二八日、雨宮の橋付近で午後一時ごろまで合戦、「武田軍総敗軍」「甲州方五千余人討死也」とある。

天文二三年（一五五四年）八月初旬、謙信が川中島に出陣。八月一五日、信玄が貝津城に入る。一六日、信玄が「雁行の陣」で布陣。一八日、上杉軍から草刈り二〇～三〇人が出て挑発すると、武田軍の足軽一〇〇人が上杉軍を追う。上杉軍の村上勢、高梨勢が出て武田軍の足軽たちを討ちとり、戦闘開始。「謙信は四十九備手の様に組み九隊に作り」対して武田軍は「十四段に立備へた」とある。当初は上杉軍旗本が崩れ、武田軍旗本が攻撃するが、撃退。武田軍旗本勢は御幣川に逃れ、上杉軍が追撃する。「信玄敗軍シ戸口ト中山へ退被申候」「十七度ノ合戦十一度ハ謙信勝軍」と記されている。武田軍、死者二八五九名、負傷二八五九名、信玄の弟・信繁も戦死。上杉軍、死者三一一七名、負傷一九七九名。一七回の手合わせ中一一回が謙信の勝利とされる。一九日、謙信は善光寺に引き、感状を発給してから越後国へ帰陣する。

弘治二年（一五五六年）三月の合戦は激戦ということで前述（34ページ）したとおりであるが、同年八月二三日、謙信が川中島に出陣、川を越えて「鶴翼《かくよく》」（部隊を、敵に対峙して左右に長く広げた隊形に配置する陣形。263ページ参照）の布陣。信玄は、二万五〇〇〇人で出陣。二三日暁方、上杉軍は撤退を偽装。信玄は慎重にして動かず。上杉軍陣所で偽装火災発生。しかし、信玄は動かず。二四日、信玄が上杉軍に向かって馬数頭と足軽五〇人程度で挑発するが、謙信は動かず。信玄、夜半に撤退を開始。謙信は追撃。二六日に上野原で戦いがおこなわれた。卯の刻（午前六時ごろ）から未の刻（午後二時ごろ）まで五回手合わせがある。当初は謙信が優勢だったが、中盤に入ると新手が駆けつけて、信玄が優勢となった。しかし、長尾政景、齋藤朝信などが武田軍の攻撃を受けとめ、南雲次郎左右衛門が横槍を入れ、さらに宇佐美定行が山手から信玄本陣におそいかかって、結局は武田軍が敗北する。「甲州方遂ニ敗北ニテ候」で武田軍死者一〇一三名、上杉軍死者八九七名がでる。これが第四次川中島合戦である。

『川中島五戦記』もほとんど同じ内容で、上野原では当初は武田軍有利であったが、齋藤朝信が武田軍の攻撃を受けとめ、南雲次郎左右衛門が武田軍に横槍を入れ、さらに二の手の長尾政景三〇〇〇人が武田軍の先手をつき崩し、宇佐美定行二〇〇〇人が山手より信玄の旗本をつき崩して武田軍が敗退したとしている。

『上杉謙信日記』『太祖一代軍記』『上杉三代日記』が伝える諸戦闘

『上杉謙信日記』では、第一回戦は、天文二二年（一五五三年）の一一月一九日から二七日までの対陣のあとに、二八日に上杉軍から攻撃がしかけられた。雨宮で合戦がおこなわれ、謙信が勝ったとしている。

第二回戦は天文二三年（一五五四年）八月一〇日。信玄が原町に布陣し、一八日に合戦があった。前半は謙信が武田軍を敗退させ、その後に双方兵をひいたが、信玄が筑摩川（千曲川）を渡って謙信に攻めかかり、上杉軍が不利になるなか、謙信と信玄との一騎打ちがあったとしている。一七回の戦闘のうち一一度が謙信の勝利とされている。

『太祖一代軍記』では、天文二二年一一月二八日に信玄と川中島下米宮で戦い、これを撃破して八〇〇〇人を討ちとったとある。

天文二三年八月一八日にも川中島で戦い、謙信と信玄の一騎打ちが見られた。信繁を討ちとり、武田軍の死者三〇〇〇人。

弘治元年（一五五五年）三月には、八〇〇〇人を率いた謙信と二万人を率いた信玄がたがいに向かいあって手を出さず。今川義元の仲裁で講和。

弘治二年（一五五六年）三月二〇日にも、謙信は一万五〇〇〇人を率いて信玄と戦い、勝利した。

弘治三年（一五五七年）には、五月に上郡、八月に上野原で戦い、双方兵をひいた。

永禄三年（一五六〇年）には野尻湖付近で戦闘があったとされている。

『上杉三代日記』では、天文二三年一一月二八日に謙信と信玄が雨宮で戦い、武田軍二〇〇〇人を討ちとったとされている。

天文二三年には御幣川で合戦があって、武田軍二七〇〇人を討ちとった。

弘治三年三月二五日夜とされている第三次川中島合戦では、寅の刻（午前四時ごろ）にはじまって卯の刻（午前六時ごろ）に終わる。夜のうちに三度、明けて四度の戦いがあり、武田側の死者四九一人、上杉側の死者三六五人。『甲陽軍鑑』に永禄四年（一五六一年）のこととして書かれている「車懸かり」は、この合戦のときにおこなわれた「大返し返す」という「車返」のことで、永禄四年のことではないと述べられている。

『甲越信戦録』が伝える諸戦闘

『甲越信戦録』では、第一回戦として天文一六年（一五四七年）一〇月、謙信が一万二〇〇〇人を率いて出陣し、信玄は二万三〇〇〇人を率いて海野平で合戦におよんだことをあげる。向かい風で不利を感じた上杉軍が退き、それを罠と感じた武田軍は、追撃せずに停止する。その後三日間の対陣の後、双方とも兵をひく。

その後、何回かの出陣があったのち、天文二一年（一五五二年）一一月上旬に謙信は、三万人で千曲川沿いに三段にかまえて、鉄砲も一〇〇〇丁用意する。信玄は、一万八〇〇〇人で雨宮で向かいあう。謙信は、川上から先陣五手をわたし、敵の背後を突くこととする。信玄はこれを察知して撤退を開始、寂蒔原に移動するが、上杉軍と戦闘があって敗退。九〇〇人が討ちとられる。上杉軍は三〇〇人の戦死者を出した。

さらに天文二三年（一五五四年）八月、謙信は八〇〇〇人を率いて出馬、信玄も出馬してくる。上杉軍から馬草苅りに出た雑兵を武田軍の高坂弾正が殺したことに怒って村上義清が突撃したため、戦端がひらかれるが、日没により双方が退いた。武田軍は、信玄の弟・典厩信繁《てんきゅうのぶしげ》が指揮をとることで謙信を誘いだすことを企む。誘いにのった上杉軍が武田軍と戦闘を開始すると、武田軍は謙信を包囲するも、謙信はこれを突破する。戦闘のうち一六～一七度は上杉軍の勝ち、一一度は武田軍の勝ち。武田軍の戦死者一一一五人、上杉軍の戦死者二〇〇〇人とされている。

弘治二年（一五五六年）三月、千曲川を隔てて、上杉軍は小森十二宮、武田軍は雨宮に布陣する。謙信は陣所で偽装放火し、武田軍の攻撃を誘う。激戦の末に双方兵を退いたが、上杉軍の戦死者六一〇人、武田軍の戦死者一三三〇人であった。これを三度目合戦としている。

弘治三年（一五五七年）八月、謙信は一万五〇〇〇人を率いて髻城に本陣を置く。信玄は二万三〇〇〇人を率いて海津城に入る。『川中島五箇度合戦之次第』や『謙信記』と同様に謙信が偽装放火したこと、さらに信玄が敵に向かって馬三〇頭を放し、上杉軍がそれをとらえようと備えを乱したら討ちとることを考案したことなどが出てくる。どちらの策も相手が誘いにのらず不発に終わった。

『上杉年譜』が伝える諸戦闘

では、上杉家の公式記録ともいうべき『上杉年譜』はどう伝えているだろうか。

『上杉年譜』巻二にも、天文二二年(一五五三年)一一月一九日に川中島合戦が開始されたことが書かれている。「先陣左右ノ備ヲ四十七手ヲ一手ニ組合セ、圓陣ニ備へ、同二十八日辰ノ下刻我兵士ヨリ一戦ヲ始メ、七手ノ備ヲ四十九手ニ変化シ、晴信ノ備へニマツシクラニ突テ掛ル　サシモ勇武ノ甲州勢モ其鋒ニ辟易シテ悉ク敗北セリ」とあり、武田軍二万人を蹴散らしたことが書かれている。合戦場所は下雨宮であった。

『上杉年譜』巻三では、弘治元年(一五五五年)にも謙信が川中島に出馬したが、先年下雨宮で敗北した信玄が戦いにふみ切らず、今川義元からの依頼で、旭城破却を条件に講和したとある。

『上杉年譜』巻三では、弘治二年(一五五六年)八月二六日、信濃上野原に出馬し、一万五〇〇〇人を率いる信玄と交戦。矢戦にはじまり、「追ツ返シツ戦事三度、越後勢ステニ利ヲ得シ処ヲ、戸神山ノ軍勢ハセ来テ突戦セントス　信玄コレニ力ヲ得前後相見合相戦フ　新発田　本庄一手ニ成テ高坂カ備ヲ一文字ニウチヤフリ　四方へ追チラシ引揚ル処ヲ　甲州勢ヒトシ付テクイトムル　越後勢是ヲ見テ大返シニトッテ返シ　保科　河田　布施　落合　小田切以下ノ信州勢ヲ中ニとり

籠　ひとりモ漏サシト力戦ス　其中ニ布施　河田ハ戦死ス　同国ノ士清野　根津横鎗ヲ入　保科小田切　落合ヲ引トルニ拋テ　越後勢敢テ是ヲ構ハステシ静ニアクル処ヲ　甲兵又ヲシ寄討ントス　本庄美作守　柿崎和泉守　唐崎孫二郎　柏崎弥七郎トツテカエシ　精鋭ヲ励シ相戦フ　然ルニ新発田　本庄　中条　黒川　竹俣雄威ヲフルイ　柳原ノ川岸ヲマハリ一文字ニツイテカルル件ノ新手ノ横鎗ニ甲州勢敗北ス」と書かれており、『北越太平記』とほぼ同じ内容となっている。さらに『上杉年譜』では弘治三年（一五五七年）四月上旬にも謙信が信濃高井郡中野に出馬している。

もちろん、これらの記述を全面的に信用することはできない。相互に矛盾しているうえ、実際の合戦の期日とも一致していないないし、人名のミス、戦死した時期などもちがっていて、「史実」としてあつかうことなど不可能なことは前述したとおりである。反面、史実として認められている以外にも戦闘があった可能性ものこるが、不明である。

史実と推測

各軍記物語を概観していくと、小競りあいと対峙が頻繁にあったらしいように思えること、また撤退するところを追撃して逆に迎撃されるというかたちがしばしば記されている。

そして、謙信も信玄も相手を挑発して先に攻撃させて罠にかけようとしていたという記述が何回も登場し、慎重な信玄だけでなく、謙信もまた、みずからが敵陣に攻めこむことはしたくないが、敵が攻めこんできたら殲滅しようという姿勢が見え隠れしている。つまり、戦理にのっとった待ちの姿勢と、チャンスがあったら殲滅するという姿勢が交錯しているような印象をうける。

これらをふくめて最激戦と同様に各種記述のなかの共通点をさがし、史料と重ねあわせたところから、以下のような一回戦～三回戦の内容が浮かびあがってくる。

第三節　第一次川中島合戦

「川中島合戦」開幕

戦場が川中島となったのは巨大な地政学の産物であるが、上杉謙信と武田信玄の争いが開始されたのは、上杉謙信の義侠心と武田信玄の拡大欲求の抵触に原因がある。

村上義清は、謙信とは縁もゆかりもない。それどころか、謙信と縁故関係にある高梨氏と戦っていたし、越後国の一部を領有していたために、謙信とは対立していた。もしも信玄が高梨氏とむすんで攻めていれば、謙信と信玄の共通の敵になった可能性すらあった。

義清がたよってくると、義侠心の強い謙信は受け入れる。村上義清だけでなく、信濃国の諸豪族が謙信をたよったことから、川中島合戦は開始されたのである。

戦端がひらかれた原因を、謙信は明白に述べている。弘治二年（一五五六年）に長慶寺の天室《てんしつ》光育《こういく》（一四七〇―一五六三年）へ送った手紙で、「井上、須田、島津、栗田」がたよってきたこと、とくに高梨家の支援のためであること、そして、信濃の過半が信玄の手に入りそうなために捨てておけないことを述べているのだ。

高梨家支援については、弘治三年（一五五七年）に小菅神社に奉納した願文でもあきらかである。「武田晴信世甲信に拠りて望を競い威を振るい、干戈息むなし。越後国平氏の小子長尾景虎、去る夏以来高梨等のため、しばしば諸葛の陣を設く」

信玄側からの記録である『甲陽軍鑑』でさえも「景虎（謙信）、さだまりて、一年に一度づつ河中嶋へはたらかるは、村上義清へのこころさしにてかくのごとし」と書かれ、謙信の義侠心によるものであることを認めている。

「川中島合戦」が開始されるまえに謙信と信玄の書簡のやりとりがあったとされるが、ありうる話である。謙信は大まじめな正義の人であったが、信玄もまた、権謀術数の達人でありながら教養人でもあり、礼節を重んじていた。「第一義」を信条とする謙信はもとより、『孫子』の徒である信玄も大義名分を重んじたから、「返せ」「返さぬ」のやりとりがあったと考えたほうが自然である。結局、弓矢でとったものは弓矢でとり返せということになったのだろう。

第一次川中島合戦の展開

上杉軍と武田軍の最初の衝突とされるのは、天文二二年（一五五三年）四月二二日、更級郡八幡であったとされている。『高白斎記』によれば、武田軍の前に「敵五千」が登場している。葛尾城を追われた村上義清が単独で行動できたとは考えられない。義清の勢力が衰えただけではない。キャスリーン・コーリーなども指摘するように敗北を経験した軍はしばらくは使えないのだが、この「敵五千」は強力であったから、新手の軍隊であったと考えられる。

諏訪郡の千野家に伝わる「千野文書」からは、相当の激戦があったことと、旧村上家臣で武田側になっていた石川氏などが武田側を離れたことが記されている。四月二三日には信玄が手中に収めていた葛尾城が奪還され、武田一族の於曾《おぞ》源八郎が戦死する。

情勢の急変に対し、信玄は二四日に筑摩郡の苅屋原城にまで撤退し、対処法を検討する。筑摩郡の麻績城《おみじょう》、青柳城、大岡城の守備が強化されたところを見ると、武田領への敵の侵入をおそれていたことがわかる。予想外に敵が強かったため、攻勢から防御へと変更を余儀なくされたのである。

「敵五千」は、埴科郡、小県郡までも席巻し、村上義清はほぼ旧領を回復したらしく、小県郡の塩田城に入城した。謙信がこの強力な軍を指揮していたかどうかは定かではないが、単なる派遣軍が武田軍相手にここまで戦えたかは疑問であるから、指揮した可能性は高い。これを裏づける史料が発見されれば、川中島合戦は六度となる。

戦争を政治の延長上でとらえる信玄は、軍事上の不利を政治との連動で補う。一時、甲府にもどった信玄は、態勢を立てなおして六月二五日に出陣。二八日に佐久郡の内山城に到着した。八月一日に和田城を攻略。四日に高鳥屋城を攻略し、籠城していた者たちを全滅させたため、恐怖に駆られた内村城が自落する。こうして、反武田側の諸城を落として村上義清のこもる塩田城に迫った。義清は戦わずして逃げだし、五日に塩田城も陥落する。

これらの軍事行動の背後には、武田側となった大日向氏をつうじての村上側からの裏切りを誘う動きがあった。そして、義清を裏切った国人たちには所領安堵（所領の所有権を認め、保証すること）や恩賞をあたえ、実効支配を強めていく。猛将であった村上義清も、こうした政略のもとでは信玄の敵ではなかったのである。

それに対して再度上杉軍の南下があったが、詳細が伝わっていないうえ、日時と場所も諸説入り乱れている。確実なのは「布施の戦い」があったことだけとされ、不明点が多い。八月下旬の「布施の戦い」、九月一日の「八幡の戦い」の二度とも上杉軍が武田軍を撃破しているとされている。

この戦闘勝利のあとで上杉軍は荒砥城《あらとじょう》を攻略し、青柳近くまで南下、武田側の苅屋原城を目標にしているように進む。武田軍があわてて苅屋原城の防備を固めたところ、上杉軍は目標を変えて虚空蔵山城《こくぞうさんじょう》を攻略、救援にきた武田軍を撃破している。反撃に出た武田軍が荒砥城を攻撃すると夜闇にまぎれて移動して八幡平にもどり、そこで反転、塩田方面に侵攻する。そして、信玄が出てきたときには越後国に帰国していた。

双方ともに相手の力量が未知数のうえ、信玄は謙信の意図をはかりかねていたし、謙信は敵地での長期駐留を危険とふんでいたから、威力偵察的な意味も大きい。

上杉軍は小戦闘に勝利し、いくつかの城を攻略した。しかも、武田領内ふかく侵攻しているため、一定の成果をあげたとみなすことができる。『高白斎記』にも、「越後衆ハタラキ、八幡ヤブレ、荒砥自落。三日、土田、青柳ヲ放火」「会田ノ虚空蔵落去」と記されている。

これが川中島第一回戦であるが、四月から九月までの期間を川中島第一回戦とみなす考えもあれば、戦闘は「布施の戦い」のみで、それが九月一日にあったとするという説などもあり、諸説入り乱れている。しかし、断片的にわかっていることから推察できることがある。

第一次川中島合戦の影響

野戦の強さとともに、自在に軍を動かし、攻撃目標を複数設定して敵側の混乱を招き、城の攻略とともに救援軍を野戦で破るという謙信の用兵の妙に、武田軍は翻弄されている。放っておけば城は落ち、救援に向かえば野戦で撃破される。信玄は、これはたんに迎撃を考えればいいというレベルの敵ではないことを理解していった。

四月に痛い目にあっていた信玄は、謙信の動きを後方から静観するようになる。直接戦って敵を破り、領土を占拠するよりも、謙信撤退後の侵略のほうが容易であることを理解していた。同時に、支配が不安定な旧村上領だけでなく、それより南側の支配地でも反武田の動きが現れて離反者が出る危険があったため、みずからが前線に出ていって支配地をがら空きにするよりも、後方でにらみをきかせるべきだという判断もあったろう。

いっぽう、謙信は、四月段階では村上義清のあと押しであったが、八月段階では直接指揮しての戦いに移行している。「あと押しレベル」から「領地回復」にまで、戦闘の意義が大きくなっていったのである。

そして、武田側による城の攻略に加えて、野戦での決戦が複合されている。これは、義清が単独では領土維持も困難であること、そして、信玄がいるかぎり侵略がやまないことから、機会をみて信玄に打撃をあたえる必要性が理解されだしたからである。川中島合戦は、あとになればな

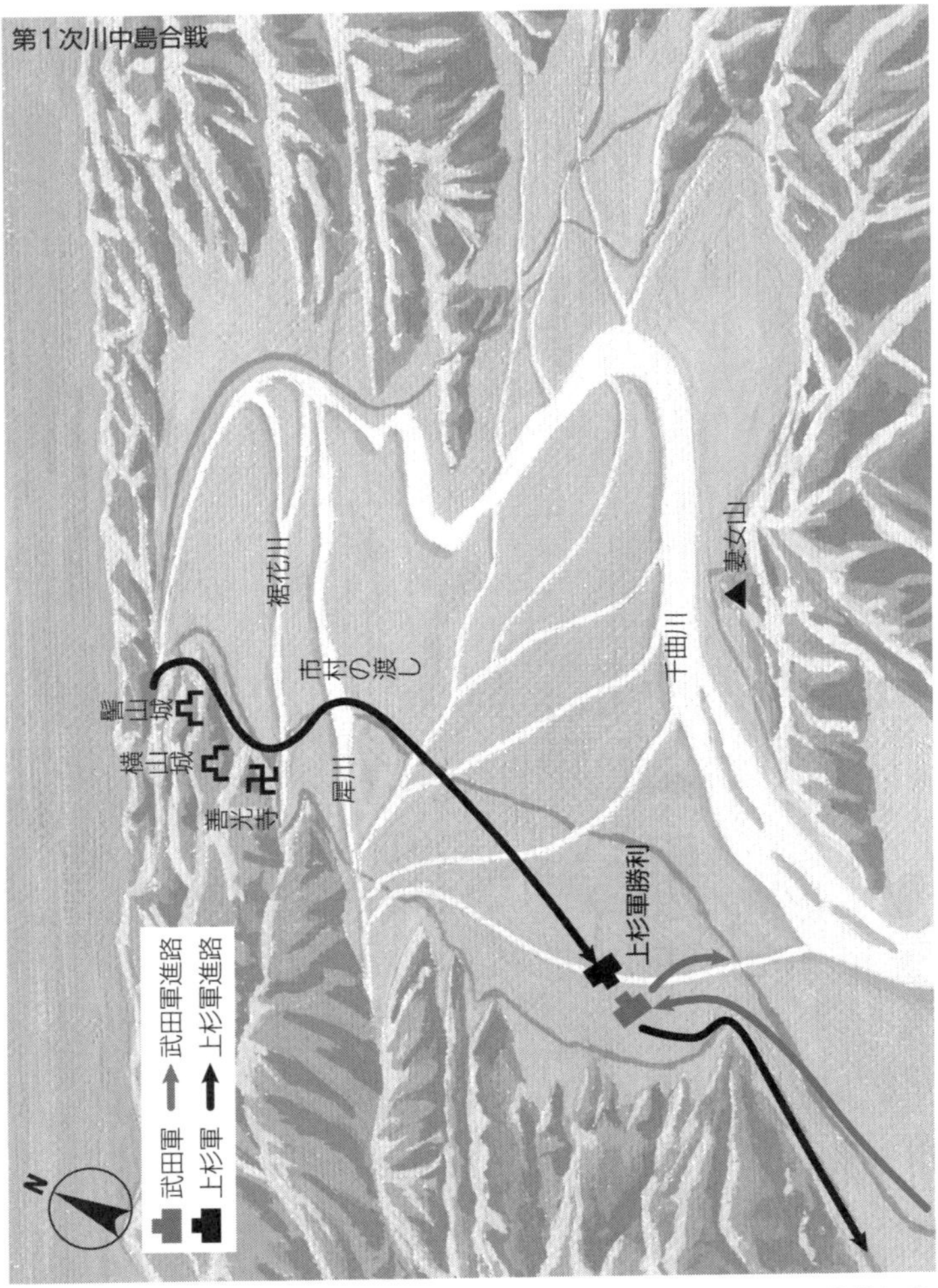

図4-1　天文22年（1553年）8月下旬、謙信は武田勢力圏に侵入し、迎撃に出た武田軍を撃破する。

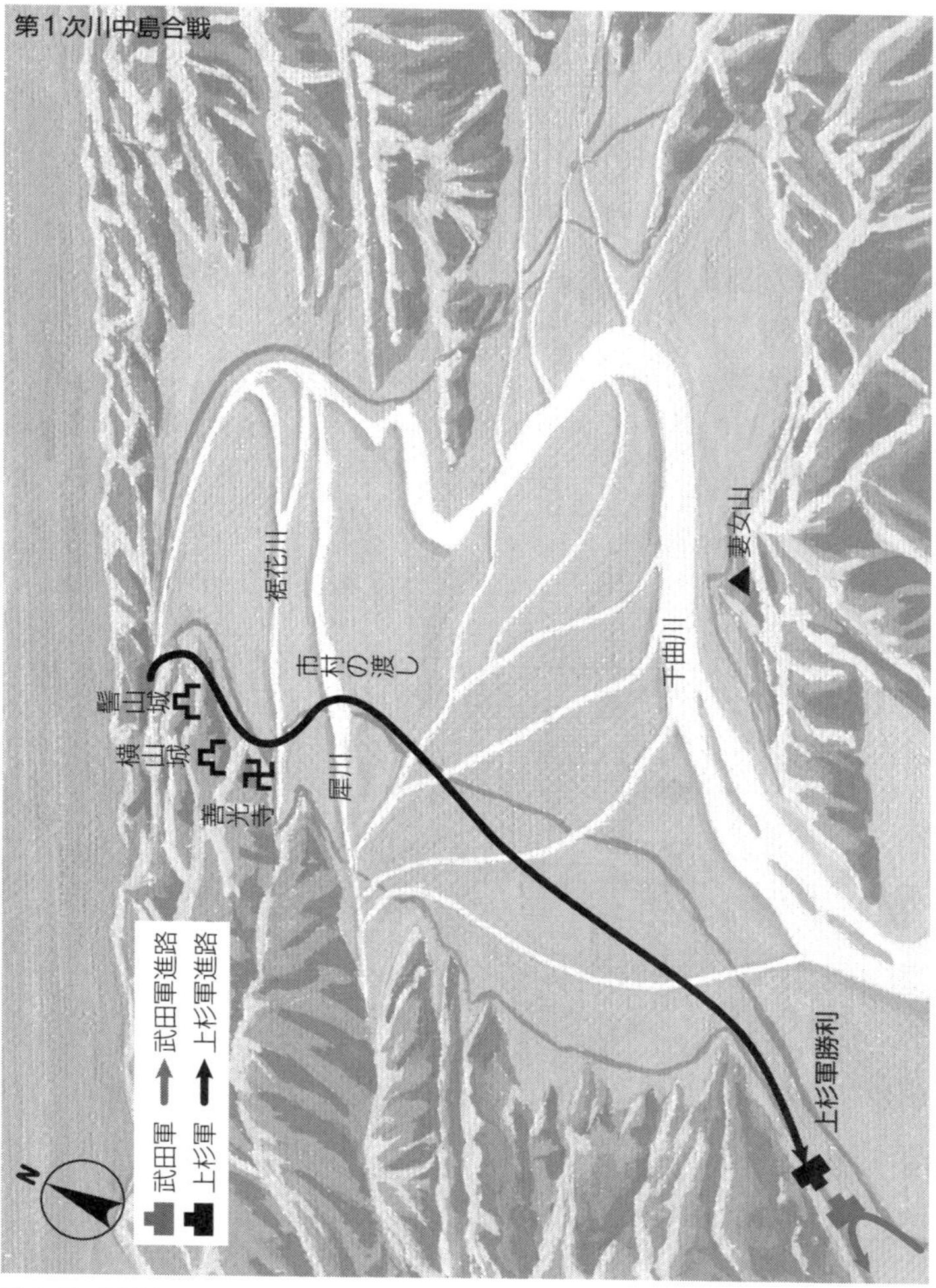

図4-2　9月1日、謙信はさらに布施の戦いでも勝利する。

るほど、謙信による武田側の城への攻略が減っている。

野戦での決戦の可能性は、謙信だけでなく『孫子』の徒であるはずの信玄にも見えていた。謙信にとって、川中島地方の城は軍事拠点であったが、信玄にとっては支配の拠点でもある。野戦よりも攻城戦、それも政略による奪取が好まれていたが、川中島支配の先に設定された大戦略上の目標、そこへの射程を考えたときに、信玄すらも選択肢として決戦を考えるようになっていく。

第四節　弘治元年の第二次川中島合戦

謙信の第一次上洛

謙信、信玄ともに、それぞれのやり方で影響力や軍事力の拡大を試みる。

天文二二年（一五五三年）九月二〇日に川中島合戦をきりあげて越後国に帰還した謙信は、こんどは上洛した。筋目と権威を重んじる謙信は、後奈良天皇（一四九七―一五五七年）に拝謁して、越後国内だけでなく近隣の賊も成敗するようにという綸旨《りんじ》（天皇の意をうけて、秘書的仕事をする蔵人《くろうど》が発給する命令文書）も賜った。威名を子孫に伝え、勇徳を万世に施し、いよいよ勝ちを千里に決せよというのだから、最高の大義名分を得たようなものである。

しかもこれは、単なる大義名分獲得以上の効果をもたらすものであった。もちろん、古き権威は敬ってもそれを自らの政策の下位に置く信玄が、信濃国への侵略をやめるはずはなかった。しかし、信濃国あるいは関東、奥羽、北陸道の国人・豪族にあたえる影響は多大である。軍事力の強力さに加えて、謙信が率いているのは義軍であるとともに官軍となった。信玄はあせったし、腹立たしく思ったにちがいない。

信玄の信濃国支配強化と三国同盟の締結

信玄は、謙信のような派手な行動はとれず、地道な勢力扶植をとっていた。謙信が川中島地方に出陣してきても、支配下の国人・豪族が動揺して離反の動きがでることがないよう、支配を徹底するとともに、国力増強のために、川中島地方以外の信濃国を制圧しようとした。下伊那郡、木曾郡への侵略と、佐久郡の完全制圧がすすめられる。

天文二三年（一五五四年）から二四年（一五五五年）にかけて、佐久郡小室城の大井高政、伊奈郡鈴岡城の小笠原信貞（一五二一―六九年）、伊奈郡神之峰の知久頼元《ちくよりとも》、筑摩郡福島城の木曾義康（一五一四―七九年）らが攻められた。これによって、川中島地方以外の信濃国は信玄の領土となる。

大戦略的には、天文二三年に「善徳寺の会盟（甲相駿三国同盟）」がむすばれた。武田信玄、北条氏康、今川義元の同盟である。たんに背後を固めたというレベルではない。これによって信玄は、バランス・オブ・パワー上の拡大から、さらに北条氏康、今川義元との積極的連携へと歩をすすめる。

同盟は対上杉謙信用としても機能し、義元の後方支援をうけつつ、氏康と提携して謙信にあたろうというものである。謙信には北信濃と関東というふたつの戦線に兵力を分散させ、みずからは義元の援軍をうけるというものである。信玄が日本海をめざしているかぎりは、かなり有効に機能する同盟である。

三国同盟は信玄に多大な恩恵をもたらしたが、北条氏康にとっても、関東征服に専念できるうえ、対謙信共同戦線がつくれることで、利益は大きかった。

しかし、長期的にもっとも利益を得たのは今川義元であった。今川氏、小田原北条氏にとって、太平洋をめざした中部勢力の南下、東進は、絶えず潜在的な脅威として存在していた。信玄の目を太平洋から引き離すためには、北に向けさせるのがいい。信玄が信濃国そして越後国と日本海に戦争目的を設定しているかぎり、今川氏は安泰であり、安心して西進政策をとりつづけることができる。

東海地方の征服は、経済的に利益が大きいうえ、その先には上洛がひかえている。今川氏のもとにいた稀代の軍師・太原雪斎の策は、永禄三年（一五六〇年）の「桶狭間合戦」後もしばらくは今川氏を守りつづけた。

信玄の軍事戦略と政略

信玄は、軍事戦略上の処置もすすめている。川中島と八幡、坂木の関門にあたる佐野山城に内田監物《けんもつ》を配備して防備を固め、大日向主悦助《おおびなたしゅぜいのすけ》（生没年不明）に命じて安曇郡《あずみぐん》の千見城《せんみじょう》を攻略させた。さらに、自己を保存し敵を消滅させることを旨とした信玄は、謙信の家臣・北条高広をそそのかして反旗を翻すようしむける。川中島地方だけでなく越後国も標的にした政策が、この北条高広の反乱と「善徳寺の会盟」に示されている。

『孫子』の定式どおり、信玄はこうした不敗の手立てを打ちながら勝利の機会をうかがう。善光寺小御堂別当の栗田鶴寿《かくじゅ》（寛久《かんきゅう》。一五五一―一五八一年）を武田側にする。善光寺は謙信の勢力圏にあったので、政略によって戦わずしての攻勢を強めたのである。戦役幕開けの先手をとるのは謙信であるが、パワー・ポリティクスの発想で平時に侵略をすすめるのは信玄である。

弘治元年の合戦の展開

こうした一連の動きに対して謙信は、北条高広の反乱をすばやく鎮圧し、背後で糸を引く信玄と雌雄を決しようと出陣を決意する。

天文二四年（一五五五年）四月、上杉謙信は八〇〇〇人の兵を率いて春日山城を発った。謙信と信玄の勢力圏の境は犀川であったが、敵勢力圏ふかく攻めこんだ第一次川中島合戦とことなり、今回の謙信は自分の勢力圏にとどまり、善光寺のすぐ東側にあった横山城に本陣を置いた。それに対して武田側についた栗田鶴寿が、善光寺の西側の山上にあった旭山城に籠城する。横山城は、旭山城から見おろされる位置にあり、前進すると後方を遮断される危険があった。木曾へ出陣中の信玄は、旭山城へ鉄砲三〇〇挺、弓八〇〇張、兵員三〇〇〇人の援軍を派遣したと『妙法寺記』に記されている。旭山城の重要性をよく認識するとともに、籠城用兵器としての鉄砲の意義を正しく理解しており、信玄の軍事面での非凡さがあらわれている。鉄砲伝来から一二年しかたっていないのに三〇〇挺も保有していたことにも驚かされる。

信玄は、木曾攻撃を切りあげて四月六日に川中島に向かい、青木島大塚に布陣する。青木島大塚は犀川の「市村渡し」の南東二キロ付近だから、旭山城からの牽制とあわせて謙信が犀川を渡るのを阻止しようという構えである。対して謙信は、裾花川をはさんで旭山城の真北に葛山城を築城した。葛山城は旭山城の威力を相殺する。両軍が犀川を挟んで各々の勢力圏ぎりぎりのところでにらみあう形勢となる。

謙信のほうが高所に布陣しているが、信玄側には旭山城があって謙信を監視し、それを謙信側の葛山城が牽制するという情勢。しかも、「川の半渡（全軍の半数が川を渡り終え、半数がまだ川を

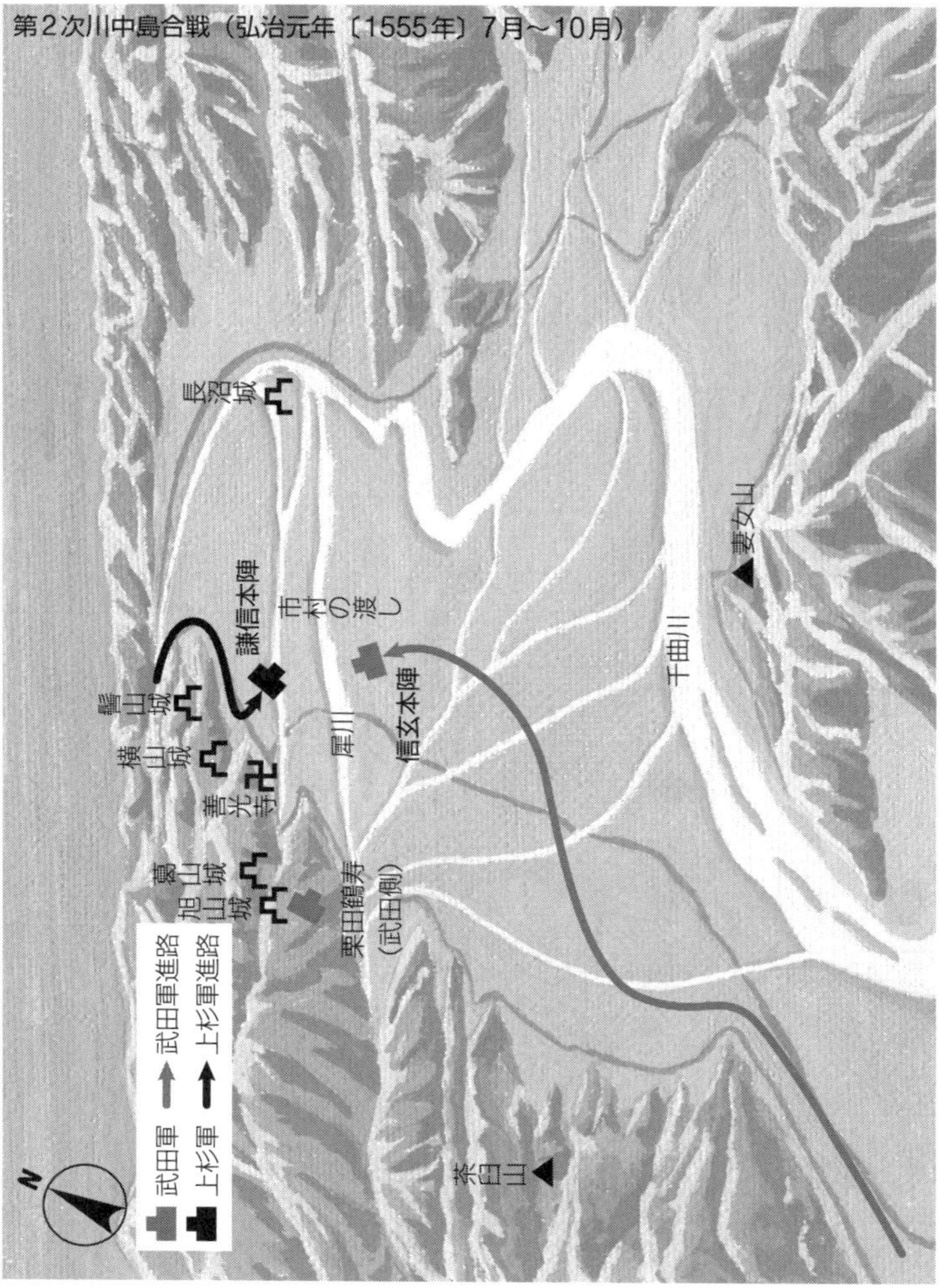

図5　謙信、信玄ともに先に攻撃をしかけたほうが不利になり、動きがとれない。

渡っている状態）で攻めよ」とは『孫子』、『呉子』ともに記しているが、犀川を渡りはじめたほうが不利になることを示唆している。両軍とも動けず、まさに『孫子』にいう「遠形は、勢均しければ以って戦い挑み難し」（「地形篇」）となる。

この対陣が、『妙法寺記』がいう「対陣二百日」である。謙信が到着してから撤退するまで二〇〇日近くになったからであるが、対陣一五〇日とも対陣九〇日ともいわれるのは単純に計算の問題で、信玄との対陣開始から一五五日で双方が撤退。しかし、七月一九日に一度衝突がおきていて、それからだと九〇日程度で撤退したということによる。ちなみに、この対陣中には、田植え、稲刈りという農繁期がまるまるふくまれていた。

詳細は不明であるが、戦闘は七月一九日におきたらしい。この時代は感状（主君などが部下の戦功を賞して出した文書）が実質的な勝利を認めたものとされているが、信玄が発給した感状が一〇通のこっていることから、武田軍が有利だったようである。今川氏真《うじざね》（一五三八―一六一五年）が穴山梅雪《ばいせつ》（信君）に送った書状からすると、上杉軍が前進しようとしたのを武田軍が食いとめたらしい。また、八月二一日に謙信が感状を発給していることから、上杉軍有利な戦闘が八月にあったのかもしれない。いずれにせよ強行突破したほうが不利なために、思いきった動きをとれないまま両軍は対峙する。年号は、途中で天文二四年から弘治元年へと変わる。

謙信の領国は不安定だが、信濃国での新領土で動揺がおこりやすいため、信玄も後方に憂いがある。しかも、川中島までの距離は信玄のほうがはるかに長大であるだけに、いっそう不利である。長陣は厭戦気分を誘い、兵力を優位にしようと大軍を集めることは、厭戦気分的にも兵糧的にも状況悪化を加速させる。謙信は一〇月に、五箇条の誓紙（誓いのことばを書いた紙）を配下の武将たちに提出させて結束をはかっているが、信玄の陣屋では放火騒ぎがおきる。我慢くらべに音をあげたのは、辛抱強い信玄のほうであった。

今川義元の思惑

信玄は今川義元に調停を依頼し、義元の斡旋で講和することとなった。謙信は曹洞宗の僧侶・天室光育にあてた手紙で、信玄が負けそうになったため今川義元にたのんで講和を申し入れてきたと書いている。たしかに信玄の不利は隠しきれるものではなく、たんに調停を依頼したのみならず、講和条件として旭山城を破棄しているし、信玄に追われていた井上氏、須田氏、島津氏などの本領復帰が実現している。七月一九日の戦闘で優位になりながらも戦略的には負けるという、信玄の戦歴からするとまれな結果となった。実質的に謙信の勝利といえる。閏一〇月一五日、両軍は撤収した。旭山城までは信玄の手元にあったことを考えると、武田の勢力圏は犀川近くまで後退したものとみなすことができる。

義元はたんに同盟者の危機を救うために動いたのだろうか。信玄の後方支援までしているのだから窮地を救うのが当然とも思えるが、そこには冷静な計算もはたらいていたはずである。信玄の目が越後国から日本海という北方に向いているかぎり、信玄の存在は今川氏への脅威にならない。危険なのは、北方への道がとざされたときである。そのとき、信玄には南下が選択肢として浮上する。義元の位置は、謙信と信玄に対してバランサーであることの要件を満たしていた。

ハンス・モーゲンソーが大陸ヨーロッパ諸国に対するバランサーの条件として英国を例にあげたのが、①摩擦と紛争の中心から離れ、②紛争に重要な利害関係をもたず、③権力闘争をしている者の手がとどかないところに力の根源をもつ——ということであったが、川中島より遠く離れ、信濃国には利害関係をもたず、その勢力圏が東海地方であった義元にとって、みずからの力で信玄と謙信の力を拮抗させながら信玄を川中島にしばりつけておくことは、今川氏の安定のための政策である。すくなくとも義元の軍師・太原雪斎はそう思ったはずである。信玄も、今川氏のねらいを知っていたから、逆にそれを利用して援助をうけつづけたのである。

弘治元年の合戦後の変化

第二次川中島合戦までで、双方ともに相手が戦理に忠実なことを理解した。謙信は、信玄が軍事戦略に沿って万端の準備を整え、それでいて慎重な戦いかたをすることを痛感し、信玄は、謙信の機動力を生かした臨機応変な動きが肌身にしみていた。

第一回戦、第二回戦とも、合戦の結果としては武田勢力圏が後退しているにもかかわらず、信玄は合戦をしていない期間に勢力を拡大することにつとめている。そうした信玄の動きから、謙信は城の攻略が功を奏しないことをよく理解し、野戦での決戦によって殲滅しなければならないという思いを強めていく。北信濃豪族の力は相対的に低下していたため、せっかく復帰させても領地維持がむずかしく、城を奪還してもみずからが出馬していない期間にとられてしまうことが多かったからである。謙信は、すでに第二回戦で決戦を企図していたことを、天室光育にあてた手紙で述べている。

ただ、謙信はもともと悟りへの願望が強かったため、越後国の統一、天皇への拝謁、綸旨の実行、川中島合戦での勝利、北信濃豪族の本領復帰という一連の業績で十分な成果をあげたと考え、出家するために高野山に向かっている。謙信がいなくなれば、越後国はどのような状況になるかわからない。家臣・領民とも大騒ぎとなり、春日山城を出てしまった謙信を追いかけて引きとめる。この事件で、かえって越後国内の団結は強化した。『上杉年譜』には、「国内大二治」とある。謙信の出家騒動のあいだにも、信玄の侵略は着実にすすんでいた。

第五節　弘治三年の第三次川中島合戦

信玄の謀攻

謙信のにらんだとおり、信玄は政略による「謀攻」を積極的にすすめていた。最初に弘治二年（一五五六年）三月、謙信が対旭山城に築いた葛山城を守る落合氏の内部に裏切りを誘い、水内郡の香坂氏、そして謙信によって本領復帰させてもらった高井郡の井上氏内部にも好餌をもって誘いをかけ、同年六月に井上左衛門尉を味方に引き入れる。さらに同年七月、高井郡の市川氏も武田側に引き入れた。

水がしみわたるような信玄の拡大に対し、上杉側の高梨政頼が、弘治二年七月、武田側に寝返った井上左衛門尉のこもる綿内要害を攻撃して陥落させる。それに対して信玄も軍事行動に出て、弘治二年八月、上杉側の東條氏の守る雨飾城《あまかざりじょう》（尼巌城）を攻略。弘治三年（一五五七年）二月、葛山城が攻撃されて落合備前守（牛安《うしやす》）や小田切駿河守《おたぎりするがのかみ》（幸長《ゆきなが》）が戦死し、ついにこの要害は信玄の手中に落ちた。馬場信春が六〇〇〇人で攻めたとされ、「白米城」伝説を生んだ。

この影響で、上杉方の島津忠直（?―一六〇四年）が本拠地・矢筒城を捨てて大蔵城に逃れ、謙信に救援を依頼する。高梨政頼の飯山城も脅威にさらされ、政頼はこのままでは飯山城を捨てるしかないと訴えて謙信に救援を依頼している。高梨氏内部では山田城の山田左京亮や木嶋城の木嶋出雲守が裏切っている。

信玄は戸隠方面にも手をのばす。『孫子』にあるとおり、謙信の布石を崩し、内部からの切り崩しで交わりを断つ。「上兵は謀を伐つ。その次は交を伐つ。その次は兵を伐つ」（「謀攻」）そのものである。

信玄の行動は複合的であり、複数の目標を設定してリスク計算をするという意味で、戦略的であった。北信濃だけでなく、上野国にも出兵し、北条氏康との連携をとりつつ西上野の侵略も試みる。大戦略上の目標は「越後国から日本海に出る」という固定されたものでも、それを達成するための行動は、「可能性の技術」として複数の選択肢からリスク計算して選んでいるのである。敵の弱体化もすすめられた。信玄は謙信の重臣のひとり大熊朝秀に手をまわして弘治二年に反旗を翻させているが、謙信によってすばやく鎮圧された。

越後国の危機

信玄が葛山城を手に入れたということは、謙信にとっては善光寺平の要衝が敵の手に落ちたということで、旭山城棄却の効果を失わせ、善光寺平に王手がかかったことを意味する。それ以上に、飯山城が敵の手に落ちたとき、越後国そのものに危機が迫ることになる。犀川を越えないという講話条約に違反しているという点だけでも、容認することはできない。謙信の頭のなかでは、決戦による殲滅が必要不可欠なこととまで高まっていく。それが弘治三年（一五五七年）一月二〇日づけで更級八幡宮に掲げられた願文の文言（信玄が信濃国へ乱入して神社仏塔を破壊しているため、隣州の国主として静観することはできないという内容）となっている。

『越佐史料』では、信玄が謙信方の葛山城を攻撃したことから、謙信方の色部勝長（一四九三?—一五六九年）が出陣していることが記されている。謙信が川中島に本腰を入れていることは、『越佐史料』の「上杉古文書」で弘治三年二月一八日、能登国の畠山義綱（?—一五九四年）から援兵を請われながら信濃出陣のためにことわったということからもわかる。

弘治三年の合戦の展開

弘治三年三月一〇日ごろ、謙信は上杉軍先発部隊を派遣し、みずからも四月一八日、信越国境を越えた。高梨氏や島津氏は息を吹き返す。島津忠直は武田方の鳥屋城攻撃に加わり、さらに鬼無里《なさ》への奇襲を敢行する。謙信は武田方の山田城や福島城を落城させて南下。四月二一日に善光寺に着陣。二五日には旭山城を再興して陣所とした。失われていた戦略的な不利をいっきに回復したのである。謙信は、その後いっきに飯山に後退した。

軍事行動の陰に隠れながら、両者の心理戦が展開された。

謙信は当初、旭山城によって善光寺平の武田軍を拘束すると同時に、旭山城そのものを囮として信玄をおびき出すことを企図する。善光寺平にまで誘因しようと考えていたのである。旭山城は重要拠点であるから、善光寺平支配をねらう信玄はほしいはずである。しかし、慎重このうえない信玄は、上野国から信濃国に入りながらも遠く深志城から謙信の行動を静観する。

五月に入り、謙信はさらに積極的に活動する。五月一二日、南下を開始。香坂付近に入り、さらに武田領ふかく坂木、岩鼻付近まで進む。このときに武田軍の一部を撃破したという説もある。武田軍二〇〇〇人がいたが、遠巻きに監視するだけで積極的な反撃に出ないばかりか、上杉軍が接近すると逃げてしまう。

謙信はさらに、武田勢力圏奥深く進もうとする。信玄は援軍を送ることを考えたが、みずからが出馬することは考えていない。

この状況から、何をしても信玄は出てこないという判断と、あまりに敵中ふかく入ることの危険から、謙信は六月一一日、いっきに飯山城まで撤退する。この撤退という瞬間にさえ、信玄は動かなかった。信玄は、「戦わずして人の兵を屈する」ことを遠方の深志城の帷幄《いあく》（本陣）から考えていた。

七月に入ると謙信は再度南下し、高梨政頼とともに武田方の手に落ちていた雨飾城（尼巌城）攻撃姿勢を示してみせる。これによって武田方の拠点攻撃を囮にしようとしながら、信玄が出て

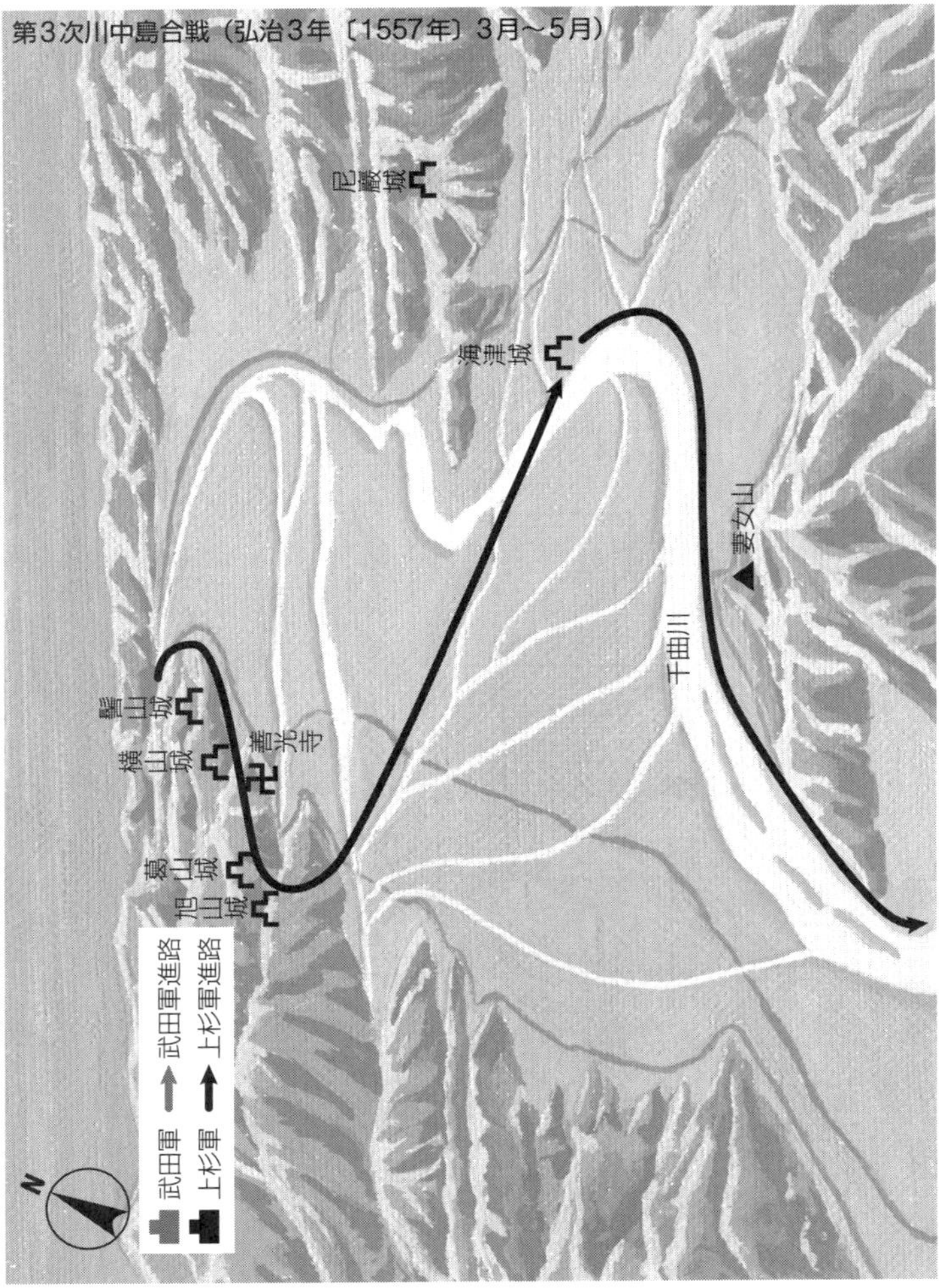

図6-1　謙信は南下して、武田勢力圏にふかく侵入する。このときは、坂本・岩鼻付近まで進出した。

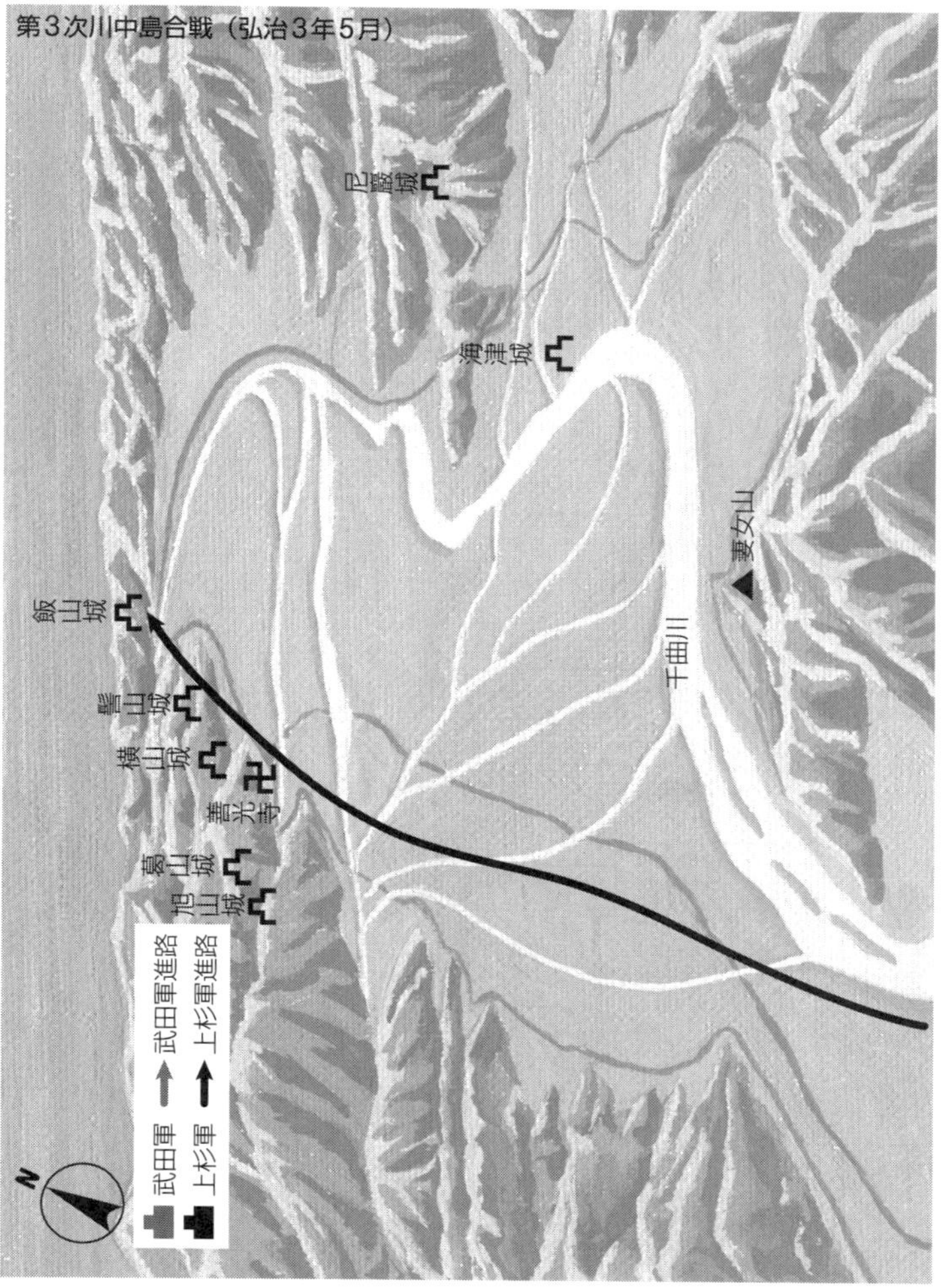

図6-2　謙信が飯山城までひく。撤退を装って、信玄に進撃するよう誘った。

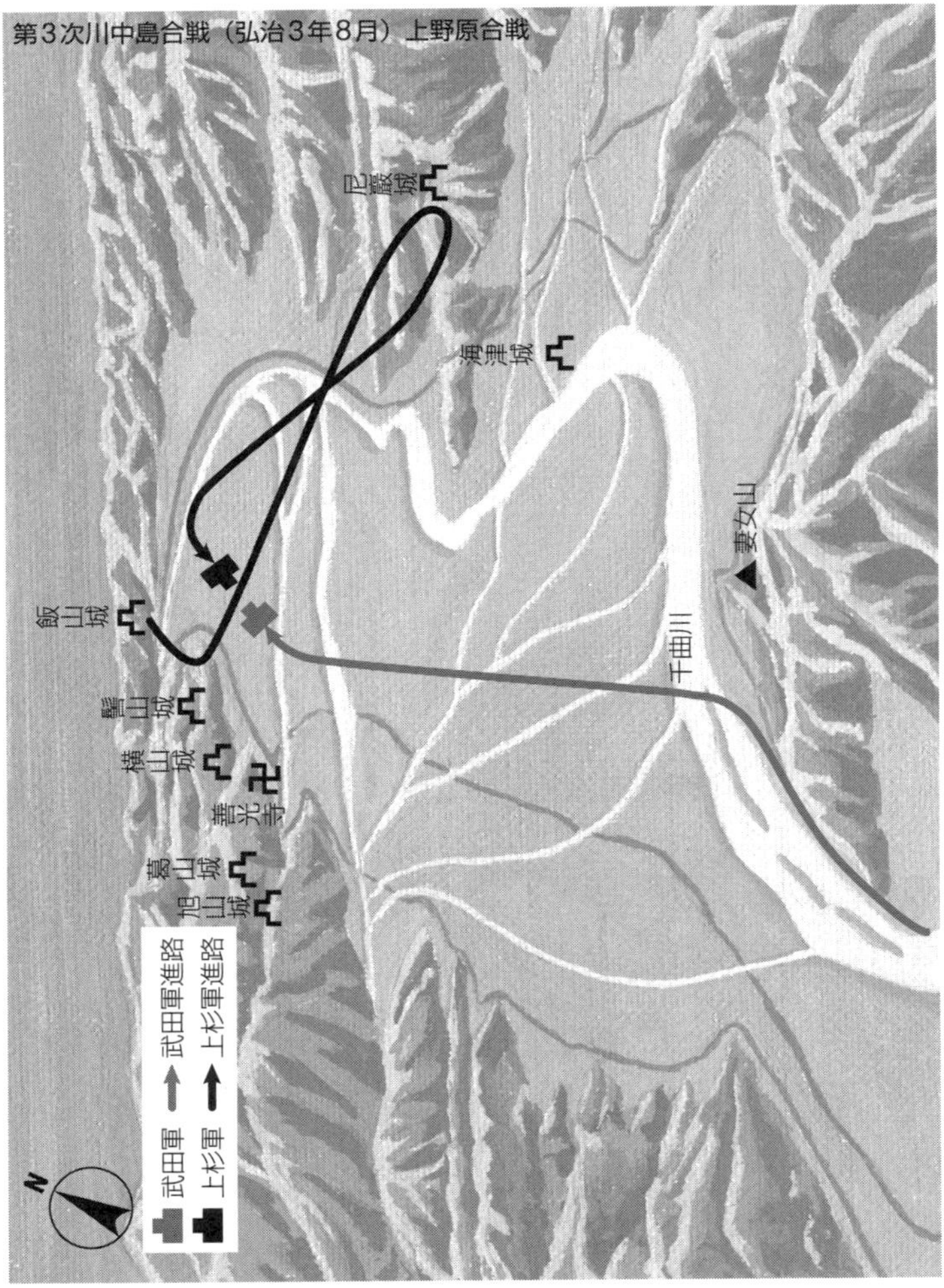

図6-3　謙信は、反転し、追撃を試みる信玄に決戦を強要しようとした。

こないならば奪取しようとしたのだが、信玄は川中島と離れたところで軍事行動をおこしていた。七月五日に部下の山県昌景《まさかげ》（一五二四―一五七五年）を安曇軍から北上させ、小谷城を攻撃させたのである。小谷城は、謙信の春日山城まで四〇キロ程度の距離である。越後国への侵入路として、川中島からの北上に加えて糸魚川からの経路も確保し、あわせて春日山城が危機に陥っていることを謙信に知らせて撤退させようという策である。

信玄のかけひきに対して、謙信は信玄の意図を逆手にとる。八月、春日山城防衛のために川中島から兵をひくという姿勢を見せたのである。今回の偽装退却は、単なる撤退とはことなり、信玄の打った手に対応したものである。

同じ「敵に背を向ける」でも、敗走と撤退とでは意味がことなる。そして、「撤退」にかんしても、予期せぬ緊急の撤退と、あらかじめ準備をととのえての撤退とではちがっている。信玄は、謙信の撤退を必要にかられての緊急の撤退とみなした。

追撃ほど勝利を得やすい状況はないとされる。さしもの信玄も、この状態は静観できなかった。追撃を開始する。ここで謙信は反転し、八月二九日、上野原で信玄をむかえ撃った。これが「上野原の戦」である。

この「上野原の戦」も詳細は不明であるが、相当な激戦であったらしいことは、めったに感状を発給しない謙信が三点出していることからもわかる。『越佐史料』には、謙信が出した感状とともに、長尾政景が出した感状が載っている。対する信玄が感状を発給していないことから、「上野原の戦」は謙信が有利ないし勝利したらしい。

双方の成果

謙信は、武田領内にふかく攻め入り、諸城を落とし、しかも最後には信玄に決戦を強要したうえで勝利しているのだから、そこその成果を収めたことになる。謙信はべつに領土拡大など考えていないから、信玄的な意味での「戦争目的」は考慮外である。ある程度領土を奪還してやれば、あとは村上義清らの問題ということになる。

いっぽう、信玄は、戦闘には敗北したものの、謙信を撤退させたうえ、小谷城を陥落させて領土を拡大している。謙信の視点、信玄の視点がことなるため、「戦争目的」を達成したというだけでは勝敗を明確にできない側面がある。

奇策の限界

なお、対陣中、野戦陣地に近いものが築かれていれば、攻めこんだ側は損害を出すこととなるが、謙信・信玄レベルになると、通常の陣所でさえ罠がしかけられていた可能性が高いため、双方が手を出さない状況に陥りやすい。

『川中島五箇度合戦之次第（河中島五箇度合戦記）』では、弘治三年（一五五七年）の対陣中に謙信が奇策をめぐらせたことが書かれている。

謙信の陣所で、薪を山のように積みあげ、しかも引きあげ準備でもしているかのごとき動きがあった。それを見た信玄は、一両日中に謙信の陣所から火事がおこるだろうが、火事になってもだれひとりとして動かないように指示する。

信玄のことばどおり、謙信の陣所から出火があった。武田軍はだれひとり動かず、夜が明けてみれば道筋をあけるかたちで六〇〇〇人近い兵が二行にわかれ、伏兵として敵襲を待ちうけていた。

いっぽう、信玄も奇策をめぐらした。武田軍から馬を四、五頭放し、これを足軽に追わせる。上杉軍がこれを追って出てきたところを、山間の木陰にひそませた二万人の兵で討ちとってしまおうとしたのだ。しかし、謙信もまた挑発にのらなかった。同じ内容は、『謙信記』にも記されている。

『上杉年譜』巻三にも、弘治二年（一五五六年）の川中島合戦で双方が奇策をめぐらしたことが出ている。こうしたことが事実かどうかは不明であるが、奇策がつうじない以上、本格的な戦略による決戦の機運が双方に高まっていったことは、状況証拠からもあきらかである。

第4章
永禄四年第四次川中島合戦前夜
大戦略と軍事戦略の布石

第一節　決戦に向けて

謙信が得ていた教訓

三度にわたる川中島合戦によって、謙信、信玄ともに大きな教訓を得ていた。

謙信が川中島に入って信玄側の城を攻めたりしても、慎重で用心ぶかい信玄は、戦地から離れた場所で状況を見守っている。『孫子』の徒である信玄はもともと戦闘を回避する傾向が強いが、相手が謙信ではなおさらということになる。

信玄は『孫子』の示す戦理に忠実であり、その原則を逸脱することなどない。謙信が通常どおりに戦理にしたがっていては、信玄との決戦はおこりえなかった。第二回戦で、犀川ぎりぎりで対陣し、双方が城から牽制しあうことになったのは、まさに双方ともに戦理に忠実であったからである。そうすると、動きがとれないままに長期対陣となってくる。

多少の冒険が必要だと感じた謙信は、信玄を引きずりだそうと、第三回戦では武田領ふかく坂木、岩鼻付近まで進んだ。しかし、信玄がのりだしてくることはなく、謙信の退却によって「追撃」可能という有利な体勢になっても、「偽り北ぐるに従うなかれ」（「軍争篇」）、「餌兵には食らうことなかれ」（「軍争篇」）を堅持するという慎重さを見せた。しかも、信玄のねらいが川中島に限定されるものではなく、その先に越後国を見すえていることがじょじょにあきらかになりつつあり、小谷城攻略が、一見すると陽動作戦と「攻めて必ず取るは、その守らざる所を攻むればなり」(「魏武註孫子」以降に登場した「虚実偏」での表現)の併用でありながらも、同時に越後国への侵入路確保であることを、謙信は理解していた。

謙信にとって信玄は、戦理に忠実、かつ慎重このうえのない計算されつくした戦いをおこなう相手であった。信玄にとって謙信は、底知れぬ力量をひめた相手であり、うかつに手を出すと大やけどをおいかねない危険な存在であった。

決戦の必要性

信玄は、すでに第一回戦で、謙信の用兵能力の巧みさと上杉軍の精強さを思い知らされていた。着実さを好む信玄は、確実に勝てると判断すれば動く。永禄四年(一五六一年)の川中島の戦いが史上まれにみる大会戦となった背後には、謙信が決戦を望んでいるだけでなく、信玄も謙信の壊滅を考えるようになったことがあげられるだろう。

慎重このうえない信玄は、敗れてなおかつ敗軍として潰走しない。そして、平時に領土を拡大する。信玄は、川中島の領有をねらっているから、つねに着実な侵略と支配を続けている。

ところが、謙信には川中島を領有する気はない。北信濃の豪族に奪還してやるだけである。それが再び信玄に侵略されるのは北信濃の豪族たちの問題だが、結局は再度川中島に出陣ということになる。

城を攻略しようとも、領地を占領しようとも、信玄がいるかぎりそうした努力は無に帰する。信玄さえ倒せば、諸悪の根源は絶たれる。謙信の願文や手紙からも、信玄と決戦するという気持ちが高まっていくのがわかる。

信玄にも、選択肢のひとつとして決戦による殲滅があったし、焦りもあった。信玄は、今川義元、北条氏康との同盟のなかで力を拡大していた。三者の同盟のなかで均衡を保ちながら力を拡大し、最終的には優位に立とうとしていた。信濃国から越後国に出て、日本海沿いに北陸道を制圧していけば、ほかを圧倒する力となる。この政策は、途中までは順調だった。ところが現実は、川中島で足どめをくらい、力の拡大が阻止された状態に陥る。その間にほかの二者は力を大きく拡大していた。今川義元は、駿河国、遠江国に加えて三河国、さらに尾張国の一部までも蚕食し一〇〇万石近い勢力にのしあがっていた。北条氏康はさらにすごい。伊豆国、相模国、武蔵国過半からはじまって、下総国と上総国の過半、上野国にまで勢力を拡大していたから、一〇〇万石どころではなかった。そのなかで信玄のみが五〇万石程度の状態で足踏みしている。相対的優位どころか、力の均衡さえも大幅に変化し、信玄の力のみが相対的に低下してしまっていた。

そして、もうひとつ信玄にも決戦をしなければならない理由があった。『孫子』の徒である信玄は、「戦わずして人の兵を屈する」を上策にして、平和時の「謀攻」をおこないつづけることで勝利できるという自信があった。相手が村上義清のときには、それが成功している。ところが、謙信が登場してから事態は一変する。謙信が川中島に現れると、それ以前の成果がいっきに無になってしまう。いたちごっこの心境は、信玄にもあったはずである。

直接に侵略の対象であった村上義清の場合は、時がたてばたつほど義清の力は低下していったが、川中島の外に力の根源をもっていた謙信の力は拡大するいっぽうである。将軍だけでなく天皇からも周辺征伐の「錦の御旗」を得て、関東管領にまでなっている。謙信を破らないかぎり、川中島は手に入らない。越後国併合、日本海沿いの西進を標的にしている以上、どのみち謙信との直接対決は時間の問題。となれば、チャンスがあれば殲滅戦をすることも出てくる。

『孫子』は戦争をきらう。人的被害も、経済への圧迫も、ばかにならない。しかし、それを補ってあまりある利益が得られるならば、戦争する価値もある。その際に長引くことは避けなくてはならないから、「巧遅」よりも「拙速」ということになる。「拙速」すなわち決戦である。なにしろ『孫子』での下策とされる城攻めも、確実な領地獲得となればいとわない信玄である。城攻めの頻度は、謙信よりも信玄のほうが多い。これが、信玄によって応用された『孫子』の思想なのである。

永禄年間（一五五八―一五七〇年）に入ると、信玄の願文からは越後国攻略の意図が強まっていることが伝わり、北信濃を越えて謙信の領地への攻撃が増えてくる。いっぽう、弘治三年（一五五七年）以降、北信濃の豪族は本領を失っていき、謙信の家臣化していく。緩衝地帯をめぐる戦いは、甲越の直接的戦争になっていた。これもまた、決戦をうながす要因のひとつとなっている。

第二節　謙信上洛の余波

正統性獲得競争

川中島から日本海への進出に全力を傾注している信玄に対し、謙信の目は川中島以外にも向いていた。関東と北陸道である。軍記物語などでは、謙信の本来の目的は北陸道にあったと記されているともあるが、懸案事項として重くのしかかっていたのは、関東であった。これへの対応ということもふくめて、永禄四年（一五六一年）の川中島第四回合戦まえ、謙信は大規模なデモンストレーションを二回おこなっている。上洛と関東出兵である。どちらも対信玄用におこなったことではないが、信玄に対してもおおいに効果があった。

謙信は、天文二二年（一五五三年）の上洛で信濃国出兵の正統性を獲得していた。そして、これによって信玄の立場は不利になっていた。強力な上杉軍の介入は、それだけでも信濃国豪族の動揺につながったが、謙信に信濃国征伐の正統性が加わることで、信玄支配に不満をもつ者の反乱を呼ぶ可能性が出ていた。なにしろ信玄は、簒奪者であり侵略者である。これが、信玄がやっきになって支配を強化していた背景にある。

遅れをとっていた信玄は、不利を挽回するために、弘治三年（一五五七年）夏に将軍・足利義輝に謙信との和睦の代償として信濃守護職補任を要求し、翌年に授与された。これによって信玄は、信濃国での支配の正統性と、信濃国内における反乱鎮圧の大義名分を獲得したのである。律儀な謙信は、相互に不可侵の条件を遵守し、北信濃への出兵は停止した。

ところが、和睦の条件として獲得した信濃守護職補任なのに、信玄はそれを侵略の正統性として利用し、北信濃から越後国にまで侵略を開始する。海津城の築城や割ヶ嶽城の攻略も、この時期にあたる。一年たらずで和睦を破った信玄に義輝が激怒し、わざわざ甲斐国まで悦西堂（義輝の側近僧）を下向させて信玄を糾弾した。信玄は、それに対する弁疏状《べんそじょう》（弁解状）で答えている。権威を重んじながらも、着々と実力を蓄える信玄らしいやりかたである。

謙信の第二次上洛

だが、信玄にとって容易ならざる事態をもたらすできごとがおきる。永禄二年（一五五九年）四月三日、謙信が上洛の途についたのである。『上杉年譜』巻五によれば、本庄美作守（実乃《さねより》。生没年不明）、本庄新左衛門（朝次《ともつぐ》。生没年不明）以下五〇〇〇人を率いて上洛。越中の椎名康胤《やすたね》（?—一五七六年）、加賀の本願寺門跡の随士、越前の朝倉義景《よしかげ》（一五三三—七三年）、近江の六角《ろっかく》義秀《よしひで》（一五三二—六九年）が歓待し、三好・松永氏が平安京での宿舎を整えた。五〇〇〇人といわれる兵力を率いての上洛であるから、進路途上の諸勢力との軍事衝突があり、それを一個一個つぶしながら進むというのが、通常見られる上洛である。ところが、進路上に位置する諸勢力はこぞって歓待し、友好関係をふかめている。上洛後も三好氏や松永氏との争いはなかった。強力無比なる軍事能力もさることながら、謙信がどのような評価をうけていたのかを象徴している。

将軍・足利義輝は、謙信にさまざまな特権をあたえた。かつては守護代であった謙信の地位は、単なる守護大名よりも上の格式となる。さらに六月二六日には関東管領支援が公認される。事実上の関東管領就任と、多くの人たちは認識した。

関東管領の威力

関東公方（鎌倉公方）は、奥羽・関東、そして甲斐国の支配者として、守護大名の上に君臨していた。その関東公方の執事が関東管領であるから、信玄の甲斐国すらも、名目上は管理下に入ったのである。甲斐国守護として謙信を「長尾」と呼んできた信玄にすれば、屈辱的なできごとである。

さらに義輝は、六月になって信濃国人衆を支援することを命じた。謙信もまた、信玄と戦う、より大きな大義名分を得たのである。謙信の戦いは、私戦ではなく幕府の命による討伐となったのである。

力の拡大とは、領土の拡大のみを意味するものではない。軍事力の強化や経済力の増大も、力の拡大になる。そして、影響力拡大も力の拡大である。

いわゆる「ソフトパワー」というものは、国際社会での力の拡大としておおいに注目されている。天皇からの綸旨や将軍からの特権なども強力なソフトパワーであるが、謙信の関東管領就任は、東国全体に影響をおよぼすものであった。

下克上の戦国の世にあって、関東管領など空虚な権威だという印象があるかもしれないが、その影響は絶大なものである。ちょうど天皇や将軍にそれなりの権威がのこっているように、東国において関東管領には、かたちのうえでの正統性はのこっていた。権力は、それのみでは正統性はもてないが、単なる正統性のみの権威では、実効性がともなわない。関東管領職は、久方ぶりに正統性による大義名分を軍事力という実効性で推進できることとなった。

信玄は、この事態を深刻に受けとめている。謙信の関東管領就任を祝って謙信の家臣、北信濃や関東の豪族たち、六角氏までが太刀を献上した。『越佐史料』に出ているものを数えてみると、その数は一一五名にもおよぶ。なかには川中島四郡や佐久郡、安曇郡などの豪族も多く、信玄に服属していた真田氏、大日向氏なども太刀を送っているし、謙信を裏切った島津泰忠（生没年不明）、やはり裏切った栗田鶴寿の弟、武田方についていた須田信頼（生没年不明）の子などは、一〇月のうちに直接参上して太刀を献上している。信玄にすれば、巨大な関東管領の力を目のあたりにするとともに、土台をゆすぶられる思いもしたろう。しかも、謙信は将軍からの信濃国人衆への支援命令までも用意してあるのだ。その影響は、永禄三年（一五六〇年）三月、武田一族内の勝沼氏の反乱というかたちとなっていく。さらに永禄四年（一五六一年）正月には、安曇郡の西牧氏が反乱をおこしている。武田領内にも動揺が広がっていた。

北条氏康の憂慮

信玄以上に深刻な事態に見舞われたのが、北条氏康であった。上杉憲政《のりまさ》（一五二三―七九年）が関東管領であれば、実態を知り抜いた関東諸豪族は形骸化した権威として相手にしなかった。

そこに謙信という軍事的天才が、関東管領のもつ正統性を受け継いだのである。信濃国支配のみに影響を感じている信玄に対し、氏康は自分が影響力を行使できた関東に対する脅威と受けとめた。信玄も氏康も、謙信の姓を上杉と呼ばず、長尾という旧姓で呼んだのは、謙信の関東管領就任を認めないという意思表示であろう。謙信もまた、氏康の姓を北条と呼ばず伊勢と呼んでいた。「上杉」「北条」とも、関東では特別な意味をもつ。ともに関東支配の正統性を意味する姓なのである。

それにしても、謙信の軍事能力にはほかの追従を許さないものがある。越後国を基盤に上洛し、関東出兵もおこない、ほとんどの関東諸豪族を服属させてしまったという力量はすさまじい。おそらく、越後一か国で天下を相手にできるという自信もあったのではなかろうか。

第三節　東国のバランス・オブ・パワーの変動

バランスの変化

北信濃に目を向けている以上は、信玄にとって謙信の力が拡大するということは歓迎せざることであった。信玄が北進論をとるかぎりは、信玄と氏康の利害は一致している。相対的にバランス・オブ・パワーでの力も低下している。

しかし、見方によっては三国同盟の力の均衡のアンバランスを修正する意味で、信玄にとって歓迎する面もあったはずだ。信玄が北進論を捨てて南下政策をとるならば、謙信は準同盟国になるはずであった。永禄三年（一五六〇年）には、その可能性が濃厚にただよっていた。謙信の関東出兵よりまえの五月一九日に「桶狭間合戦」がおきたからである。これより、東海道の雄であった今川氏の弱体化がはじまった。

武人的対応

対外政策に二区分があるということは、多くの外交研究家によってとなえられてきた。その呼び名を、英国の歴史家ハロルド・ニコルソン（一八八六―一九六八年）は「武人的」と「商人的」、ハンス・モーゲンソーは「帝国主義」と「現状維持」、アメリカの国際政治学者で国務長官なども務めたヘンリー・キッシンジャー（一九二三年―）は「革命勢力」と「保守勢力」と区分けした。この区分は似ているが、微妙にちがっている。「武人的」「帝国主義」「革命勢力」というのはいずれも相手に対して対立的なのに対して、「商人的」「現状維持」「保守勢力」は協調的という印象をもたせるものである。しかし、「帝国主義」とか「革命勢力」は現状打破であるのに対し、「武人的」は必ずしも現状打破ではない。

信玄の外交姿勢は、巧みに粉飾されたパワー・ポリティクスである。その著書『外交』のなかでハロルド・ニコルソンは、国によって外交のとらえかたがことなるとして、ほかの手段による戦争とみなされる態度をとるものを「武人的」と名づけた。交渉も妥協も闘争の一局面にすぎない。外交とは、完全勝利へ向けた間断のない活動だという。川中島をめぐる講和と、平和期間における侵略とは、信玄の基本が「武人的」であったことを象徴する。にもかかわらず信玄は、「現状維持」タイプであった。最終的には現状打破になるようバランスを変動させることを目標にしながらも、いっきに力を拡大するような冒険を避け、現状のなかで可能なかぎりの力を獲得しようとする態度、いわばローリスク・ハイリターンであった。これは、織田信長などに見られるハイリスク・ハイリターン型とはことなった対応であった。この態度が、情勢変化への鈍重な対応として現れてくる。

拡大チャンスの喪失

信玄は従来どおりの提携関係で北上政策をとらえているが、小田原北条氏の力の低下と今川氏の衰退のなかで相対的に上昇した国力を東海地方にふりむければ、その後の展開はべつのものになったはずである。謙信が関東を、信玄が東海道を、それぞれ進出方向と定めれば、謙信の力の拡大は信玄にも利益をもたらすはずであった。

北条氏康が頑強に抵抗することを加味すれば、謙信が全関東を服属させるには時間がかかるだろうから、それ以前に東海地方で大幅な力を獲得してしまえば、謙信との力の均衡もとれる。さらにいいのは、バランサーとして関東で謙信と氏康の力を拮抗させながら、信玄自身は東海地方に力を拡大させて最終的にほかを圧倒してしまうことである。

いずれにせよ、信玄にとって東海進出の邪魔をしそうな北条氏康が謙信の大規模な関東出兵をまえにしていたこのときは、南下するチャンスであった。「桶狭間合戦」直後、信玄が即時動員をかけて東海に兵を入れれば、尾張国から敗走している今川軍は壊滅し、駿河国・遠江国はむろん三河国も、そして今川勢力圏となっていた尾張国の一部までをも、瞬時にして併合することが可能であった。当時の信玄が保有する軍事力から見て、それは十分にできたはずである。そうすれば、信玄の領土はいっきに二倍以上、もしかすると三倍程度になったにちがいない。

しかし、信玄は動かなかった。弱肉強食ではあっても、信玄はカリスマ的な指導者としてふるまっていたし、教養人でもあったから、松永久秀（一五一〇？―七七年）や宇喜多直家（一五二九―八二年）ほどなりふりかまわずの行動はできなかった。物理的に見て今川氏の力はまだのこっていると考えていたのかもしれない。小田原北条氏との提携ものこしておきたかったろう。

信玄にとっては、謙信が全関東の支配者になることのほうが脅威とうつったのだろう。氏康ほどではないが信玄の足元もぐらつきだしているので、信濃国の動揺をとめるためにも謙信の力はそいでおきたい。そして、なによりも『孫子』的な慎重さが、即時南下をとめていた。

こうして形骸化する運命にあった今川氏との提携を維持して、バランス・オブ・パワーの大幅修正が可能なときを逃してしまったのである。信玄には力の絶対的な拡大はなく、弱体化した今川氏、縮小した小田原北条氏との相対的関係のなかで、バランスが優位になっただけであったが、その利点は、謙信の力の拡大のまえにかき消されてしまっていた。

第四節　謙信の関東出兵

各地から謙信への援軍要請

東海地方の激震は、北陸道には直接的な影響をあたえなかった。ただ、間接的には敵側同盟が大幅に弱体化した。信玄が従来どおり川中島に固執していたため、謙信もまた川中島をにらんでいた。しかし、帰国後の最初に救援のために出撃したのは、越中国の椎名康胤の依頼にこたえたものであった。椎名康胤からの報告によって、神保氏が信玄とむすんで越後国に攻めこもうという情報を得た謙信は、椎名康胤救援のために永禄三年（一五六〇年）三月、神保氏のこもる富山城を攻撃して陥落させる。これで当面の越中国方面での安全は確保された。

関東からは救援要請が相次いでいた。『越佐史料』では、永禄三年四月二八日、謙信が佐竹氏からの関東出兵の要請に対して答えながら、越中国の状況を伝えている。越中国から帰国した四月一日には上杉憲政が関東出兵の催促を長尾政景に伝え、八月四日には謙信のもとに里見義堯《よしたか》（一五〇七？―七四年）から援軍の依頼がきている。そして八月二九日に、謙信はついに関東の上野国に入った。

九月二八日、上野国の岩下城や沼田城が陥落、謙信は厩橋に入る。氏康が営々として築きあげてきた上野国での勢力は一瞬にして失われ、上杉憲政に依頼されていた上野国奪還がなされた。上野国にいる謙信のもとには、常陸国や下野国といった北関東の諸豪族が参集する。いっぽう、氏康は川越に陣していたが、小田原城に撤退する。氏康の同盟者であった信玄は、謙信が上野国に入るやいなや、加賀国・越中国の一向一揆にはたらきかけるとともに、神保良春にも背後から越後を脅かさせた。

小田原攻めの兵力

謙信が率いていった兵数は諸説わかれ、八〇〇〇～二万人とされている。『常山紀談』は八〇〇〇人という数字をあげている。『謙信家記』では一万八〇〇〇人となっているが、『管領九代記』では一万七〇〇〇人とされており、『関八州古戦録』もこの数字を踏襲している。

これに関東の諸豪族が参集したため、戦国時代有数の規模の大軍となった。『豆相記』では、参集した関東諸豪族が七六人で、兵力は一一万三〇〇〇人。『甲陽軍鑑』も一一万三〇〇〇人。『小田原記』では、九万六〇〇〇人。『関八州古戦録』『管領九代記』では、九万六〇〇〇人に謙信の兵一万七〇〇〇人。『上杉年譜』巻七によれば、関東八州に奥羽を加えた大小七〇人の諸大名戸兵力一一万五〇〇〇人とされている。

関東の石高はおよそ三四〇万石。参集した諸豪族は、負担を軽くするため農兵はひきつれていないはずだ。九万人近い兵が一万石につき三〇〇人の割合で動員されるとすれば、三〇〇万石近くになる。すると、氏康の勢力圏は関東の外にある伊豆国を加えても五〇万石程度となる。こちらも一万石につき三〇〇人とすれば、一万五〇〇〇人。ただし、こちらには農兵が加わっているから、一万石につき七〇〇人として、二万五〇〇〇人程度が小田原城にいた可能性がある。

関東で越年した謙信は、永禄四年（一五六一年）二月二三日に上野国赤石に兵を進め、いよいよ小田原城に向けて進軍を開始する。三月一三日、小田原城に対する攻撃が開始された。『関東幕注文』によれば、関東の諸豪族のうち最終的に謙信に味方する態度をとった者は二五五氏にもおよんだ。

氏康がせっかく拡大した領土も、大幅に圧縮を余儀なくされる。上野国は謙信の勢力圏となり、下総国と上総国も維持が困難になった。武蔵国からすら離反者が出ている。氏康の勢力圏は、おそらく半分以下、換算の仕方によってはさらに小さくなったのではなかろうか。

氏康の持久戦略

未曾有の危機に対して、氏康の抵抗はなりふりかまわずであり、まさに総力戦と持久戦を併合した消耗戦略で推進された。信玄のすすめもあって、長らく禁止していた一向宗の布教を許可して、かわりに一向宗徒に越中国方面から謙信を牽制することを依頼する。永禄三年(一五六〇年)二月から三月にかけては、「諸百姓御詑言申付而御赦免条々」と呼ばれる徳政を発布する。農民の支持を集めるためである。しかし、氏康にとってこの徳政は諸刃の剣であった。戦争は財政状況を悪くする。本来ならば収入増をはからなくてはならないところを、逆に収入減を招くからである。だが、そんなことをいってはいられないほど事態は逼迫していた。謙信を苦しめる持久戦略は、氏康をも苦しめていたのだ。リデル=ハートは述べている。「消耗戦は諸刃の剣のように敵味方両方を傷つけるものであり、それを巧みに使ってもやはり使い手を緊張させるものである」と。

関東管領のもつ正統性のもとで、一一万人と称される大軍が集結して、軍事的天才に指揮され小田原城を攻めてくるのである。氏康は、難攻不落の小田原城に籠城したきり出てこなくなった。籠城は、準備が整い志気さえあれば安全策である。

守勢の優位は、『孫子』にかぎらずクラウゼヴィッツもこう述べている。

「防御は攻勢よりも強力な戦争形式であるが、しかし消極的目的をもつにすぎないから、我々が強力であって、積極的目的をたてるのに十分であれば、直ちにかかる形式（防御）を捨てなければならないことはいうまでもない。ところで、この防御的形式適用して勝利を占めれば、彼我の力の関係は防御者に有利である。したがって、戦争の自然的経過は、防御をもって始まり攻勢をもって終わるのが通例である……（中略）……防御を究極の目的とするのは、やはり戦争の概念と矛盾する」

謙信は、相手の数手先の心理変化と行動を読み、戦場に罠をしかけ、相手から意図的にその罠のなかに入りこむようにする。すぐれた敵であればあるほど、何手先を読むかがちがってくる。どんなに先を読んでも、それをうわまわる先に罠をしかけてくる謙信に対し、もっとも有効性の高い戦いかたを考えたのが、このときの氏康である。

氏康の戦略の基本は、リデル＝ハートが「ペリクレス戦略」あるいは「ファヴィアス戦略」と呼んだものであった。敵（謙信）と野戦で戦っても勝てない以上、正面衝突は避け、城にこもったまま、謙信の背後の攪乱などを続けて、撤退を待つ。謙信の罠がどのようなものであるか不明であっても、罠にかからない方法である。

氏康のように籠城したきり動かないタイプには、罠のしかけようがない。せいぜい、退却を装い、追撃のために城から出てきた兵に対して伏兵を置くということぐらいしかできない。信玄の場合は野戦であったが、謙信との正面衝突を避けて撤退するとみせかけ、戦略的に絶対有利な状況（川を前面に置く）をとった。こちらも籠城策に近い。

小田原城で、城の門塀高櫓の上から打ちだされる矢や鉄砲は降雨のごとく、攻める側は鉄砲を一斉射撃して門塀櫓をうち崩す。『上杉年譜』巻七では、このときをねらって攻めこんだ太田三楽の兵三五〇〇人と城兵三〇〇〇人が激戦をくり広げ、「寄手ハ多勢ナレハ陽ニ開テ囲ントスレハ　城兵陰ニ閉テ囲レス　寄手鶴翼ニナレハ　城兵魚鱗ニ成テカル破ル」とある。しかし、激戦つづきながら一進一退となり、十分に武威を示したということで、佐竹義重（一五四七—一六一二年）、小田中務少輔（生没年不明）、宇都宮弥三郎（生没年不明）、直江大和守（景綱）、宇佐美駿河守（定満）らの進言にしたがって兵をひいた。

『北越軍談』では、このときの氏康の態度を『孫子』を引用しつつ評価している。曰く「善戦うものは、九天（高いところ）の上に昇り、九地（地の底）の下に潜る」というが、小田原城にこもった氏康は九地の下にもぐっていた。そして謙信軍が撤退の方向を示すと九天にのぼって追撃しようとしたと。しかし、謙信にすきがないため兵を出すことができなかった。

関東出兵の効果

一か月近い攻城を終え、小田原城の囲みを解いた謙信は、鎌倉に入る。これと前後するかたちで謙信は、閏三月一六日に関東諸豪族の前で上杉憲政から関東管領を譲りうける儀式をとりおこなっていた。これはたいへんな示威行為であり、信玄にすればだめ押しのような打撃であった。腹も立ったろうが、現実的な脅威はもっと大きかった。

南北朝時代から室町時代中期にかけての地方勢力の上洛や長期遠征は、領土拡大という意味では必ずしも征服にむすびつかなかった。地方勢力といっても、守護大名は赴任地に赴いた存在であったから、もともとの土着勢力ほどに土地とむすびついていないし、愛着もない。支配権も弱かった。だから遠征も、必要に応じて「思いついたら動く」というかたちをとっている。当然、補給線への考慮は薄い。移動しながら略奪をすればよいという考えかたである。かつての武田信虎の関東出兵も、この発想に近いものがあった。領土拡大にむすびつかないという点では、謙信の関東出兵もこのタイプに近い。

一方、謙信は越後国という領国をもち、略奪ではなく補給で遠征をおこなっていた。領土獲得のみが力の拡大と考えれば、無益な遠征という評価になるのだろう。しかし、力の拡大のなかには影響力の拡大もふくまれる。この視点でいえば、謙信の威光はかってないほどに拡大している。

謙信の威光は遠く都にまで知れわたり、相乗効果をおこしていく。閏三月四日、将軍・義輝から、信玄に追われていた小笠原長時の信濃国への帰国支援をするよう御内書が発せられた。北信濃における謙信の戦いは、将軍の命によるとの印象がますます強まった。これに連動して、永禄四年の正月には旧小笠原氏領土の安曇郡で反乱がおきている。勝沼氏に続いて激震が走った。信玄はこれをすばやく鎮圧したが、状況悪化になんらかの処置が必要との決断に迫られていた。諸悪の根源は謙信ということになる。

氏康は、川中島における信玄と同じ態度を、関東でとる。謙信との直接的な対決を避け、謙信が引きあげたあとに蚕食するというものである。しかし、謙信が関東に入ると、関東の諸豪族は再び謙信になびく。氏康の拡大も、川中島地方における信玄のものと同じく遅々たるものとなり、東国全体に対する優勢を確立することはできなくなる。関東の支配権はシーソーゲームのように謙信と氏康のあいだでゆれうごき、関東が統一されることもなかった。

このように、永禄三年（一五六〇年）から永禄四年（一五六一年）にかけては、謙信の上洛と関東管領就任、「桶狭間合戦」、謙信の関東出兵と、東国のバランス・オブ・パワーを変動させる大事件がたてつづけにおこった。東国だけではないが、小規模勢力乱立から、地域単位を統合するような大規模勢力が形成されていき、群雄割拠が日本列島上空からでも明確に見えるようになってきた。そのなかで東海地方のみは、分立状態に陥り、サブシステム化がすすんでいたため、中部や関東で統一勢力が現れたらねらわれやすくなっていた。

第五節　信玄の戦略

複合的な戦略

永禄四年（一五六一年）の「第四次川中島合戦」では、謙信も信玄も相当に事前準備をして戦略を練っている。

謙信は、通常ならば大戦略や軍事戦略と見えることも、それどころか敵である信玄がおこなっていた大戦略や軍事戦略すらも、己の作戦戦略に利用している。

信玄は、クラウゼヴィッツやスイス出身の軍事学者アントワーヌ＝アンリ・ジョミニ（一七七九―一八六九年）が提唱する原則どおり、一戦場への迅速な兵力集中と、彼我の比較における兵力の優勢のための布石を、大戦略―軍事戦略の一貫し、整然とした流れのなかで整えている。その随所に『孫子』の文言が該当するわけで、信玄の行動のなかには、しばしばすぐれた名将の行動に見られるように、字面では一見対立するように感じられる孫子とクラウゼヴィッツの主張が整合性をもっているように感じられる。

設定された目標が正しいか否かをぬきにして、川中島攻略から越後国攻略につなげていく動きとして見れば、信玄は、謙信の上洛や関東出兵さえも巧みに利用している。

謙信は、足利義輝の調停以来、川中島にはいっさいふれないできた。そのあいだも信玄が侵略行為をすすめてきたことは前述したとおりであるが、謙信が本国を留守にして都や関東に行っているあいだは、とくに活発に行動していた。謙信が怒っても、川中島に入ってくることができなかったからである。そして、関東出兵中の信玄の行動は、北条氏康への援助と、謙信の力を弱めること、川中島・越後国への侵略という三つを複合させていた。ただ、その動きかたはいかにも信玄らしく、着実なものである。

信玄は、氏康の没落を対謙信の同盟者の没落とみなしたので、軍事行動も行使している。しかし、大軍を擁する謙信との衝突は不利である。そこで信玄は、一万人の軍を率いて進み、三月二四日に吉田に到着する。そこから、五日以内に河村に進撃することを北条側に伝えたと、「大藤文書」にある。小田原城の後詰め（後方に予備軍や救援軍がいるかたち）をとることで氏康に対する義理を果たし、謙信を牽制しながらも、なおかつ安全圏である自領にとどまっている。まもなく謙信が包囲を解くことも見こんでいたのだ。

『甲陽軍鑑』には、信玄が二月一八日に甲府をたって信濃国と上野国の境にある碓氷峠に向かったという記述も載っている。『北越軍談』では、氏康が碓氷峠を越えて西上野に入るよう要請したとある。

謙信が小田原城から撤退したのを見て、信玄は五月一七日に兵を北上させ、越後国に乱入。小田切を蹂躙し、しかも甲府への帰国途中に信濃国上水内郡にあった謙信方の割ヶ嶽城を攻略している。謙信の留守中に領土拡大をはかったのである。今回の信玄の行動は、北条氏を助けての牽制であるとともに、越後国をも視野にふくめた作戦でもあった。謙信としては、越後国までをも侵略しようという信玄の意図があまりにもあけすけに見えた思いだろう。割ヶ嶽城も、中部から北陸道に入る際の要衝だったからである。

信玄は、このような具体的行動で氏康を助け、同時に越後国をうかがっただけではない。大戦略、軍事戦略レベルでも、これまでにないほどに大規模な、そしてさまざまな布石が打たれていた。単なる川中島確保ではなく、謙信打倒をめざしていたことがよくわかる。

信玄の大戦略

大戦略としては、小田原北条氏、今川氏との三国同盟の強化に加えて、一向宗徒とむすぶという遠交近攻政策もおこなっている。

今川氏の衰退は、南方の安全保障を強化した。弱体化し、なおかつ氏真という無能な人物が指導者になった今川氏が甲斐国境を侵すとは、考えにくくなったからである。国境線の兵も川中島方面に投入することが可能になっただけでなく、今川氏の援兵も期待できた。しかも、今川氏の領国は謙信の勢力圏と接していないから、その方面から切り崩されるという危険もなかった。

北条氏康との連携は、国境の安全と援兵以外に、双方ともに第二戦線構築を期待できた。すくなくとも氏康が存在しているだけでも、謙信に対する牽制となっている。永禄四年（一五六一年）川中島会戦には、今川家からは朝比奈兵部（生没年不明）、岡部治郎（生没年不明）が数百騎、北条家からは多目周防守《ためすおうのかみ》（元忠。生没年不明）、九島伊賀守（生没年不明）、村岡兵庫助（生没年不明）が三〇〇騎を率いて参加している。なお、『鎌倉九代後記』では北条氏からは多目周防と石巻隼人（生没年不明）の参加となっている。

信玄は、さらに第三戦線も視野に入れて石山本願寺との提携を考える。石山本願寺門跡の顕如《けんにょ》上人（光佐《こうさ》。一五四三―九二年）と信玄とは義理の兄弟になる。信玄の妻（三条公頼の娘）と顕如上人の妻が姉妹であったからである。この関係を利用して、信玄は石山本願寺と好をつうじた。ねらいは、北陸道の一向一揆である。加賀国を拠点にした一向宗徒に、越中国から越後国を脅かさせたのである。越後国で一向一揆がおこれば川中島どころではなくなるし、すくなくとも牽制としては十分である。

ただこれは、考えていたほどに順調ではなかった。北陸地方の一向宗の指導者・超賢《ちょうけん》（生没年不明）と謙信は友好関係にあったため、いかに大本山の意向とはいえ一向宗徒による大規模な越後侵攻は、このときにはなかった。だが、信玄は越中国の神保氏とも関係をむすび、越後国の国境を不安定なものにした。謙信の領国は、北陸方面、中部方面、関東方面で直接敵と向かいあうかたちとなり、大きく包囲される。

「自己の保存と敵の消滅」は信玄だけでなくパワー・ポリティクスの基本であるから、謙信の弱体化のために、謙信の同盟者切り崩しや、上杉家家中への裏切りの誘いもおこなっていたと考えられるが、信玄の政略の比重は、このころから他の勢力に謙信の背後を脅かさせるような外交関係の構築に、より大きくかたむいている。

信玄の軍事戦略

軍事戦略としては、海津城建設の意義が大きい。これは、国境防衛以上に、川中島支配拠点であり、川中島侵略拠点であり、川中島で作戦戦略を展開するための前線基地でもあった。補給に悩んだ信玄はさまざまな方法で対応したが、海津城の存在で大幅に改善されている。海津城が建設されるまで、信玄の川中島方面の前線基地は海津城から四五キロも甲府寄りの小室であった。あるいは深志城も利用されていたが、いずれにせよ遠い。

海津城の兵数は、高坂（香坂）弾正に属するかたちで足軽三〇〇〇人、騎兵六二〇人とも一〇〇〇人ともいわれているが、このことは、たんに信玄の軍事活動のための拠点であるだけでなく、周辺豪族ににらみをきかせ、北信濃を侵略することも可能にしたことを意味する。常時数一〇〇〇人から三六〇〇人の兵が駐屯する城は、武田全軍に占める比率としても相当に高いものである。

海津城が建設された年月については諸説ある。確実なのは、謙信との講和期間、しかも謙信が軍事的にも動きにくかった上洛か関東出兵時期だろうということである。これだけの軍事拠点の建設を謙信が座視するとは考えにくいが、武田領に築くのだから講和違反ともいいにくい。謙信が越後国にいないときにおこなったのだろう。

信玄は、兵站整備も推進する。川中島と甲府の距離は一六〇キロ、春日山と川中島の距離は七〇キロ。この距離の差は、信玄の悩みであった。信玄は、海津城築城だけでなく、甲府と川中島の中間地点にあたる海野に兵站基地を設け、食糧と武器の備蓄もおこなった。海野と川中島の距離は四〇キロ程度である。

さらに、一〇町（約一キロ）おきに狼煙場《のろしば》が築かれていた。これは、海津城背後の狼煙山から葛尾山、腰越山、和田峠、金沢、小渕沢の観音平、そして甲府へとつながる。川中島からの狼煙は三〇分～四時間と諸説あるが、通常は二時間半程度で甲府にとどいたとされる。これにより、一六〇キロ離れた甲府にいても、川中島の異変に対して迅速に判断して行動することができる。兵站の役割としても重要であった。

武田の棒道

そして海津城とならんで川中島での軍事戦略の要となっていたのが、甲府から八ヶ岳の裾野に向かう信玄の棒道（軍用道路）である。棒道は、その名のとおり一本の棒のような直線道路であり、鎌倉往還に加えて、武田信虎と信玄によってそれ以外に八道が建設され、「古道九筋」ともいわれている。このなかに、信濃国への直線軍用道路の大門嶺口棒道がある。棒道は、「道幅九尺」（三メートル程度）で、戦地までの移動の基本である二列縦隊には十分な幅である。ほかもふくめてこれらの道は、甲斐国甲府の躑躅《つつじ》ヶ《が》崎館《さきやかた》が起点となって信濃国、駿河国、相模国、武蔵国に向かう最短コースとなっており、中部、東海、関東への拡大のための軍用道路であるとともに、甲斐国の地形から、三方面への「内線の利」をいかした国境防衛のためにもすばやく兵を移動するためのものでもあった。直線的な道でありながらも、あえて山峡を選び、数本の道を分離させて迷路化させており、起伏を利用して、攻めこんできた敵を発見しやすくしてある。

たとえば、信濃方面に向かう棒道は「上の棒道」「中の棒道」「下の棒道」と呼ばれている。このうち「中の棒道」は敵の目をくらませるための別口の軍用道路で、「上の棒道」から大八田でわかれる。「下の棒道」は田端までで、その先のルートは示されていない。本筋は北に向かう「上の棒道」で、甲斐国穴山から信濃国小県郡長久保にまで到達するものであった。信濃国小県郡の湯川城から大軍がすみやかに川中島に集結することが可能になり、海津城の後方からの防衛上の要でもある。もし海津城が攻撃されても、六日ほどもちこたえていれば、通常の行軍でも甲府からの援軍が現れて攻城軍を挟撃することができる。無理して強行すれば三日で甲府から到着できたという説すらある。

信玄の作戦戦略の基本である、「相手より多くの兵力を集め、一戦場に投入する」ことが現実化していく。自己を強化して敵を弱体化させることは、こと川中島に限定してみれば相当に推進されていたといえる。『孫子』の徒である信玄は、地図をにらんでシミュレーションしていたろうし、『呉子』も学んでいたから、精兵主義も加味して実際に軍を動かすシミュレーションもしていた可能性がある。『名将言行録』には、出陣まえに入念に模擬演習をしたこと、それは『孫子』「始計篇」の七計にもとづくものだと書かれている。

謙信の兵站線整備

しかし、兵站や機動についての考えは謙信のほうがうえであった。謙信は、距離上の利点にたよることをしていない。そもそも国境に要塞を築いてむかえ撃つよりも、国境に兵力をすばやく集中して迎撃するほうを選ぶのは、機動を重んじる戦略家の常である。

信玄の棒道だけでなく、謙信も軍用道路整備をおこなっている。川中島地方への越後国府中から北信濃には中継拠点が整備された。越後国府中と北信濃をむすぶのは、府中から堀之内を経由して妙高山の裾野をとおり、野尻湖から善光寺へいたる道と、関川の支流である長沢川をさかのぼり、富倉峠を越えて飯山城にいたる道とがあるが、謙信はこの両道が分岐する手前の堀之内に宿泊所をもうけた。ここは春日山城から二〇キロの地点であり、一日の軍隊の移動距離二〇〜二五キロの範囲内であり、北信濃の上杉方豪族である高梨氏の居城・飯山城までも二〇キロであった。

建設段階ではだれもが補給という軍事戦略の意義でのみ見ていたが、永禄四年の合戦では、この拠点はたんに補給をスムーズにおこなわせる以上の意義を見せることになる。川中島地方への「迅速な兵力集中が可能」であることがクローズアップされていくのである。もうひとつのルートである堀之内から野尻湖は二四キロ、野尻湖から善光寺への道は二五キロであり、のちに謙信は、このルートで最大の難所・関の山の険に田切城を築いている。

「陸軍は胃袋だけ、すなわち補給されただけ行軍する」といわれるが、決戦を制御していたもののひとつに補給問題がある。永禄四年の開戦前夜、双方ともに単なる遠征レベルではないほど兵力集中と戦場への物資供給体制は整えられていた。

第5章

永禄四年第四次川中島合戦

戦略的段階

第一節　謙信の戦争目的と出陣

検証の視点

くり返しになってしまうが、永禄四年（一五六一年）の川中島合戦について、確実にあったといえることはわずかにすぎない。一級史料としてみれば、近衛前嗣《このえさきつぐ》（前久《さきひさ》。一五三六―一六一二年）の書簡と『妙法寺記』、それに謙信の感状ぐらいで、『越佐史料』でも『上杉年譜』や『甲陽軍鑑』、そして参考というかたちで『北越軍記』を載せている程度である。その断片が、世上語られている川中島合戦とどの程度一致し、また戦略的原則を補完するものになるかで、検証と分析を併用していくことになる。

戦国武将は合戦をきらったという意見は多い。経済的な疲弊も人的損失も避けたいのは当然である。それなのに信玄と謙信が会戦したのは、霧のなかを移動していて偶然遭遇したからだとする説もある。だが、この戦いが偶発的なものでなかったことは、謙信が以前から決戦をもとめていたことからわかる。謙信は、前述したように弘治二年（一五五六年）の長慶寺あて書簡で、決戦をもとめていることを記しただけでなく、弘治三年（一五五七年）三月に色部氏に送った書状にも同じように記している。さらに、弘治三年正月二〇日に更級八幡宮に掲げた願文でも、決戦を望んでいることを明確に記している。裏表がない正直な謙信が、崇敬する神仏の前で誓うことであるから、作為のもとに書かれた文章でないことは明白である。こうしたことは、タイプのことなる信玄の見地で見てはいけない。しかも、謙信は戦略の仕上げ段階で信玄本隊の前に停止して布陣し、待機しているのだから、すべてが計算づくである。

信玄の基本は「謀攻」である。しかし、その信玄でさえもこのときには決戦を選択肢のなかにふくめていたからこそ、決戦になった。この軍事衝突は、意図されていた決戦である。そこでまず双方の戦争目的が何であったかが永禄四年の開戦に先立って考えられなくてはならないので、いままでの分析をもとに再度整理してみたい。

謙信の対信玄戦争での目的は、敵戦力の殲滅にあった。信玄の川中島地方侵略がやまないのは、過去の川中島合戦では打撃をあたえても致命的にならなかったことにある。信玄が存在するかぎり、そして武田軍が無傷であるかぎり、侵略はやまない。願文や書簡のなかでくり返し決戦の必要を述べてきた謙信は、軍用道路の整備などで軍事戦略上の布石を見せつけ、信玄の警戒心をあおっていた。軍用道路そのものが、すみやかな大軍の移動や戦地での自在な活動のためというよりも、決戦を強要するための布石であった。上杉軍が大軍で即座に南下できる状態は、甲府からの救援を待つしかない海津城が常に不安定な状態にさらされるからである。

謙信のすべての戦争目的の背後には「第一義」がある。そのために、川中島地方にかぎらず、ほとんどの場合には、城を攻略してもその城に部下を置いて周辺を統治させるということはせず、さっさと引きあげてしまう。城そのものを自分のものにしようとすることも皆無であり、その結果、ほかの戦国大名にくらべて領地獲得にむすびつくことが極端にすくない。北信濃でも関東でも、最終的に土地の豪族の服属化をすすめて家臣化することで領地は増えたが、それも、豪族たちが対信玄、対氏康のための保身として、より安全な「上杉家」内に逃げこんだからである。一連の川中島合戦でも、攻略した城のいくつかはもとの城主に返し、いくつかは棄却したらそのままにしておいた。それを信玄が手に入れようとして合戦が呼びおこされる。そのために毎回、挑発するのは信玄だが、川中島に出陣するのは謙信が先になっている。『上杉年譜』では、永禄四年に先に信玄が戦地・川中島に入ったことになっているが、信玄が先に川中島に到着してもおかしくないぐらいに、信玄も謙信との決戦を望まなくてはならなくなっていた。

信玄の決意

前述したように、信玄も複合的ながら殲滅戦の必要性を感じていたから、決戦を可能性のひとつとしていた。信玄の場合、川中島地方の領有も大切な課題だから、城の構築だけでなく、地道な城攻めもおこなってはいた。しかし、川中島合戦の目的は、ただ川中島地方を領有することにとどまらない。大きな戦争目的は、北陸道への通路としての川中島地方を確保したうえで、越後国の併合と日本海進出があり、それによって上洛への道をひらくとともに、東海地方や関東に対してバランス・オブ・パワー上優位に立つ。このことは信玄自身が願文に越後国併合を掲げて明言していたし、『甲陽軍鑑』に記されている氏康死去に際しての高坂弾正らの「越後謙信領分、東上野迄御手に入申べく候」ということばや小谷城攻略でもあきらかであった。信玄の脳裏に木曾義仲の成功がきざまれていたことはまちがいないだろう。義仲は、まさに川中島の地で上洛のきっかけをつかんだ。

村上義清でも小笠原長時でも信玄の侵略はとめることができず、領土を侵食されていった。『名将言行録』では、謙信のことばとして信玄が六分勝ちをしていることが述べられている。同じ『名将言行録』のなかには、信玄があらたに獲得した領地は、みずからが領有してきめこまかな政治をしたと書かれているが、まさに細心の注意をはらいながら領地を維持している。川中島、そして越後国も同じように侵略できればいいと、当初は考えていたのかもしれない。

ところが、前述したように、信玄がいかに小城を確保してなめるように領地を増やしても、謙信が川中島に入ると無に帰してしまう。営々と築いた勢力圏がいっきに後退することに、信玄は相当にいらだったことはまちがいない。しかも、謙信が意図するしないにかかわらず、関東管領の権威が信玄の足下をぐらつかせていた。対村上義清の場合とちがって、あとになればなるほど信玄が不利になっている。どのみち謙信を打倒しないかぎり日本海への道はひらけないのだから、機会さえあれば打倒謙信のための思い切った行動をとることが考えられていた。だから、決戦でも勝てるように軍事戦略面での準備を整えていったのである。

謙信の策

前述したように、謙信は出陣まえに毘沙門堂にこもるといわれている。日常生活でも読経時間をもうけている謙信ならではの話であるが、単なる戦勝祈祷ではない。おそらく、瞑想しながら戦略を練りあげていたのである。七歳のときに林泉寺に入り、禅の修行を積んだ謙信は、座禅において正覚にたっしたとされ、また天文二二年（一五五三年）には高野山にて無量光院清胤《せいいん》（一五五二―一六〇〇年）に真言密教の奥義を学んだとされている。そのために日常の端々にいたるまで信仰がいきづいていたが、毘沙門堂にこもることは、長いときには一〇日にもおよんだという話さえある。この毘沙門堂にこもった段階で、謙信は信玄との最終決戦場所を規定していた。

慎重で計画的で用心ぶかいのが信玄の特徴である。たとえ決戦の必要を認識していたとしても、必ず勝てると思わないかぎり信玄は戦場に出ようとはしない。それは、戦理に照らしあわせて勝てるという客観的な分析による。つまり、信玄は勝利するとみなさなければ決戦にふみ切らず、しかも信玄が勝利を確信したときとは実際に勝てるときなのである。いいかえれば、謙信がみずからを絶対的に不利な状況に置かなければならない。謙信は、その不利な状況をつくりつつ、不利なのが特定の戦場に限定しておくためのしかけをつくった。

謙信の動員

謙信の動員能力は推定にたよるしかない。一六世紀の終わりから一七世紀のはじめにかけて各地でおこなわれた慶長検地によると、越後国、上野国、佐渡の合計は一〇〇万石程度であるから、農兵を集めなくても三万人程度の動員力はあったと思われる。『松隣夜話』によれば、永禄三年（一五六〇年）段階で謙信の動員力として北条氏康が算出した数字とは、その当時の謙信の領国、越後一か国、越中、上野、加賀が各半国、これの合計は二か国半に匹敵し、各国は大国であるから三万五〇〇〇人〜四万人、遠征に動員するのは二万〜二万五〇〇〇人とされている。

謙信が春日山を出立するときの兵力は一万人とされている。これに北信濃の豪族が加わったとして、川中島に率いていたのは、『甲陽軍鑑』では一万三〇〇〇人、『北越軍談』では謙信本隊八〇〇〇人、輜重隊五〇〇〇人、塩崎村の西北や戸部村の南に直江・中条隊三〇〇〇人を待機させるかたち、『上杉年譜』では一万八〇〇〇人と諸数字あがっているが、『甲陽軍鑑』や『甲越信戦録』の通説の一万人（『甲越信戦録』では、正確には九五〇〇人）が妥当な数字と考えられる。動員能力的にみて、謙信が春日山城にのこせた兵力は長尾政景以下二万人強。さらに、謙信は岩代の芦名氏、羽前《うぜん》（現在の山形県）の大宝寺氏に留守の援軍までたのんでいるから、春日山城にはさらに多くの兵力がこもっていたことになる。

通常、大規模な遠征をおこなう際には、全兵力の三分の二ほどを引きつれることが多いから、この国元の残存兵力は過大である。なぜ、謙信はこのような兵力配置をしたのか。信玄の外交努力によって越中や関東方面のおさえが必要であったことや、謙信の指揮する兵力数からの逆算などで説明されることが多い。謙信の動員能力の限界という指摘もあるが、それらはすべてはずれている。クラウゼヴィッツは、いみじくも指摘する。

「戦略は、戦闘を使用すべき地点と時間、およびその戦闘に要する戦闘力を規定する」

立てられた戦略にしたがって算出された兵数なのである。謙信の率いる軍勢一万人に、村上義清、高梨政頼、井上昌満、島津忠直ら北信濃の豪族たち三〇〇〇人が現地で加わった。信玄側の海津城にこもっていたのが三〇〇〇人、謙信側に与した北信濃豪軍が三〇〇〇人ということは、川中島地方での勢力はほぼ伯仲していたのかもしれない。

越中国を利用した諂道

「上杉文集」には、永禄四年（一五六一年）八月二九日の長尾政景への三箇条の覚え書きが載っている。それによると、越中国方面への出陣はあえてしないことが記されている。しかし、出陣まえに、謙信は越中国方面に出陣と知らせていたようである。『上杉年譜』では、越中国方面への出陣が予想されていたことが記されている。永禄三年（一五六〇年）段階に越中国は鎮圧していたから、実際はとくに何もしなくていいのだが、謙信の越中国出兵があながちおかしくないのは、信玄が外交的布石を打っていたからである。一向一揆と連動させた、信玄の越中国の神保氏へのはたらきかけが功を奏していたと考えられる。信玄の視点では、リムランド勢力の謙信は本来は越中国侵攻を望んでいるはずであり、越中国こそが関心事なはずであった。すでに心理戦がはじまっていた。

同じ政景に託した三箇条の覚え書きには、会津の葦名氏、大宝寺氏に援軍要請したことが記されているが、岩代の芦名氏、羽前の大宝寺氏の援軍が到着したら西浜、能生、名立に布陣させ、もし越中国方面に問題なければ府中にとどまらせること、齋藤朝信と山本寺《さんぼんじ》定長《さだなが》（一五一九—？年）を越中口に配備すること、越中国の人質のとりあつかいに注意すべきことなどが書かれている。越中国方面が要注意とみなし、そのために春日山城に兵力を集めているように見せかけている。対信玄用の偽装が見てとれる。いかに信玄にあやしまれずに春日山城に兵力を集中しておくかの詭道であった。

「企図を秘匿せよ」というのは戦略の鉄則であるが、越中国方面への出馬をにおわせておいたのには、ふたつの効果が期待されていた。リデル＝ハートは、間接的アプローチのひとつのやりかたとして、ある戦略目標をねらうと思わせてべつの戦略目標に切りかえることで敵に心理的混乱をおこさせることができるとみなしたが、越中国をめざすと考えていた上杉軍が川中島に入ってくれば、信玄も海津城の城兵も混乱する。これがひとつ。もうひとつ謙信が最初に越中国出兵を提示したのは、この方面が不安定だと信玄に思わせるためでもある。春日山城に過大な兵力をのこしたのも、越中国方面と関東方面が不安定ならば、むしろ必要な兵数ということになってくる。三方面の敵に対応するならば、対信玄の兵力が一万人前後というのは妥当な数字となる。

謙信の正式な春日山出立がいつかは、わかっていない。決定的な史料がない以上『甲越信戦録』にしたがってみると、八月一四日出立で、一五日に善光寺着、そして一六日に妻女山に入る。謙信の妻女山までの経路も諸説ある。確実なのは、謙信が作戦地帯に入ってきたことである。

善光寺よりも先は作戦地帯である。謙信は、後詰めとして五〇〇〇人の兵を善光寺にのこし、八〇〇〇人を率いて武田領ふかく妻女山に入っていく。『甲越信戦録』によれば、五〇〇〇人の兵は、牟札宿で謙信本隊とわかれて善光寺に向かったことになっている。

第二節　謙信の妻女山布陣

武田領内への侵入

謙信は、海津城を横目に通りすぎ、自分と信玄との勢力境界線である犀川を渡って、八月一六日に信玄の勢力圏奥ふかく妻女山（西条山）に布陣した。『甲越信戦録』には、一の手は直江山城守（兼続）が赤坂の下、二の手は甘粕近江守（景持）が清野出埼を陣として月夜平まで、三の手は宇佐見駿河守（定満）が岩野十二川原に、四の手は柿崎和泉守（景家）が土口笹崎、五の手は村上入道義清が備えたとある。

また『信濃史料叢書』第四巻の『眞武内傳附録』では、赤坂の上に甘粕近江守（景持）、伊勢宮の上に柿崎和泉守、月夜平に謙信の従臣、千ケ窪の上のほうに柴田（おそらく新発田のこと）道寿軒、笹崎の上、薬師の宮に謙信本陣となっている。なお、妻女山にいたるルートとして栗岩英治氏は、茶臼山付近を通過したのではないかと推測している。

妻女山と西条山

妻女山は清野の西部、武田側の城があった鞍骨城から続く山の突端に位置し、北には海津城、西に千曲川を見おろす四一一メールの小山である。この妻女山布陣も確実なことではなく、『甲越信戦録』が出る以前の軍記物語の多くには西条山という名となっている。これについては、江戸時代に松代藩から「妻女山を西條山と書すは誤也、山も異也」という指摘があったらしい。地名には「西条山」という名もあるが、さらに南に一〇キロメートル離れている。また、現在の妻女山は、もとは赤坂山と呼ばれていたもので、本来の妻女山はその南西に位置する五一三メートルの斎場山であるともされている。海津城への威嚇を考えると、こちらのほうが妥当性が高い。

妻女山か西条山かは、当時の呼称などからも考えるべきなのかもしれない。『甲陽軍鑑』は、妻女山ではなく西条山という名称を使っている。『北越耆談』でも、弘治三年（一五五七年）の合戦のこととして謙信が西條山に陣を敷いたとあるし、『上杉将士書上』では、第五回戦のこととしながらも永禄四年（一五六一年）に西條山に陣どったと書かれている。もっとも、西條の名前を使っている『北越耆談』『松隣夜話』『上杉将士書上』『北越太平記』『謙信記』『太祖一代軍記』では海津城を貝津城と書いてあるので、単なるあて字ではないかという考えもなりたつ。『北越太平記』も、永禄四年の合戦は第五回戦のこととしながらも西條と記している。『謙信家記』『上杉輝虎註進状』『春日山日記』『太祖一代軍記』の記述も西條山であるし『川中島合戦評判』でも西條山である。『上杉年譜』では、西条山である。川中島地方には西条山も存在している。

そこで、この『甲陽軍鑑』に登場する地名と同じ西条山というという場所にもいってみたのだが、海津城を監視し、動きを封ずる位置にあるが、かなり遠い。ここの可能性も否定できないが、まだ妻女山布陣のほうが効果的である。新史料でも出てこないかぎり確定はできないので、とりあえず妻女山と考えておきたい。ちなみに、戦前の日本軍も妻女山とみなしている。

妻女山布陣の効果

ただし、妻女山でも斎場山でも西条でも布陣の効果自体は同じであった。先制をとることの有利・不利は状況によってちがうとジョミニは述べているが、敵地に入ったことの有利・不利は相対的なものであって、先に戦場に到着することは先制攻撃をしかけつつ防御の利点を兼ね備えたようなものであるべきだった。今回において大切なのは、武田勢力圏ふかくに入って海津城を善光寺とはさむかたちにして、これを監視できる展望をもつことである。先手を打つことで、主導権をにぎったのである。

武田側にとって、謙信の布陣は意味不明であった。武田領内奥ふかくで八〇〇〇人での布陣は、自殺行為としか思えなかったろう。そこまで危険で無謀なことをするならば、海津城への威嚇効果だけでは代償としては小さすぎる。海津城も妻女山も相互に兵站が脅かされていたが、備蓄のある海津城のほうが有利であった。海津城は困難な状態になったが、謙信のほうがいっそう不利である。

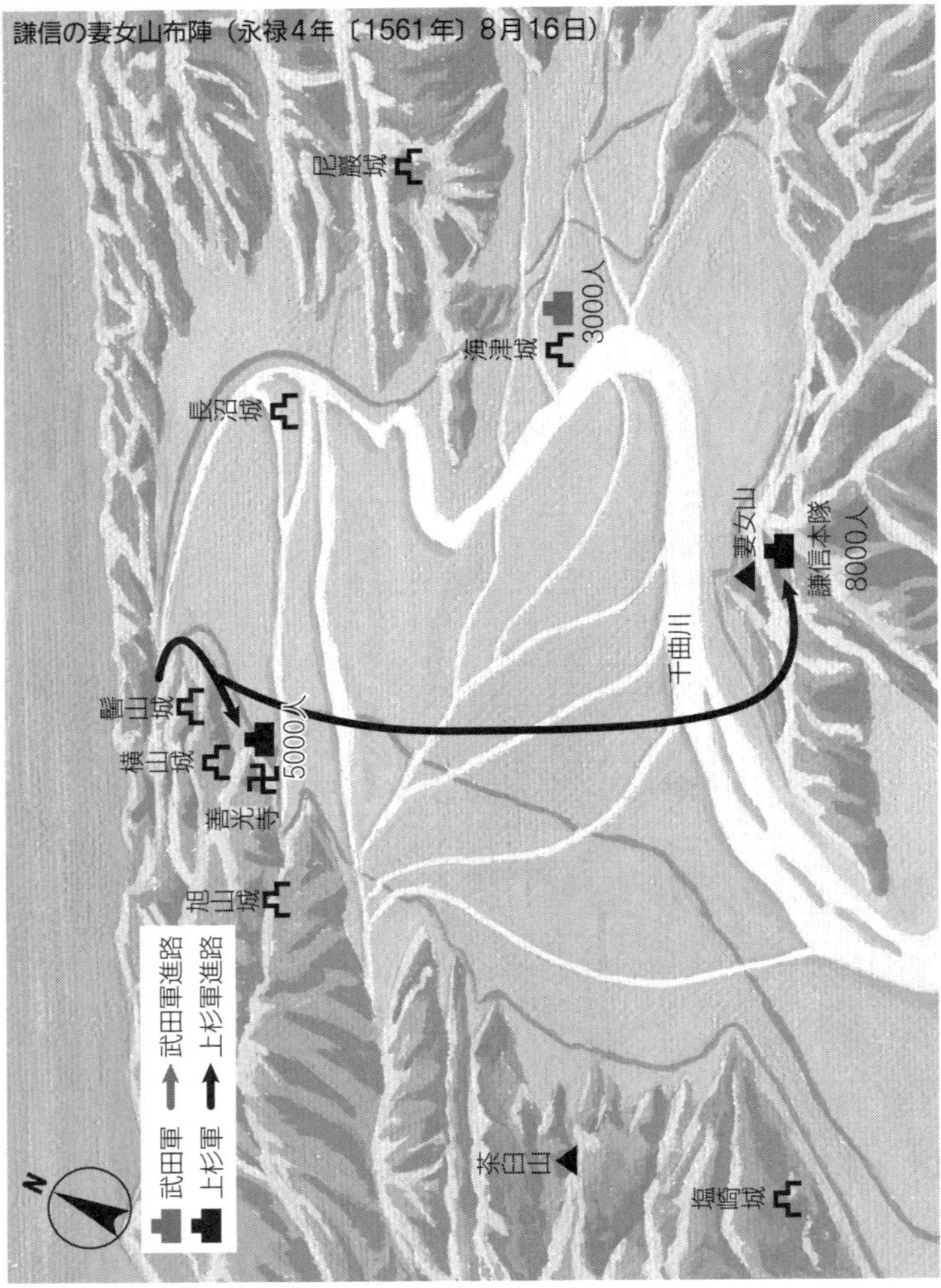

図7　謙信は8000人の兵を率いて敵中ふかく入りこみ、妻女山に布陣した。

あまりに奇抜で、戦理でも考えにくかったことが、妻女山占拠を許したと推測できる。「最小予定路線をとれ」とは、リデル＝ハートの戦争の八大原則のひとつである。

「敵の立場に立ってみることに努め、敵が先見し又は先制することが最もすくないコースはどれであるかを考えよ」

しかし、謙信の企図が「秘匿」されていれば、謙信の目的が何かはわからない。当然ながら、謙信が目的をたっするためにとっている行動の意味もわからない。それらがわからない状態であれば、それが「最小予定路線」であることすらわからない。さらに、「最小抵抗線に乗ぜよ」という原則も付加できる。混乱する海津城は、対応のとりかたもわからないまま謙信の妻女山布陣を許してしまったのである。

五里霧中状態なのは、海津城だけではなかった。信玄も混乱していた。

信玄は、次の戦いで謙信が上杉勢力圏にとどまらないだろうことは、過去の経験と今次の戦争目的から見て予想していたろう。しかし、周辺を武田軍に包囲される危険を冒して少数の兵で妻女山に入るのは、どうしたことなのか。

すべからく『孫子』に照らしあわせて分析する観がある信玄は、自他について戦理に忠実かどうかをよく分析する。このときの相手が徳川家康あるいは織田信長程度であれば、信玄は、戦理に無知な相手の未熟さをあざ笑ったかもしれない。ところが、今回の相手は上杉謙信なのである。

謙信が戦理に忠実なのは弘治元年（一五五五年）の対陣でよくわかっていたし、謙信の天才性は弘治三年（一五五七年）のときの急激な反転で身にしみていた。しかも、信玄が私淑する『孫子』には、「凡そ、先に戦地に処りて、敵を待つ者は佚し、後れて戦地に処りて、闘いに趨く者は労す」（「虚実篇」）と書かれているのだ。なぜ妻女山なのかという問いかけは、信玄の心にこだましていたろう。

信玄は、結局『孫子』にのっとって行動することにする。しかし、信玄がどれほど判断に苦しみ迷っていたかは、戦場での迅速な兵力集中のためにせっかくつくりあげた狼煙台と棒道の効果を無にして、ゆるやかに進軍したことからもわかる。

罠の秘匿

妻女山は囮であったが、なまはんかなレベルの罠では信玄は見やぶってしまうため、謙信はみずからが妻女山に入った。そして、信玄にその餌に食いつかせようとしたのである。それは、ふたつの意味をもっていた。

敵にあたえた困惑は、敵の目をそこにくぎづけにし、全思考をその点だけに集中させる。妻女山布陣の隠された真の目的は、信玄の目を川中島地方という限定された地域にくぎづけにするためである。謙信の劇的な妻女山布陣は、その奇抜さゆえに信玄の目を川中島地方、そのなかでも点にすぎない妻女山に集中させてしまい、ほかの要因、とくに鳥瞰図でなくては気がつかない大規模な兵力配置をおおい隠してしまった。

信玄も、当初は謙信本隊の行動以外の要因に注意をはらっていたかもしれない。しかし、妻女山布陣以降は、謙信が謙信本隊をどのように駆使するかにのみ神経を集中してしまう。謙信が隠しておきたかったのは、春日山城に二万人の兵がいることと善光寺に五〇〇〇人の兵がいること、そして春日山城―善光寺間の連絡が生きていることであった。春日山城にいる二万人の兵を信玄の脳裏から消しておきたかった。そのために、信玄の目を限定された戦場にくぎづけにしておきたかった。

春日山城と善光寺間の行程は、二日間はかからない。本来、それらに注意をはらうはずの信玄が、ひたすら地図で妻女山をながめるようになっていた。「何かをかくしておきたいときは、別のものに注意を引きつける」というが、信玄は罠にかかりつつあった。

謙信の罠は複雑である。それは、信玄に勝利を確信させなければならないという側面も強かったからである。勝利を確信していなければ、信玄は決戦にふみ切らない。犀川が境になって上杉勢力圏と武田勢力圏にわかれていたとすれば、前回までの戦いの分析からみて、謙信は犀川よりも南の武田勢力圏、しかも海津城を封じる位置まで南下しなければならなかった。信玄にすれば、海津城が危険でないかぎりは、あえて謙信との危険な決戦にはふみ切らないほうが得策である。

『孫子』の徒である信玄は、危険を避け、確実さを重んじる。その信玄に勝利は確実と思わせなければならない。それが、「袋の鼠」となってみせた理由である。

第三節　海津城の存在と利用

海津城利用法

謙信の意図について、『上杉年譜』によれば、攻略目標は海津城となっている。制限戦争時代などに見られる通常の戦理として考えれば、そうなってくる。しかし、これは首肯できない。目的は、決戦による敵戦力殲滅、そして信玄の首級をあげることである。ただ海津城を攻略しても、益がすくない。『孫子』もいうように、城を攻めるのは下策である。時間も労力もかかるし、てまどっていれば後方からくる信玄の援軍とのはさみ撃ちにあう。それは信玄も同じで、飯山城には手が出せない。

海津城が陥落したら信玄は小諸や上田で進軍を停止して静観に入ってしまうし、その場では海津城を陥落させても、信玄とはまた城のとりあいや新城構築がくり返されるだけである。敵の主力野戦軍の殲滅のみが決着をつけるものである。そのために信玄に決戦を強要しなければならないのだから、海津城は囮として生かしておいたほうがいい。海津城をのこしておけば、信玄は海津城を救出しなくてはならないからであり、川中島での作戦も、海津城をひとつの軸として展開される。それを謙信としてどう利用するかである。信玄を討ち、武田軍を殲滅すれば、海津城など放っておいても自落してしまう。

今回の戦いのひとつのポイントは、信玄にとっても謙信にとっても海津城の利用法にあることは否定できない。川中島侵略および支配の拠点として信玄が築いた海津城を謙信が落とせれば、ふりだしにもどる。謙信とすれば、各個撃破のチャンスもあった。たとえ信玄との決戦を望んでいたとしても、一般的な武将ならとりあえず海津城を攻撃して、救援にくる信玄を迎撃しただろう。実際に信玄が小田原北条氏を攻めたときには、各地の城はとりあえず攻撃しておいてあとは放置するという行為をとっている。最後に小田原城を四日間攻めて、城下を焼きはらっただけで撤退したのは、その典型である。

三〇〇〇人の兵がこもる海津城が容易なことでは落ちないことは明白である。しかし、謙信が攻撃した後、一隊をおさえとしてのこし、場合によっては伏兵を置いて、城外に打って出た海津城の部隊を殲滅、あるいは善光寺の部隊を呼んで押さえさせつつ、救援にきた信玄を迎撃すれば、決戦は可能になる。海津城に対しては、偽装攻撃でも十分だった。しかし謙信は、信玄が決戦に誘いこまれることをあやしむような行為はいっさいしていない。「先ず其の愛する所を奪わば、則ち聴かん」(「九地篇」)を、あえて海津城をのこすことで実行しようとしたのである。

いっぽう信玄とすれば、謙信が海津城攻略にてまどれば、兵力も消耗し、疲弊するわけだし、海津城を攻めている謙信の後方から攻撃する、あるいは信玄本隊の迎撃に向かった謙信に対して海津城から打って出させることによって挟撃が可能となる。この場合には、謙信と信玄の速度が問題になる。謙信がすばやく海津城を落とせるか、あるいは海津城に手足をからめとられたままの謙信に対して信玄がすばやく後方にまわれるか。

しかし、信玄の予想に反して、当初の動きはスピードの勝負とはならなかった。謙信がみずから妻女山に入るという奇想天外な行動をとったからだ。海津城を自分の後方遮断位置においたかたちで、信玄の勢力圏の奥ふかい妻女山に陣どったのである。こうなると、海津城もまた妻女山によって遮断される危険があるから、信玄は否応なく川中島に救援に向かわざるをえなくなった。つまり、信玄への決戦強要のみを考えれば、海津城攻撃とほぼ同じ効果をあたえたことになる。海津城を攻撃したうえで信玄を迎撃する場合には、挟撃されるうえ、海津城を陥落させていれば、信玄は海津城救援という目標がなくなるから、陥落の報告を聞いた段階で撤退するか、出てきてもようすを見る程度になる。そうなると、戦いも殲滅戦というよりも単なる撃退レベルになる可能性があった。

有事に自落する小城群

海津城は総構えとして周辺の山々に城が築かれて壮大な防衛線が張られていたのに、妻女山占拠をなぜかんたんに許したのかという疑問がある。海津城を囲んで尼飾城、寺尾城、金井山城、鞍骨城、天城城、竹山城、雨宮城、鷲尾城と数多くの城塞群が存在しているのに、そのあいだを通過するように謙信はかんたんに妻女山に入ってしまった。じつは、これは当然のことである。こうした城塞群が存在することで上杉軍の侵入を防止できるとは考えられない。大切なのは兵力の大小である。

妻女山に登ってみたが、素直な実感として、妻女山、海津城、茶臼山はそれぞれ相当離れていることを痛感せざるをえなかった。城塞群は千曲川に沿って数キロにわたり、その各城に兵を分散したらどうなるだろうか。全体を三〇〇〇人とみなして一〇城にわりふれば、数百人程度が守る小城が点在することになるし、多くの小城は現在の城に対する一般的なイメージよりも相当に小さなものであった。築城費用から考えても、本格的な敵襲に対してある程度の兵力で一定期間籠城できるのは海津城だけになる。戦略的にいえば、兵力を小城に分散させておくのはきわめて危険なことである。

『吉良物語』（臨済宗の僧真西堂如渕《しんせいどうじょえん》〔?—一五八八?年〕が天正年間に書いたものに秋月山人〔詳細不明〕らが加筆した土佐国の軍記物語）は、のちに豊臣秀吉が四国を制圧したときの長曽我部元親の失敗を、初期の時点で小城に兵力を分散してまったことだと指摘する。

「元親が防衛拠点を一、二ヵ所にさだめ、要害を堅固にかまえ、兵糧、矢玉を十分にそなえ、守兵も二〇〇〇以上の人数をたてこもらせておけば、羽柴軍が大軍で攻めかけても容易に陥落しなかったはずである。そのうえ元親が息子たちと三万の兵を三手とし、戦況によって一手に集結し、あるいは別れ、自在に戦って危機にのぞむ城を救援し、敵の虚をついて味方をいきおいづけたなら、幾年にわたり羽柴勢に攻められても敗北しなかったであろう。ところが元親は四国津々浦々に兵を分散して護らせたので、守兵は寄せ手の噂に聞くよりもはるかにおびただしい大軍に肝をつぶし、気を呑まれて、おおかたは一戦もまじえず逃げうせてしまった。元親は君臣ともに四国での小競り合いの経験ばかり重ねていたので大軍の防ぎようを知らず、稚拙な戦闘をかさねたものである。元親は君臣ともに四国での小成に甘んじ、少人数の小競り合いばかりに慣れて、大軍での戦いようを知らなかった」

もちろん、軍事の天才であった元親は、初期の失敗に気がついてあわてて兵力を集結しようとしたが、手遅れであった。秀吉の小田原攻めに際して北条氏政、氏直父子も、諸城への兵力分散という同様の失敗を見せている。

一般に城攻めには三〜一〇倍の兵数が必要になるといわれているが、一万人前後の上杉軍に対抗するためには、単純計算でも一城に一〇〇〇〜三〇〇〇人の兵が必要である。兵数自体が不明である以上、それまでのパターンから見て、謙信が率いている兵数は一万〜二万人程度と見つもられるだろう。そして、謙信の軍事能力までを勘案すれば、三〇〇〇人は海津城のみを守るためのぎりぎりの数となる。なぜなら、海津城と付近の城塞群を独立した存在ではなく相互に連携された存在——海津城を守る城塞群もふくめてひとつの城郭——としてとらえれば、それは直径数キロにもなる長大な城とみなせるわけで、これだけを守る兵数は相当なものとなる。一般に兵ひとりで守りきるのは四〜七メートルとされている。直径数キロの城とは、大外郭を加えた小田原城、そして大阪城レベルとなる。加藤清正（一五六二—一六一一年）の熊本城は周囲九キロにもなる巨大なものであったが、当時の清正の動員兵力は一万三〇〇〇人程度でぎりぎりであった。海津城とその周囲の城塞群、そして三〇〇〇人の兵は、平時における領国化のための支配の徹底と、国境をめぐる小競りあい程度には有効に機能するが、大規模な敵襲には役に立たず、三〇〇〇人の兵は海津城に集結せざるをえない。

第五次川中島合戦が城塞群よりもはるかに南でおこったことから考えても、海津城を囲む城塞群は平時の支配のためのものであって、本格的な敵襲をうけての戦時にはまったく役に立たないことはあきらかである。信玄が最初から決戦思想をもって謙信にあたるつもりであれば、より大規模な城をいくつか建設し、海津城をはじめとするその数城に兵を入れ、謙信がいずれかの城を時間をかけて攻めているうちに包囲してしまうという方法もとれたろう。

第四節　信玄、遮断線を形成

一　戦場への兵力集中の原理

ジョミニの述べる大戦術は、信玄の軍事行動にとくによくあてはまるようである。「大戦術は戦闘前並びに戦闘間、立派な計画部署を創り上げる術である。戦術部署における指導原理は、戦略の場合と同様、敵軍の一部に対し、しかも占領により最大の成果を約束される地点に向って、わが兵力を集中指向することである」

リデル＝ハートは、ジョミニの兵力集中の原理を批判し、ジョミニは「安全第一主義」であって、「敗戦のリスクの回避に過度に慎重であったために、さらに大きなリスク、すなわち戦果を上げえない方向にもっていってしまった」と述べるが、慎重このうえない信玄の態度は、このリデル＝ハートのジョミニ批判が該当する。信玄は、みずからのもとに兵力を集中し、また密集隊形をとりがちであった。逆に信玄ならば、ジョミニに与してリデル＝ハートを批判したかもしれない。兵力が多いことは安全策であった。

信玄は、早々に川中島へ出馬して海津城を救援しなくてならない。信玄の動員能力は三万人前後、遠征に従軍させられるのが二万人程度であろう。のこる三分の一は治安維持と外敵の侵入に備えるためにのこしておかなければならない。信玄は一戦場への戦力の集中ということで、可能なかぎりの兵二万人を川中島地方に投入する。甲府に一万三〇〇〇人の兵を集めて、八月一八日に甲府を出立。川中島をめざして北上しながら在地の兵を招集し、八月二四日の川中島到着段階では一万七〇〇〇人。これに海津城にこもっている兵も三〇〇〇人を加味して二万人という数字になる。

謙信の妻女山布陣という囮は、信玄からすればおいしい餌である。謙信のこの布陣なら必ず勝てるという確信をもって自ら作戦地帯にのりこんできた。これは、従来の「川中島合戦」に見られない「決戦」のかまえである。

信玄の動員力

名将と呼ばれる人は、戦略目標、合戦の重要度、戦費を重ねて計算して、必要な兵数を打ちだす。農兵比重を高め、随時動員していた信玄は、重要度と費用とを換算して必要兵力を集めていたはずである。

二万人というのはたいへんな数字である。『孫子』の徒であった信玄の換算からみれば、拙速が重視されていたのだろう。のちに上洛戦をおこすとき、信玄みずからが率いていたのは二万人、それに小田原北条氏からの援兵二〇〇〇人、そして別動隊七〇〇〇人であった。その段階の信玄の領地の石高は、第四次川中島合戦のころの二倍以上である。外征として負担を考えれば、一年がかりの上洛では三万人程度はふさわしい。

それに比して、永禄四年川中島合戦の動員率は異常に大きいことになる。当時の信玄の領土は六〇万石に満たなかった。仮に五〇万石として、若干なりとも国境守備兵と治安維持用の部隊を本国にのこしたとすれば、一万石あたり四〇〇人近い兵を召集したことになる。多少無理してでも大軍を動員してすばやく決戦でことを決めることを考えていたのだろう。信玄の頭のなかでは、それが可能であるという公算が高まっていた。謙信の動員率（191ページ参照）、妻女山布陣、信玄の動員率、そして信玄が戦地川中島に入ってきたこと、いずれも決戦に向けての並々ならぬ決意の表れである。

信玄の考察

信玄は甲府―川中島間を七日かけて移動している。そして、北上しながら途中の腰越や上田で謙信の情況をくわしく報告させている。わずかな動きに注意して、謙信の意図をつかもうとしていた。ちなみに『川中島合戦伝記』では、内応者が出たのかと信玄がいぶかったという話が出ている。本国と遮断して包囲してくれといわんばかりの謙信の布陣では、何かあるはずだと疑うのが当然である。それほどに謙信の妻女山布陣は不可解なできごとだったのである。なお、このときの北上進路の詳細について、北村建信氏は『甲越川中島戦史』のなかで和田峠をこえていったとみなし、藤枝直枝氏は『川中島戦史』のなかで大門峠をこえていったとみなしている。

信玄は、『呉子』「料敵」にある「敵人遠くより来り新たに至りて、行列いまだ定まらざるは、撃つべし」と「先に戦地に処りて、敵を待つ者は佚し、後れて戦地に処りて、戦いに趨く者は労す」（「虚実篇」）のふたつの観点から、「謙信の利点は何か」を考えたはずである。到着まもない信玄に対しても、謙信は不気味なほどに動かない。海津城を監視するかたちで信玄の領内にとどまっているから、信玄に決戦を強要していること、海津城への威嚇であることまではわかっても、その先が読めない。春日山城の留守部隊については、信玄が越中国に打った手の結果と考え、何の疑念もいだかなかった。

謙信の意図は、じつは「相手を思いのままに動かす」であり、「先に戦場に到着した」利点は心理的な内容であった。事実、信玄は謙信の策にのる。謙信が期待したとおり、妻女山と越後本国を遮断するかたちで布陣してしまったのであるから。もっとも、それをしなければ、こんどは海津城が見殺しになる可能性もあったのだが……。

信玄は、謙信の布陣場所そのものは「重地」であると判断した。「人の地に入ることふかく、城邑を背にすること多き者を、重地と為す」と『孫子』「九地篇」にある。海津城をあとに奥地にきたのは、「重地」にきたということになる。その注意点としては、ただ「重地には則ち掠む無かれ」「重地には、吾れ、将に其の食を継がんとす」としか記されていない。謙信には、難問である兵糧調達が浮上するはずである。曹操（一五五―二二〇年）の『孫子』の注釈では「彼を掠するなり」とあり、「饒野を掠むれば、三軍の食足る」、そこから「故に、知将は務めて敵に食む」（「作戦篇」）につながるとしている。賈林（生没年不明）は「糧をして相継ぎて絶えざらしむるなり」、杜佑（生没年不明）は「ふかく入れば、当の其の糧食を継がしむべし」、李筌（生没年不明）は「掠む無かれ」と註している。いずれの注釈をとるにせよ、謙信が「重地」にとどまるならば、補給が問題になるはずである。信玄もそのことを念頭において布陣を考える。ちなみに、曹操の『孫子』解釈では「糧食を備蓄するなり」という。敵が攻めてきたとき、重地では食料をわたさないくふうをしなければならない。

信玄、作戦地帯に入る

当初、信玄は謙信の妻女山布陣の意図を、北上する自軍を迎撃して決戦にもちこむためと判断したようである。第二回戦で謙信が『孫子』的戦理にも忠実なことは理解していたし、同時に第三回戦をつうじて謙信が信玄との決戦を望んでいることも理解していたからである。

信玄は、地蔵峠から直接海津城に入る進路を避け、北国街道を通って小牧山、室賀峠、山田、若宮、猿馬場の東方を経るという大まわりしながら、妻女山と善光寺を遮断するように茶臼山に

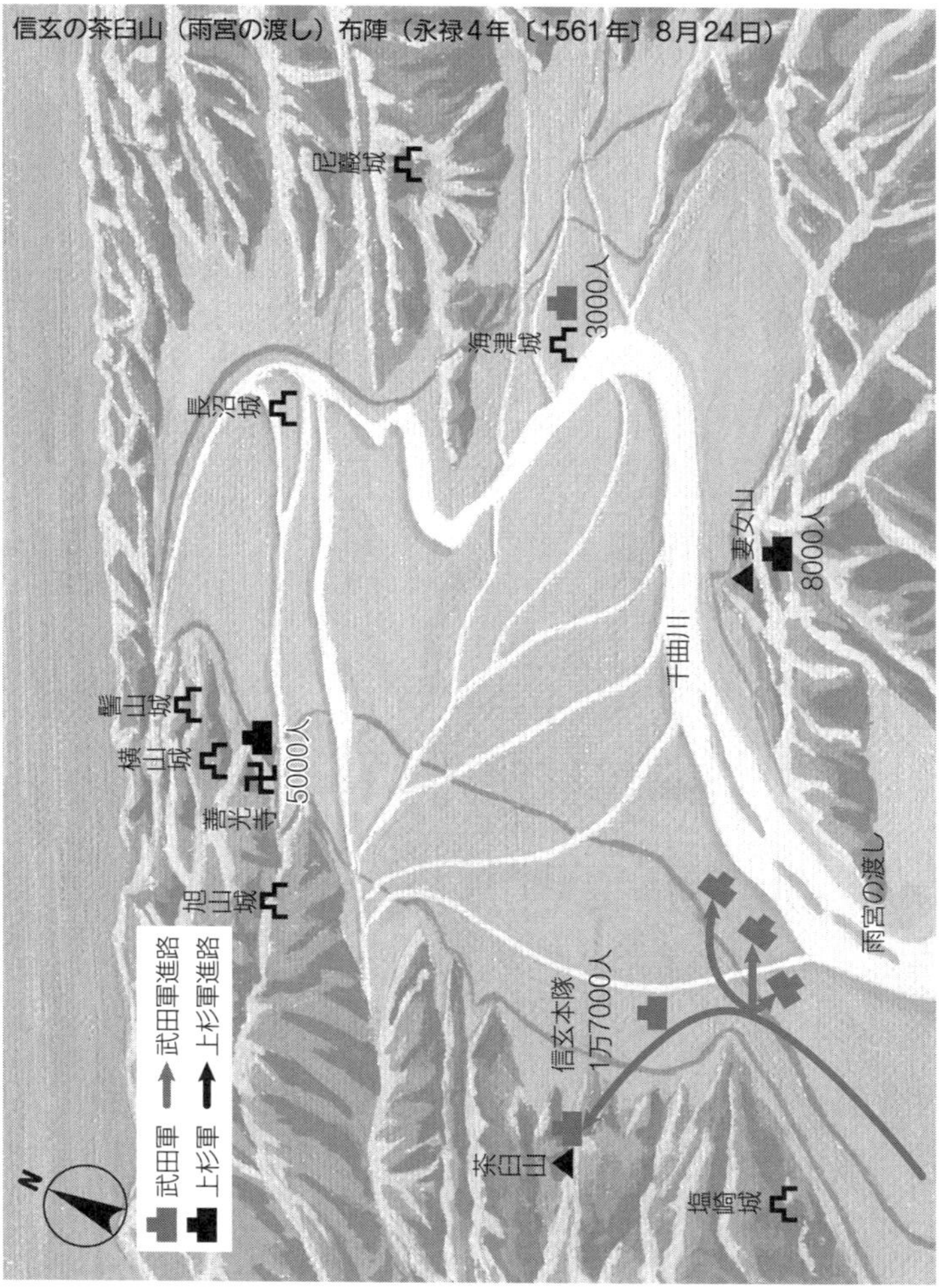

図8　信玄は茶臼山付近に布陣して、海津城とのあいだに遮断線を形成し、妻女山と謙信の後方基地との兵站を断った。

陣どった。地蔵峠を通過すれば妻女山から駆けおりていっきに殲滅させられてしまうと考えたのである。千曲川右岸の谷街道も、妻女山に邪魔されていた。その大まわり進路にしても、千曲川右岸を通れば右手に山、左に千曲川という地形で、謙信が決戦態勢で待ちうければ避けようがない。千曲川左岸を通ることで、川を天然の外堀とするかたちでの慎重な進撃をしている。『甲越信戦録』では、横田、小森、東福寺・水沢まで二六段で千曲川の岸に並んだとある。

信玄の遮断線形成

なお、信玄の布陣位置は、茶臼山ではなく「雨宮の渡し」であったともいわれている。茶臼山は標高七三〇メートルあるために、信玄が茶臼山に布陣できるはずがないという説が、以前には有力であった。しかし、布陣場所は山頂とはかぎらず、少数の兵のみを物見として山頂に置いていたと仮定すれば、合理的な布陣になる。茶臼山布陣とすれば、妻女山を睥睨することが可能なうえ、山にこもるということで攻められにくい配置となる。「雨宮の渡し」に陣どったとすれば、千曲川を天然の堀としたかたちとなる。このように若干の差異はあるが、戦略的位置としては大差ない。この布陣場所において重要なのは、茶臼山か「雨宮の渡し」かではなく、千曲川の北方であることであった。妻女山と善光寺とのあいだを遮断することが、布陣の目的なのである。

海津城にはそれ以前から籠城していた武田軍の兵三〇〇〇人がいたから、信玄の茶臼山布陣によって茶臼山―海津城の遮断線が敷かれる。妻女山の上杉軍は本国とも善光寺とも補給も連絡も絶たれることになり、文字どおり袋の鼠となってしまう。

信玄は謙信を追いつめ、有利な態勢で決戦を挑んで殲滅しようと考えていたようである。もし信玄が単純に謙信を追いはらうだけならば、妻女山よりも南の自領内に布陣し、海津城と挟撃できる布陣をしたはずである。そうすれば、位置関係から不利を悟った謙信を戦わずに撤退させることになったかもしれない。しかし、今回は謙信を殲滅できるかもしれないというチャンスである。茶臼山布陣は、たんに〝撤退させる〟というレベルの配置ではない。

相互挟撃態勢

このときの上杉・武田両軍の配置は、上杉軍は妻女山と善光寺を南北にむすんで八キロ、武田軍は茶臼山と海津城を東西にむすんで六キロであるから、このふたつの線が交差するかたちで相互に挟撃する態勢である。

しかし、海津城を保有する信玄のほうが兵糧の点においても配置的にも有利であり、本国との補給を絶たれている謙信よりも時間が味方しているように見えた。補給路を断たれた段階で、時が経過すればするほどに上杉軍の兵糧は底をついてくる。一戦場への兵力集中を達成し、大軍をもって謙信軍の後方にまわりこんで補給を遮断すれば、謙信は戦わずして軍を枯渇させる。もし決戦を挑んだとしても、信玄領のなかで、二・五倍の大軍を有し、地の利を得ているうえ海津城まで利用できる信玄が圧勝することになるだろう。兵糧を断つことは重地にいる敵への対処法としても適切であった。

第五節　心理的かけひき

謙信の心理戦

謙信には、信玄を迎撃するつもりはなかった。そんなことを考えれば、海津城との挟撃にあう可能性がある。それに、たんに迎撃して打ち破っても一時的に退くだけで、謙信が撤退すれば再び信玄の侵略の手はのびてくる。ねらいは信玄の首級をあげることなのだ。時間をかけても、あくまでも罠に追いこむ覚悟である。

『川中島合戦伝記』では、信玄が到着してすぐに部下が越後国からの援軍を呼んで武田軍を二方向に分断しようと述べ、謙信が『孫子』のことばにある「鋭気を避け堕気を撃つ」を引用して現時点での攻撃はしない旨答えたとしている。実際に春日山城留守部隊二万人を投入するという「直接的アプローチ」よりも、その存在による心理的効果を利用する「間接的アプローチ」を重視していたのである。

謙信、信玄とも可能なかぎりの兵力を動員しているが、利用法はことなっていた。信玄が、作戦地帯に可能なかぎり兵力を集中させようと考えて国境警備の兵まで連れてきたのに対して、謙信は、作戦地帯に即時兵力集中が可能なような配置をし、春日山城には遠く芦名氏や大宝寺氏の援兵までをも入れておいた。信玄は「直接的アプローチ」の可能性を前面に押しだしているから、むしろ信玄のほうが決戦を前提にしているように見える。

兵力集中の意味

信玄が一戦場に可能なかぎりの兵力を投入しようとしたのは、「兵力集中」の戦理どおりである。イギリスの軍事学者ジョン・フレデリック・チャールズ・フラー（一八七八―一九六六年）は、ナポレオンの戦争原則を五つあげている。①攻撃の重視、②機動の重視による時間の節約、③戦略的奇襲の追求、④戦場、とくに攻撃における決定的時期と派所への優勢な兵力の集中、⑤警戒防護策の案出――である。信玄がこれらの原則を守っているということは、殲滅戦が考慮されていたことを推測させる。これは、クラウゼヴィッツによるより端的な目標達成のための戦略の第一原則として、「決定的地点にできるだけ多くの軍隊を使用する」「決定的な地点に優勢な遷都力を巧みに投入する」と述べられている。一戦場への兵力集中はリデル＝ハートもふくめただれもがいっているが、それはただ一か所に全軍を集結するという以上の意味あいがあった。

謙信は、その兵力の多くを国元にとどめた。謙信が三万三〇〇〇人の軍を川中島付近に集結していたら、たとえ謙信自身が率いていたのが八〇〇〇人だとしても、信玄は謙信の意図を見抜いたことだろう。善光寺に相当数の兵をのこしていては、謙信が妻女山で海津城救援にくる武田軍の北上を待ちうけたとしても、用心深い信玄はけっして決戦にのってこない可能性が高い。謙信は川中島地方に兵力を集中できなかった。そのため、兵力集中を広義に解釈し、一戦場への兵力集中を「可能」にしておくことで、のちのちに心理的には兵力集中の効果を倍増させたのである。戦術的な集中のためにも、戦略的には優勢な兵力が集結しやすいようにしておくべきであり、ナポレオンは一日で戦場に合一できる位置に常時行軍しておく必要性を述べている。謙信は、事前におこなっていた軍用道路の整備と善光寺の後詰めによって兵力集中に現実味をもたせ、心理的な圧迫を加えようとしたのである。

信玄の心理戦

限定された戦地で有利な状況に立った信玄は、心理戦をしかけて上杉軍をゆさぶり、動揺を引きおこした。『甲越信戦録』では、村々に紙旗を立てさせ、夜には山々でかがり火をたかせ、大軍による包囲の印象をあたえたとされている。

上杉軍は不安に陥っていた。不利であることはあきらかである。敵は川を前面にしているから打って出ることもできず、兵糧も欠乏していくし退路も遮断されている。しかも、相手は大軍であった。もし信玄が越後国に攻めこんだら……ということを心配する者も現れる。本国からの援軍こそが現状打破につながるはずとの進言が、謙信になされた。ところが、謙信は動じない。

謙信は、①兵糧は一〇日分もあれば足りる、②春日山城には二万人の兵がいる、③春日山城の兵糧も一年分あるから心配無用、④信玄が越後国に攻めこむならば、自分も甲斐国に攻めこむ——といったとされる。補給線の問題からそれは不可能であったろうし、信玄が追撃してきたら壊滅してしまう。しかし、春日山城に二万人の大軍がいるのに対して、信玄はほとんどの兵力を川中島に投入しているため、甲府は空っぽである。謙信の軍は八〇〇〇人と身軽なうえ、機動力に富んでいる。もし謙信が室町時代に見られた発想で、現地調達型の遠征を考えていたと考えれば、信玄が不利とも考えられる。信玄のほうが無理して北上すれば、上杉軍は妻女山と善光寺での挟撃が可能となる。謙信の回答で、上杉軍は謙信を信頼したという。

「死地」

謙信が動じないことで、信玄は不安になっていく。『常山紀談』には、謙信が「上策は既に敵の察知する処」「下策を用いて貝津（海津）の城を踏み越え、西条（妻女）山に陣ししばらく敵の後巻を待たん断たん」と述べたといわれるが、戦理＝上策と考えるとわかりやすい。信玄は上策でのかけひきを考えていたが、謙信の立場に立つと、妻女山布陣は「重地」への滞在ではなく「死地」に入ったことがわかってくる。『甲陽軍鑑』では、馬場民部のことばとして「背水の陣」と出ている。

「死地」とは「疾く戦えば則ち存し、疾く戦わざれば則ち亡ぶ者を、死地と為す」（「九地篇」）とあり、「吾れ、将に之に示すに活きざるを以てす」（「九地篇」）と記されている。曹操の『孫子』解釈では「志を励ますなり」とされているが、要は死にものぐるいで戦えば生きのこれるという場所である。そこでは兵隊の心も引き締まる。妻女山にいる上杉軍は、謙信を信じて団結していた。

信玄、罠に気づく

しかし、謙信ほどであれば、単純な「死地」ではない。さらなる裏があるはずであり、信玄は深く考えていた。単純な不信感や不安から有利な態勢を解くほど、信玄は甘い人間ではない。茶臼山布陣から五日が経過した。ある程度の時間と考える余裕をあたえられた信玄は、川中島を越えた巨大な地図のなかで謙信が巨大な外線をつくりあげ、信玄を大規模に包囲していることに気がつく。善光寺の北方七〇キロに春日山城があり、二万人をこえる兵力がつめているが、それは何の遮断もうけずに善光寺との連絡が可能である。つまり、兵站線は完全に生きていた。信玄は、

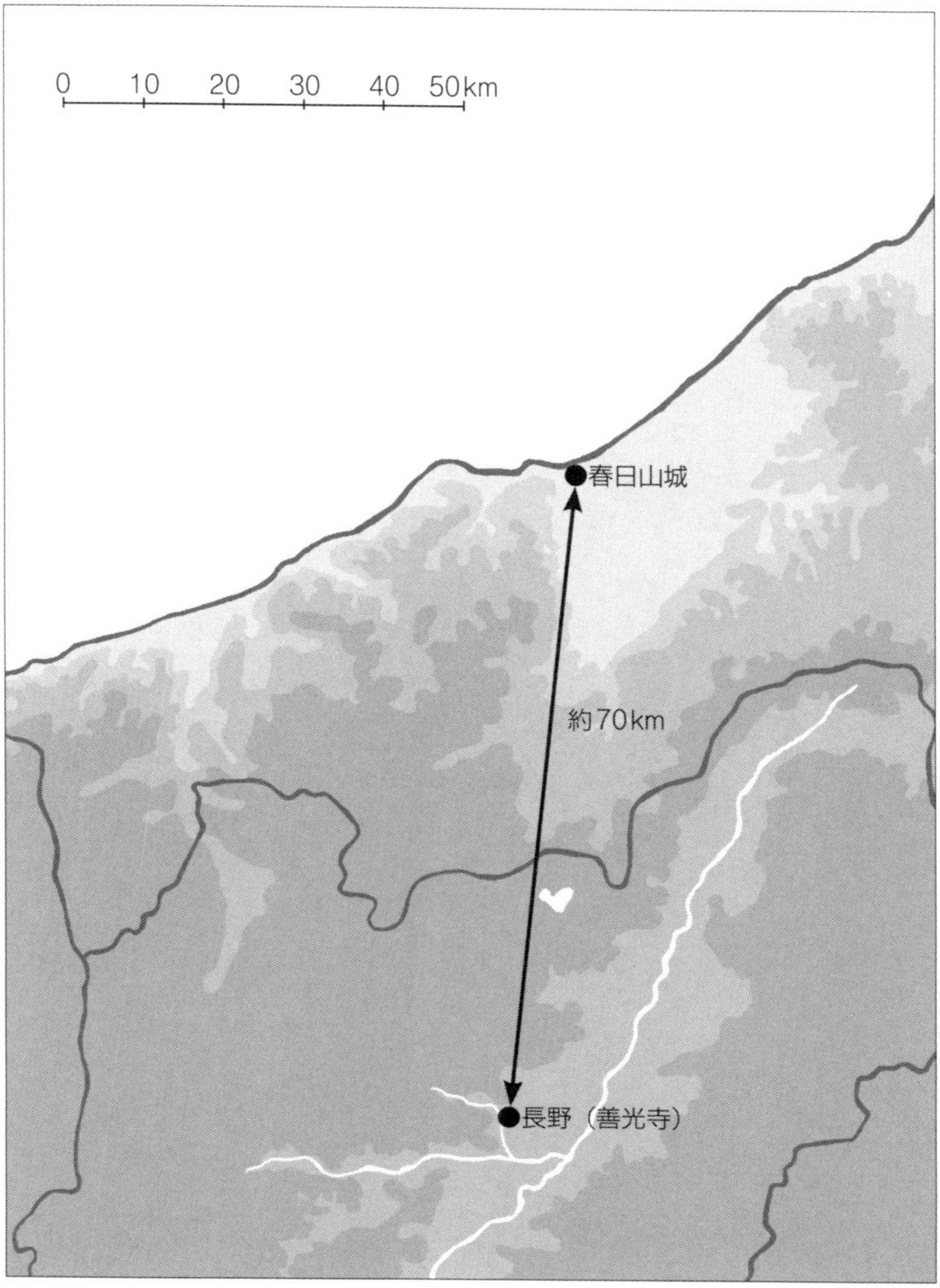

図9　春日山城と作戦地帯までの距離は約70km。行程2日程度である。

一定の日時が経過した段階で春日山城の兵が善光寺に集結し、やがて妻女山の兵とはさみ撃ちにしようとしているのではないかと考えた。善光寺の兵は五〇〇〇人だが、春日山城との連絡が遮断されていないことを考えると、じつは二万五〇〇〇人にたっする計算になる。春日山城―善光寺は、強行すれば二日以内に到着可能だから、春日山城に変化があったら信玄にのこされた猶予は数日ということになる。

これは外線、それも緻密な分進合撃の型である。分進合撃とは、緻密な計算のもと、ばらばらに進撃した部隊が一定時間ののちに一戦場に集結するものである。分進合撃は、信玄のようなよく訓練された軍隊を率いた計算的で緻密な作戦を立てる人物がおこなうもので、謙信のようなひらめき型の武将はおこなわないような観がある。謙信は一瞬のひらめきのなかに勝利を見いだすといわれているが、たしかに戦場において瞬間的なひらめきから戦闘を変化させることが見られる。しかし、戦略はあらかじめ計画されていた。ひらめきは毘沙門堂のなかで具体化され、骨格としての大計画ができあがっている。

クラウゼヴィッツは「戦略は、或る地点において生じた不利を、ほかの地点で得たところの有利によってのみ償うことができる」と述べているが、一見不利に思える謙信の妻女山布陣は、善光寺―春日山城ラインの存在によって有利に転換していた。クラウゼヴィッツもジョミニも散兵を批判したが、それは、決戦段階での兵力比の観点と、道路状況などから見た移動時間の問題である。一戦場への兵力集中の原則は、多少解釈の幅を広げて、大軍を集結させておくことではなく、即時集結可能な状況にしておくこととみなすべきであろう。機動力が高いことによって集結が容易ならば、複数の部隊に分散させて、敵をどこかの部隊に食いつかせ、すみやかに集結して包囲してしまうというやりかたも可能である。謙信の軍用道路整備が効果を発揮している。

謙信は、信玄の茶臼山布陣によって内線的な位置に立っていたが、信玄が春日山城と善光寺ラインに気がつくことによって、じつは外線的な位置に立って大きく包囲していることになった。謙信自身はまったく動かず、計画も変更しなかった。たえず動いたのは、信玄の心と武田軍の配置である。

信玄、遮断線をとく

妻女山の八〇〇〇人、春日山城─善光寺の二万五〇〇〇人によって大きく包囲されていた信玄は、心理的重圧に負けて、謙信を袋の鼠としてあとは勝利がくるのを待つだけという茶臼山布陣を解除する。不敗を重んじる『孫子』の徒・信玄としては、一時的に有利なだけにすぎない状態（と信玄は判断した）よりも、安全な状態のほうが自己保存としてふさわしく思えたのだろう。

謙信は、兵力配置において「詭道」を使っていた。越後国にのこした兵力はたえず疑惑を信玄にあたえつづけた。クラウゼヴィッツは「数的要素は勝利を生み出す一要因にすぎない」と述べ、完璧な勝利を得るためには「包囲攻撃」が有効なことを指摘したが、信玄は、数的有利と包囲攻撃態勢をかねそなえていたように見えた。しかし、巨大な地図上で見ると逆に謙信によって包囲され、しかも相手方は数日で優勢な兵力が戦場に到達するという集結状態下にあったのである。謙信は、信玄に不安をいだかせ、有利な態勢での開戦を考えていた。ねらいは武田軍殲滅である。

妻女山にこもる謙信によって監視されていれば、やがて春日山城―善光寺軍が戦場に投入されることで、信玄がとった有利な態勢は一転して不利になる。そうなった段階では、信玄がいかなる行動をとろうにも北方の大軍に監視されて海津城の兵は動けず、信玄は避けようとしていた謙信との正面衝突を強要される可能性があった。あるいは、海津城、茶臼山それぞれが各個撃破的に包囲される可能性もある。包囲されたうえで兵糧がつきれば、いやおうなく決戦となる。いずれにせよ、信玄が謙信を後方の善光寺と遮断しようと考えた段階で、謙信の包囲網に入ってしまったのである。

『北越軍談』によれば、信玄は「死地」に入っている謙信が猛反撃する可能性をおそれ、謙信に撤退が可能となったことを示唆して上杉軍に安堵感をあたえ、あわよくば軍の士気がゆるんだ状態の上杉軍を追撃して壊滅させようとしていたため海津城に移動したと書かれている。川中島内で軍が移動することは長大な隊列になるから不可能ではないかという推論もあるが、その観点からこの海津城への信玄の移動からして不可能だということになる。ちなみに天文二三年の川中島

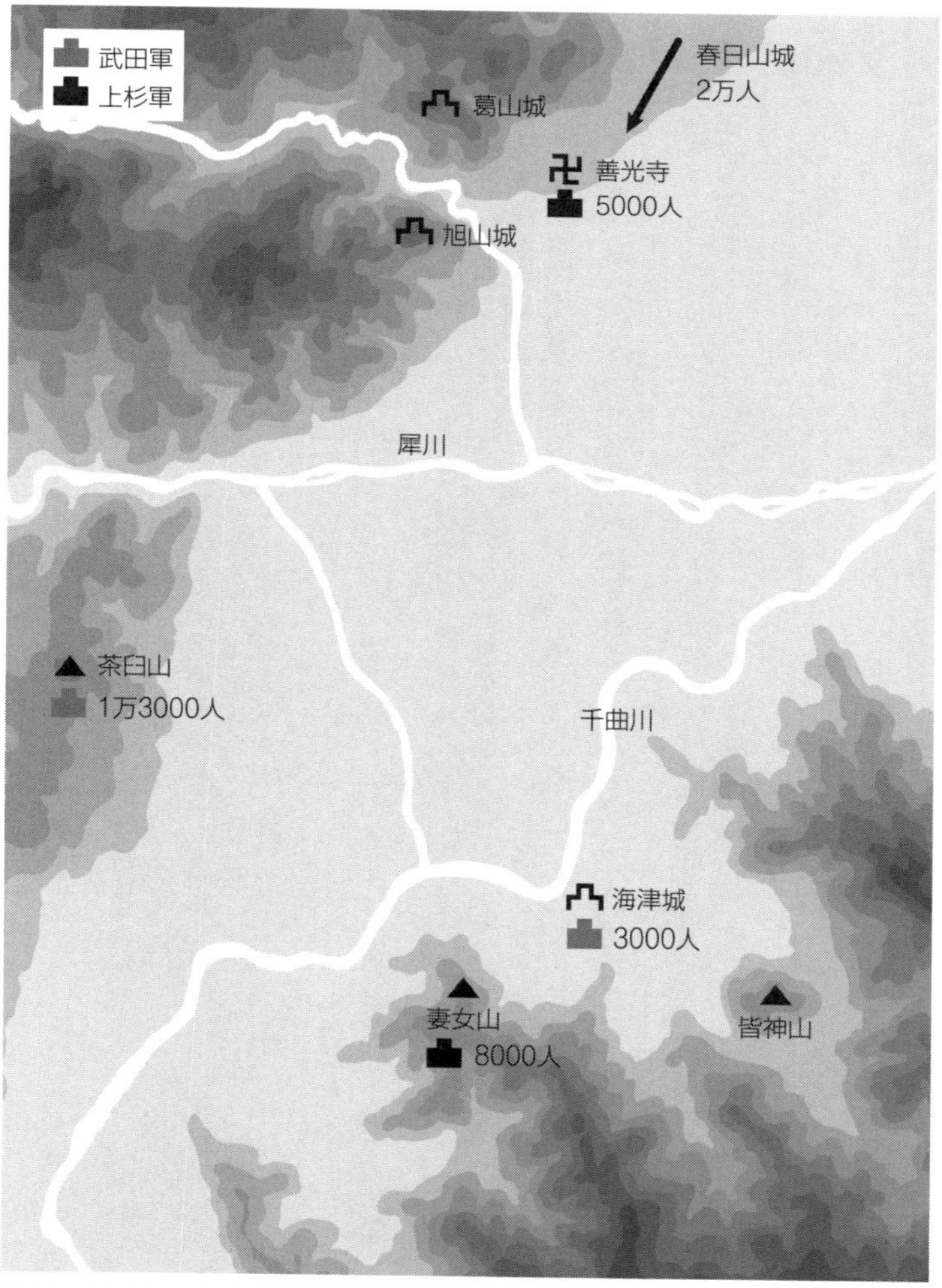

図10　信玄は、じつは妻女山と春日山城―善光寺によって大きく包囲されていた。

合戦（実際にはなかった）のこととしながらも、『北越太平記』では信玄の海津城（貝津城）への移動形態を「雁行」だったと記している。

八月二九日、信玄は茶臼山を引きはらって海津城に移動する。これは、謙信の包囲網のなかで比較的安全な城へ移動し、相互挟撃という決戦態勢を解いたことを意味する。海津城での籠城は、城攻めの効率を考えれば茶臼山布陣よりも安定しており、しかも兵糧的に見て長期戦が可能だったからである。かたちのうえでは持久戦態勢に入ったともいえる。

戦理を念頭においた信玄の計算によれば、対陣中よりも拠点の移動中こそが危険な瞬間であった。川中島への移動中、川中島よりの撤退中、そして布陣場所の移動中は野外行軍であり、敵の攻撃をうければいやおうなく野戦で対応しなければならないからである。

謙信がこの瞬間に攻撃をしなかったのは、信玄ほど戦理に忠実で慎重な人物ともなれば、むしろ移動そのものに大きな罠があるとの判断がはたらいていたと推測できる。すなわち、置かれた状況の危険性に気がついたからといって信玄があと先考えずに移動するなどということは考えられず、支障なく移動できればそれでいいし、もし攻撃されたら逆にその瞬間を利用しようという一石二鳥的な選択がなされているはずである。伏兵などによる罠がないと考えることには無理がある。

『川中島合戦伝記』では、武田軍の撤退は小荷駄、後陣、旗本、千曲川沿岸の守備隊という順で進み、広瀬の渡より海津城の搦手より入るとなっている。海津城への移動中に側面攻撃に出られる危険はすくなかった。妻女山から距離があったから、謙信が到着するまでに時間の余裕があったからである。それでも謙信が出てくる可能性があるとみた信玄は、当然、準備万端で罠をしかけておいたはずである。謙信が移動中の武田軍のところに到達するまえに、信玄はみずから隊形を変化させて迎撃のための布陣を整えるはずである。急行する謙信は、隊形が整っていない。崩れた隊形で千曲川を渡河したうえで、布陣を整えている相手に突撃するほど、謙信は無謀ではない。しかも、海津城からも打って出られては、完全に挟撃されてしまう。実際に謙信は動かなかったが、それは、信玄を討ちとるチャンスをこの瞬間とは見ていなかったからでもある。謙信は、信玄が危険を認識していたこの移動中に最大の決戦の機会はないと、作戦計画段階で判断していたにちがいない。

海津城への入城による態勢の変化

信玄としては、自らの北上中に妻女山から迎撃される危険とともに、謙信がしかけた罠に気づいて海津城へ移動する武田軍を攻撃することが謙信の意図であると解釈したようである。そのため、海津城に入って善光寺と妻女山との連絡が可能になった段階で、意図が破れた謙信は越後国へと撤退すると判断していたように見える。

信玄の視点に立てば、すでに妻女山で周辺を威圧するという謙信の政治的効果はなしとげられているはずであった。信玄としては謙信の威嚇を認めたのであるから、撤退してほしかった。もともとが謙信の殲滅を最終目的としていたから、決戦して勝利できると判断して茶臼山に入ったのである。それを解除したのだから、信玄は決戦しての勝利をあきらめたことを謙信に伝えているように見える。実質的に信玄の敗北の承認のような印象だが、謙信がうかつに撤退したら追尾して追撃される可能性があった。信玄が海津城に入ったことは、対謙信用の罠であった。謙信が注意しなければならないのは、敵・信玄だけではなかった。謙信は、撤退可能と思うことで兵隊の士気がゆるむことを危惧した。その意味でも、しばし妻女山にふみとどまる必要があった。そもそも、一戦も交えずに撤退したならば、なんのために危険を冒して妻女山に布陣したのかわからない。信玄が罠にかかり謙信の手中に落ちるまでは、妻女山にとどまりつづける必要があった。信玄と謙信の知略戦・心理戦は火花を散らしていた。

茶臼山、妻女山、海津城、それぞれのあいだは数キロあり、行軍スピードからいって相当の時間をくったはずだから、駆けつけて決戦するとなれば先に動いたほうが不利になる。茶臼山と海津城で敷いた遮断線は、謙信を追いつめて先に動かすためのものであった。したがって、遮断戦が解除された段階で、謙信も信玄も制限戦争の持久態勢に入っていたような印象がある。しかし今回のこの戦いが、殲滅戦をもくろむものであったことは、謙信が海津城にまったくふれていな

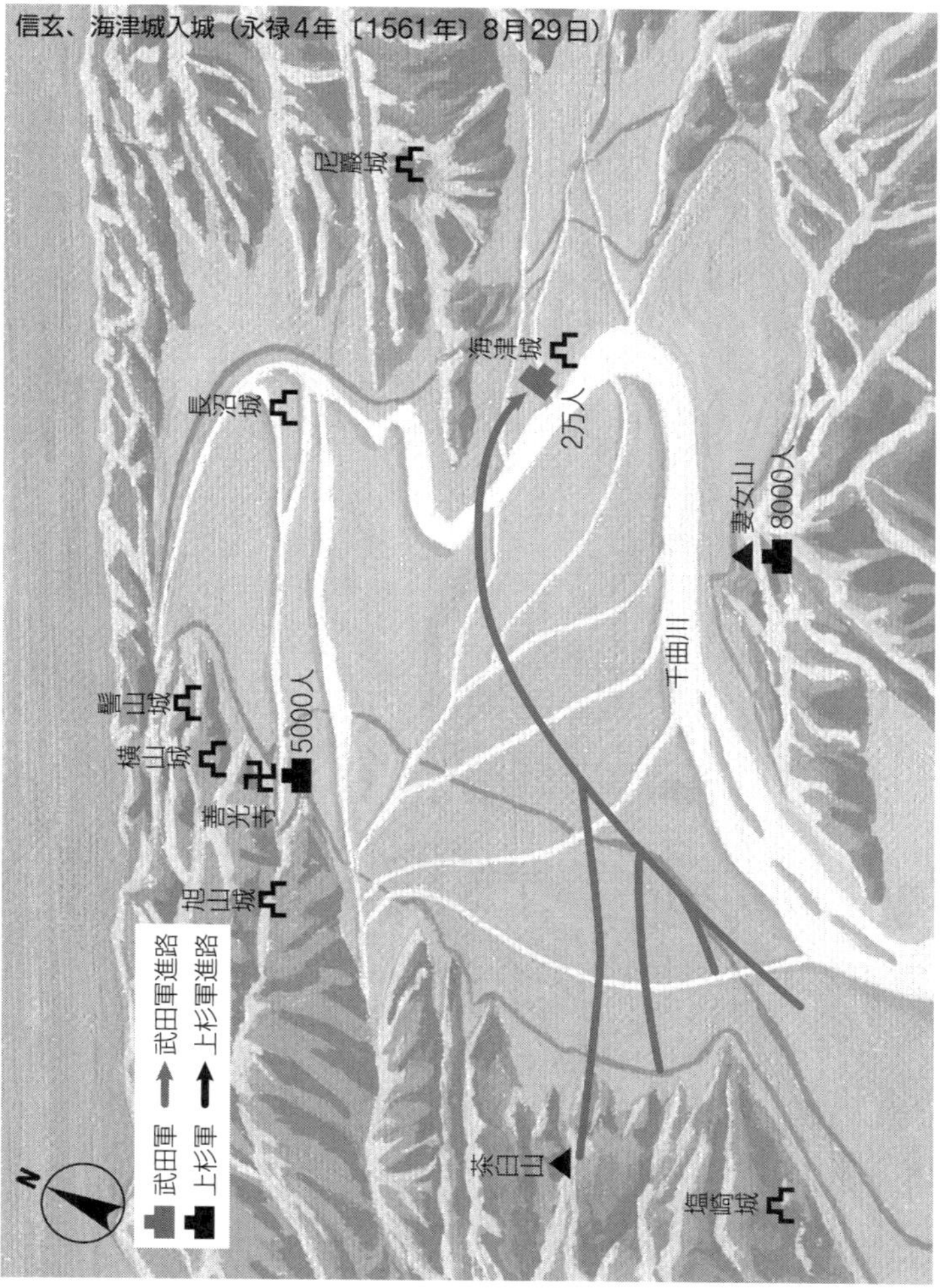

図11　信玄は遮断を中止し、安全圏の海津城に入る。

いことからもわかる。制限戦争の発想ならば、地域争奪の観点で敵拠点の奪取が戦略目的となるはずであったからである。

信玄が茶臼山に陣どって遮断線を敷いたのが八月二四日。ところが前述したように、謙信が長尾政景に送った覚え書きの日付は八月二九日付となっている（192～193ページ参照）。これについては複数の可能性がある。あらかじめしたためておいた書状を善光寺にのこしてきたのか、信玄が遮断線を解除したあとに送ったのか、信玄の遮断線もひとりふたりの移動では捕捉できなかったのか、信玄側が『孫子』的に、あえて完全な遮断にしなかったのか、いずれかわからない。ただ、謙信がこれ見よがしに使者を春日山城に送った可能性がある。信玄が戦地に入るまえは、春日山城の兵力も春日山城との連絡線も隠しておきたかったから、越中国を気にしているように思わせておいて、信玄が川中島に入ったら、こんどは逆に春日山城の存在を気づかせたかったのである。

しかも、明確に援兵要請などを書かず、それでいて越中国方面には兵を割く必要がないことを示唆し、あいまいなかたちにして信玄が夜間などに撤退しないよう川中島にとどめ置きながら、信玄の不安を高めつつ武田軍そのものの〝溶解〟を待とうというのである。

第6章

永禄四年第四次川中島合戦

戦略から戦術へ

第一節　「天の利」と「人の和」による引き金

海津城籠城

謙信は信玄の誘いにのらない。徳川家康程度の人物ならばかんたんに動いていたろうが、相手は謙信である。川中島への到着、茶臼山への布陣、海津城への移動、そして海津城への籠城のいずれも、謙信を動かすことができなかった。

過去の三回の川中島合戦と今回は、完全に逆の立場にいる。信玄は謙信を動かしたかった。謙信の示唆する「流動的集中」の配置が信玄の脳裏から離れることはなかったはずである。

信玄が不敗の地に立ちつづけることができたのは、決戦を避けたからである。そのために、謙信の誘いにも罠にも陥ることなくくることができた。しかし、「謙信を打倒しなければ、越後国併合はおろか川中島併合も不可能」という思いから決戦が選択肢としてあがり、謙信の妻女山布陣から必ず勝てると確信したため、決戦にふみきった。皮肉にも海津城があるがために信玄は川中島に入ったのだが、その段階で謙信の罠に落ちていたのである。

氏康ほどではないが、信玄も警戒防護策を重視した。氏康は守勢が強いが、信玄は野戦における攻勢に際してその視点を強くもつ。川中島地方において海津城がその役割を負っていることは明白である。しかし謙信は、信玄が海津城をフルに利用することを見越して、つまり信玄の警戒防護策さえも己の戦略のなかに挿入していた。

籠城というのは、かなり有効な戦いかたである。守勢の有利さを述べるのは、孫子もクラウゼヴィッツも同じである。ただ、使いかたによっては一転不利となる。小城に兵力を分散すれば、各個撃破される。少数で大きな城にこもれば、守りきれない。大軍が小城にこもれば、兵糧が不足する。三〇〇〇人程度を想定してつくられた海津城に過大な二万人がこもっていることは、困難を高めていた。

『北越軍談』「武備問対」には、「小城に多勢籠る則は、兵糧・水本日を逐て乏しく、塵芥不浄の捨所も不自由にして、人馬ともに自然と労を受る者也」と書かれている。クラウゼヴィッツは、ナポレオンがロシア遠征で未曾有の大軍を一道路上に集結したため糧食と宿営が不足したことを指摘するが、それはナポレオンが一戦場への兵力集結に固執しすぎたためであった。一戦場への兵力集結は決戦用であって、長期化すると軍の維持そのものが苦しくなってくる。

海津城は、救出しなければならないから負担になっている。信玄が海津城というハンデをもち、それを考慮しなければならないことを前提にしているから、むしろ利用しているのは謙信のほうであった。謙信は、信玄が海津城を救うために何をしなくてはならないかということから逆算して作戦を立てられたのである。つまり、海津城を間接的に利用したのだ。

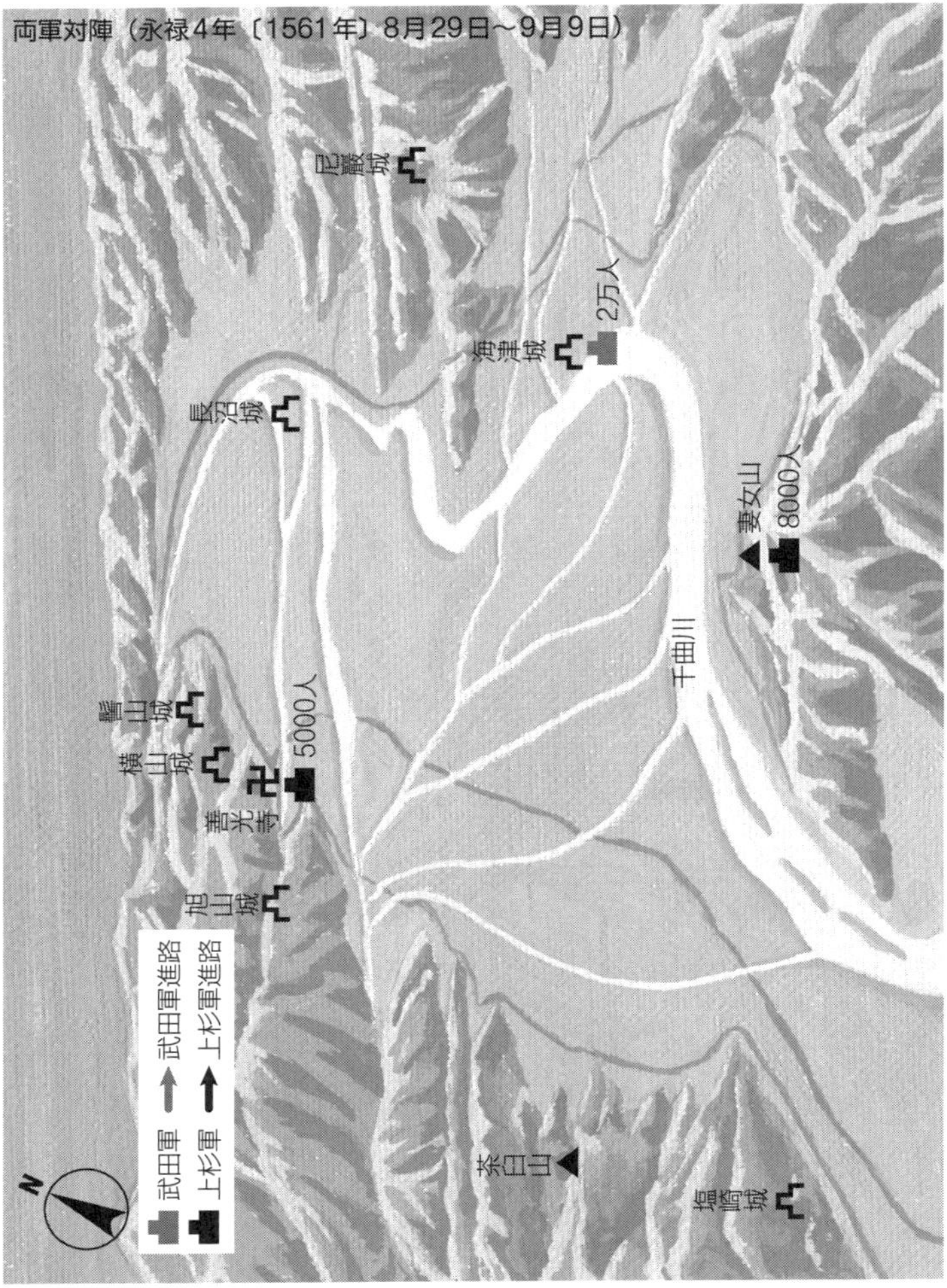

図12-1　一見持久態勢にはいったように見えるが、依然として挟撃の可能性と厭戦気分に悩まされた信玄は、打開策を考える。

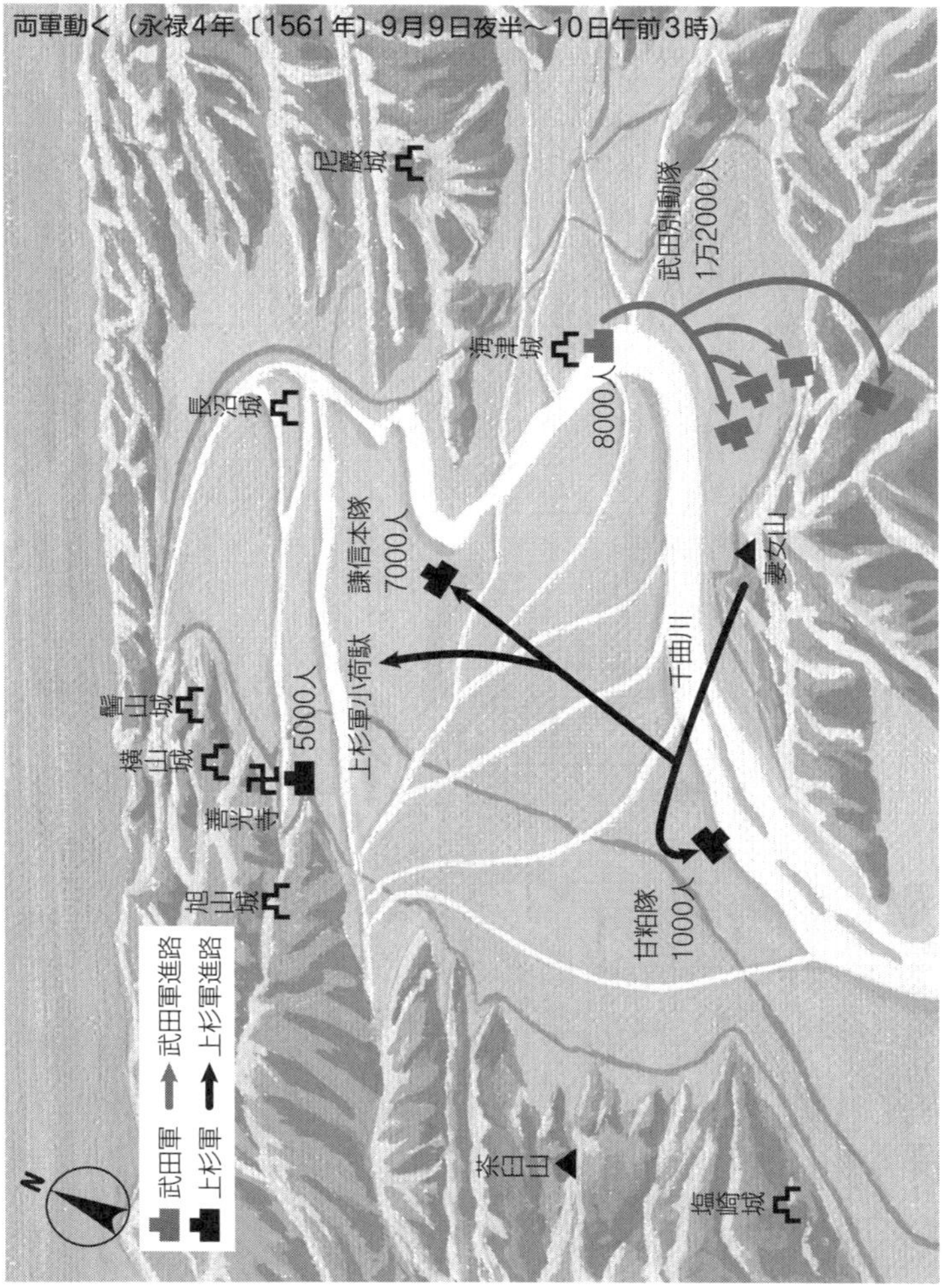

図12-2　夜半に信玄は軍を二分し、大軍で妻女山を奇襲しようと考えるが、それを予測していた謙信は、八幡原に移動して信玄本隊がくるのを待ちかまえていた。

不安と厭戦気分の高まり

信玄にはいくつもの焦りがあった。海津城は茶臼山より安全とはいえ、依然として謙信の外線のなかに置かれ、基本的に妻女山と善光寺―春日山城によって挟撃される危険性がのこっていたし、その場合に川中島に集結する兵力数が、謙信側が多くなることも変わっていない。

この海津籠城中に信玄は、再び謙信を殲滅する可能性を考えていたようである。信玄は「敵の行動に対して抵抗できない」ことから「不利な地位に投げこまれた」ことに気がついたのだが、このことをだれにももらしていない。もらせば全軍に動揺が走るからだ。しかし、そのために焦りの気持ちが加わっていく。

武田軍にはべつの問題がふたつも浮上する。ひとつは、大軍でありながら慎重にかまえて動かないことに対する不満である。馬場信房（信春。一五一五?―七五年）や飯富虎昌ら高級将校のなかからは、大軍でありながら謙信をおそれているような自軍に対する不満が出はじめた。そしてより致命的だったのは、一般兵士のなかに生まれはじめていた厭戦気分である。『孫子』「九地篇」にも「散地」では兵隊が逃げやすいとされている。軍隊が〝溶解〟する危険が高くなりつつあった。川中島を一望できる妻女山から監視されて、信玄は動けない。撤退は不可能であった。なぜなら、いかなる進路をとろうにも謙信からは丸見えであり、迎撃の可能性が高い。甲府への道は遮断されていたのである。それに、相手の二・五倍の兵をほこりながらの撤退は、天下のもの笑いになる。

信玄が先に撤退すれば、実質的な敗戦となる。しかも、撤退すれば海津城は放棄され、信玄は戦争目的達成に失敗したということになる。二万人の大軍を有しながら、信玄は海津城から動けない。かといって、春日山城から謙信側にいつ援軍が到着するのかを考えれば、時の経過は不安感を増す。いまや信玄は、何らかの行動をおこさなければならなかった。

現時点での信玄の利点は、すくなくとも限定された地域では兵力の優勢を保っていることである。しかし、時がすぎればこの利点は覆される可能性が高い。有利なうちに決着をつけておかなくてはならない。

日数がかかる戦いでは、春日山城—善光寺の兵力が現れてしまうが、野戦ならば数時間で決する。だから野戦の機会を待っていたのだが、謙信は動かない。時は信玄と敵対していた。謙信が動くのは、兵糧がなくなるとき。そしてそれは、春日山城の兵力が南下して挟撃態勢に入る瞬間ではないかという推測もなりたつ。皮肉にも、先に布陣したほうが有利とした『孫子』のことばが、ここで現実化していた。

奇襲の背後に

では、打開策として信玄が先に動き、妻女山を攻撃したら、いかなる結果が予想できるか。謙信が外線の立場とすれば、信玄は内線的位置にいる。しかし、妻女山と善光寺に対して各個撃破の「内線の利」は生かされない。妻女山という要所に陣をかまえた謙信は、籠城軍と同じ利点を有し、その攻略には城攻め同様の困難がつきまとう。

北村建信氏は、謙信の妻女山布陣をかなりの堅陣と見ている。二日以内に攻略できなければ、善光寺の上杉軍は急を告げ、春日山城の兵力が駆けつける可能性がある。しかし、城攻めの困難に加えて謙信という名将が指揮するという点を考慮すれば、二・五倍の兵力差があるとはいえ信玄が短期間に妻女山を陥落させることは不可能であった。逆に、善光寺を攻撃すれば妻女山から背後にまわられる。となれば、何かをきっかけとした奇襲のみが打開策となる。これが「迂回又は包囲のための機動」と「奇襲」が考慮された下地である。

リデル＝ハートはナポレオン分析のなかで、「決戦に先立ち、敵を先ず有効に麻痺させるため、敵の注意力の散漫化、敵の攪乱、敵の識の阻喪を図ることは古来戦略・戦術の達人たちが常に策したことであるが、いままでは彼等はただ作戦機動をいろいろと時間をかけてやって見たり、巧妙な策略をもちいたりして、ようやく牽制の実をあげていたにすぎない。攻撃を企図する場合の分進、すなわち敵の集中を妨げるためにわが兵力を分散するやりかたは、それまで研究されたことはない」と述べたが、謙信は巨大な軍を配置することで心理的な圧力をかけ、信玄に軍を二分させた。

天の利

両軍が動くきっかけをあたえたのが、霧である。川中島地方の地元の人によれば、霧の発生は前日の夜に予測できるという。謙信も信玄も、当然、地元の古老などを陣中において事前に霧を予測したはずである。

いくら暗闇とはいえ、ふつうの夜間に行軍したのでは、相手が察してしまう危険がある。大軍が移動しても姿をかくせる霧の発生こそが、開戦の引き金となった。霧の発生時間と霧の晴れる時間が行動開始と戦闘開始につながっていく。『孫子』にいう「天」の利用である。

謙信の妻女山布陣より二五日、信玄の川中島到着より一五日が経過した九月九日、霧の発生が予測され、信玄が軍議をひらく。春日山城の大軍が投入されるまえに行動する必要性と、軍を溶解させない必要性から、現状を打開するための行動をとることにしたのである。春日山城―善光寺の連絡線と軍の溶解とがすでに作戦行動の必要条件となっていたとすれば、それに十分条件として霧の発生が加わったのである（現在の統計でみると、長野県の霧の発生日のほぼ半数が九～一一月に集中している）。『甲陽軍鑑』『上杉輝虎註進状』『川中島合戦評判』『北越軍談』『甲越信戦録』など多くの軍記物語も、霧の記述を載せている。

第二節　旋回運動と殲滅戦

啄木鳥作戦

霧が出るならば、姿を隠して敵陣に近づいて奇襲できるということになるが、では、その奇襲をどのようにおこなうべきか。多くの軍記物語は、信玄が軍を二分して、一隊をもって謙信の本陣を奇襲させ、もう一隊での捕捉を考えたと述べている。世にいう「啄木鳥《キツツキ》作戦」である。『甲越信戦録』では、次のように説明されている。啄木鳥が木の中にいる虫を捕捉する際に、穴の反対側の幹を突いて中の虫を驚かせ、穴から出てきたところを捕捉するのと同様に、妻女山の上杉軍を一万二〇〇〇人の部隊で夜襲し、謙信が妻女山からとびだしてくるのを千曲川畔に置いた八〇〇〇人で待ちかまえて捕捉してしまおうというものである（実際には、啄木鳥はそのようなことはしないのだが）。『甲陽軍鑑』以来、山本勘助が進言したことになっている（『甲陽軍鑑』には「啄木鳥」は登場していない）。『孫子』がいう「正奇」のくみあわせである。

ちなみに、別動隊の出立時間は、『北越軍談』には丑の中刻（午前二時）とされているが、『甲越信戦録』によれば子の半刻（午前一時）、そのうえで謙信の千曲川越え予想時間は辰の刻（午前九時～一一時）となっている。そして『甲陽軍鑑』では、信玄本隊の海津城出立が寅の刻（午前三時～五時）、妻女山奇襲時間は（午前五時～七時）となっている。月の入りの午前一時以降の霧の発生時間が行動開始時間とならなくてはいけない。

しかし、この武田軍の兵力配分は、説明されている「啄木鳥作戦」とは矛盾する。「啄木鳥作戦」ならば小部隊で奇襲し、大部隊で捕捉するのがふつうなのに、全兵力の六割が別動隊として奇襲するのである。もしも妻女山を奇襲する別動隊の兵数が数千人程度ならば、文字どおり「啄木鳥作戦」なったろう。諸軍記物語のなかで『川中島五箇度合戦之次第』には、二万八〇〇〇人のうち六〇〇〇人を別動隊にしたという記述があるが、奇襲をおこなう部隊を二割程度にしたという配分がもっとも「啄木鳥作戦」に近いものである。この配分ならば、待ちうける信玄本隊もとりあえずは上杉軍以上の兵数でいることができる。

ただしこの場合、たとえ奇襲がうまくいったとしても、一時的にはパニックをおこした上杉軍が妻女山にこもっているという利点からもすぐに冷静さをとりもどして別動隊の規模を観察し、いたって少数であるという判断から逆襲に転ずる可能性があった。別動隊を片づけたあとに信玄本隊に向かってくる可能性も高く、各個撃破される危険性が高くなる。ジョミニの警句「軍の派遣する支隊の作戦は、会戦の成否を決するにおいて重要な意義をもつものである」が、さらに「内線の利」にまで発展することを示唆するものである。

旋回運動

リデル＝ハートが述べたように、奇襲を単なる戦術上の奇襲にとどめず、戦略における「間接的アプローチ」にまで高めるためには、奇襲からさらに強力な打撃にまで移行しなければならない。信玄のもつ慎重さは、信玄本隊の防御にではなく、万全で完全な殲滅の方向に向いていた。奇襲して上杉軍を妻女山から撤退させ、さらに信玄本陣に追いたてるためには、一万二〇〇〇人ですらすくなめである。『北越軍談』では、信玄は二万六〇〇〇の兵のうち一万五〇〇〇人を別動隊にあて、一万人強を信玄本隊とし、いっぽう、謙信が妻女山に率いていた人数を一万人としているが、配分的には別動隊強化で『甲陽軍鑑』などと一致している。

これが「カンネの合戦」を模したといわれる「シュリーフェン・プラン」に類似していることはいうまでもない。強力な一翼で包囲して、壁に押しつけて殲滅する。古今の戦史を見るかぎり、一翼の強化は戦略・戦術上の鉄則である。

信玄は、別動隊による妻女山奇襲を、単なる奇襲で終わらせるのではなく、その効果を持続させようとした。奇襲後も追うことで心理的に強力な打撃をあたえつづけて、信玄の本隊まで、上杉軍を網で包囲するように追いこもうとしていた。パニックをおこした上杉軍を敗走に追いこみ、追撃しつつ包囲していく。信玄本隊は、別動隊に包囲されて追いこまれる上杉軍を受けとめ、逃れられないようにするための、壁の役割を負っている。そのためには、別動隊の兵数が多ければ

①開戦まえ

②カルタゴ軍左翼騎兵が、ローマ軍右翼騎兵を撃破カルタゴ軍中央前面歩兵はローマ軍歩兵に圧迫されて左右にわれることで、ローマ軍歩兵は凹型にはまりこむ

③カルタゴ軍右翼騎兵もローマ軍左翼騎兵を追いはらい、ローマ軍は包囲される

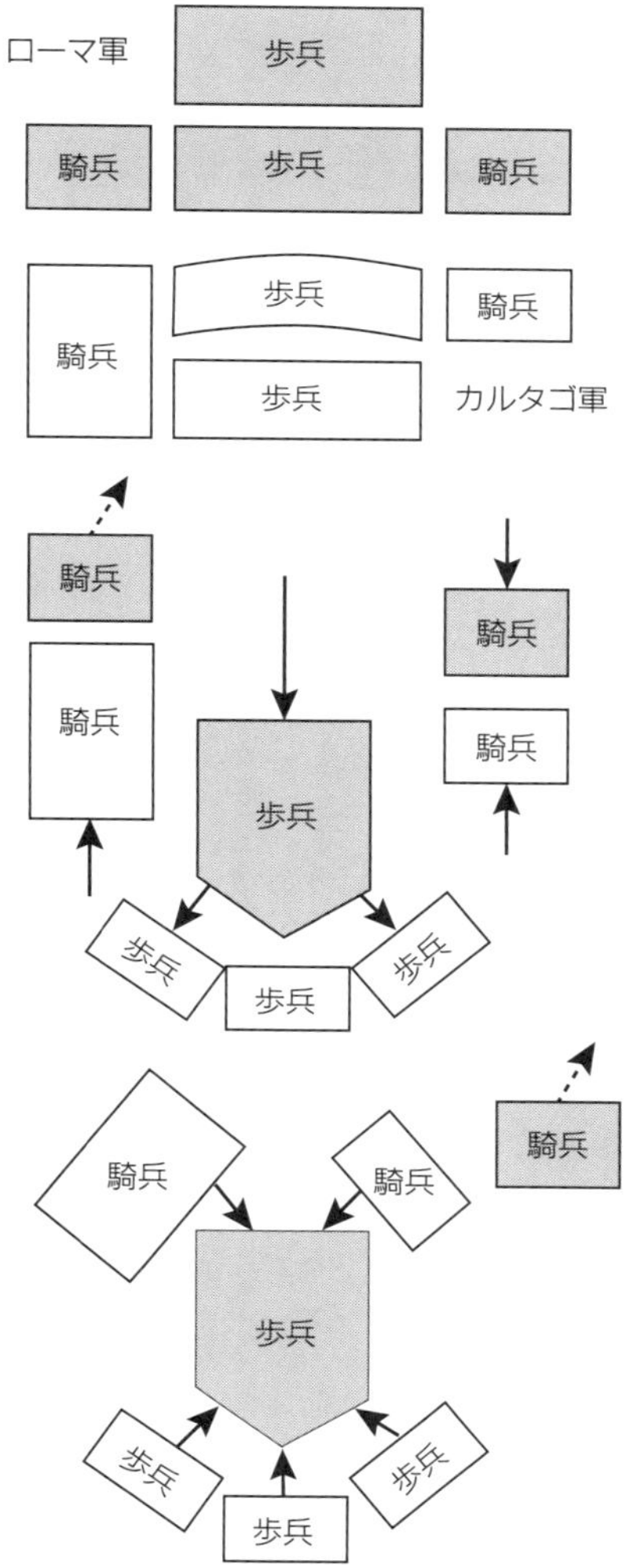

図13　カンネの合戦のモデル化

多いほどよく、可能ならば上杉軍の二倍はほしいところであった。しかし、それでは本隊が手薄になってしまうため、奇襲の効果を持続させて追いこむ算段であった。信玄の作戦は、「啄木鳥作戦」というよりも「旋回運動」であった。

別動隊は大軍であるから、大きく包囲するように妻女山を囲み、霧が晴れると同時に攻めこんで上杉軍を混乱させて、妻女山より追う。包囲する網のいちばん外側に騎馬を集中的に配備して全体の追いこみスピードを等しくするというのが、考えられた作戦であろう。『北越軍談』には、別動隊を「弯月」としたと書かれているが、これは片側のみを包囲して別側に追いたてようとする型であり、信玄の意図が手にとるようにわかる。

あらゆる作戦計画には必ず代案計画を準備すべく、万一、基本計画が敵に妨害されても、ただちに代案をもって当初の目的を達成すべきであったが、殲滅戦を万全にするために別動隊に割かねばならない兵数から、信玄はそうした代替案を出せない状態に追いこまれてしまった。「計画には、若干の代案を用意すべき」「代案をもった弾力性のある計画」を考えられなかったほどに、謙信の術中にはまっていたのである。

別動隊は、信濃衆を主体に高坂弾正（春日虎綱）、飯富虎昌、馬場信春（信房）、小山田昌辰《まさたつ》（昌時。?―一五七九年）、甘利昌忠（清晴）、小山田信有（信重。?―一五六五年）、真田幸隆（幸綱）、相木市兵衛政友（一五一六―六七?年）、芦田信守（幸成。?―一五七五年）、小幡信定（一五四

○―九二年）の一〇人によって構成され、信玄の本隊は武田一族と甲斐衆を中心に武田信繁、武田義信、武田信廉《のぶかど》（一五三二?―八二年）、武田義勝（望月信頼《のぶより》。一五四一―六一年）、穴山信君（梅雪）、飯富昌景《まさかげ》（山県昌景《やまがた》。一五二九―七五年）、内藤昌秀（一五二二―七五年）、諸角虎光（室住虎光）、跡部勝資《かつすけ》（?―一五八二年）、今福善九郎（虎孝《とらたか》。?―一五八二年）、浅利信種（?―一五六九年）、山本菅助（勘助）、室賀信俊（?―一五七五年）となっている。

第三節　武田軍の動き

迂回ルート

『甲越信戦録』によると、別動隊のルートは、海津城から東方に向かい、西条村を通って谷間を東に進み、右手に向きをかえて山道を登り、森の平から大嵐の峯に出、さらに尾根をひとつ越えて倉科村の上から妻女山を攻撃するというものである。『河中嶋古戦場地理記』も同じ説をとっているが、松代藩士・中沢成久（生没年不明）は、このルートでは馬が通れないとして、清野の東方から峯におり、仙人ヶ窪という谷間から妻女山に攻めこんだとみなしている。信州大学ワンダーフォーゲル部が実際に『甲越信戦録』のルートをたどってみたことがあったが、大軍の移動は不可能というのが結論であった。作家の新田次郎氏（一九一二―一九八〇年）は、象山のふちを通って清野から入っていくコースを主張している。別動隊のルートは、謙信が妻女山布陣となす本に出ているもので、『甲陽軍鑑』や『北越軍談』のように西条山攻撃としているものには出ていない。

妻女山への奇襲別動隊の問題のほかに、謙信本隊の八幡原への移動が縦隊で長くなりすぎていて不可能ではないかという疑問もあるかもしれない。前述したように、謙信の善光寺から妻女山への移動にしても、北上した信玄が茶臼山に入るときでも、茶臼山から海津城への移動も同じである。妻女山奇襲への別動隊の存在については、すぐれた郷土史家であった栗岩英治氏が戦前に迂回ルート問題とあわせて検証し、「啄木鳥戦法はなかった」と喝破している。北村建信氏は、一万二〇〇〇人が一列縦隊をとったら、先頭が妻女山付近に到達しても最後尾はまだ海津城から出立していない状態になるから、別動隊が妻女山攻撃にかかれたのは午前八時になったはずであり、別動隊の八幡平到着が遅れた理由はそこにあるとしている。

検証の必要性

ヨーロッパでは、ドイツの軍事史家ハンス・デルブリュック（一八四八―一九二九年）が、紀元前五世紀におきたペルシア戦争の記述について批判している。

デュルブリックによれば、ペルシア軍は四〇〇万人いたといわれているが、当時のドイツ軍の行軍序列は、三万人の一軍団の場合だと段列をのぞいて三マイルになるのだから、これを四〇〇万人にあてはめれば、ペルシア軍の先頭がテルモピレに到着したとき、後尾はチグリス川対岸のスサを出た段階になると述べ、ここからヘロドトス批判にまで議論が発展している。

栗岩英治氏による批判も、縦長行軍の問題である。それは一万数千人が狭い山道を進むことは不可能であるという適切な指摘でもある。栗岩氏の指摘は、諸々の軍記物語に対する批判であり、その観点から見方を修正するためのものとして一定の成果をあげている。

作戦地帯

しかし、この移動ルートを考える際にはふたつの要素がある。ひとつは作戦地帯の行軍であること、もうひとつは霧が発生していたということである。

リデル＝ハートが述べるように、縦隊は道幅によって決定するが、軍隊が移動の際に縦長二列になるのは作戦地帯（戦地）に入るまでである。この点についてはすでに浅野裕吾氏（一九一八―一九八二年）が、上杉軍の移動隊形として戦備行軍という概念を出している。つまり、行軍形態のことで忘れられがちなのは、川中島地帯が「作戦地帯」であり、それにしたがって行軍形態も変化するということである。

本国から作戦地帯手前までは街道などを利用して縦列の細長い形態（たとえば二列縦隊のような）をとり、作戦地帯の入り口に位置する前線基地でこの形態を解く。そこで武器・食料などの補給を得ながら、戦場になりうる作戦地帯に入っていくのが通常の姿である。そこから先は、ある程度の戦備行軍をとるようになる。

例外たりうるのは、山間部などのように通路となる可能性が限定される地域だ。山道のようなかぎられた場所を通過するため、どうしても縦隊になりやすいし、そのために分進などが見られる。

しかし、平野部などでは、わざわざ縦隊で作戦地帯を移動するはずはない。デルブリュックなどが指摘したペルシア戦争の記述上の問題も、作戦地帯の手前までの行軍の問題であった。元クラウゼヴィッツ学会会長の川村康之氏（一九四三―二〇一四年）によれば、前線基地から先の作戦地帯は数十キロ四方にもなる広大な場合もあるそうである。つまり、一〇キロ四方にもみたない「作戦地帯」川中島地方での両軍は、いつ攻撃されるかわからないのだから二列縦隊はとられないと考えていいし、とられても三列縦隊である。妻女山に対する別動隊の問題も、それが山間部を通過したというのであれば、たしかに「不可能」というべきことであるが、霧の発生を考えれば、わざわざ山間部を通るはずはないと思われるのである。

迂回の困難さ

迂回の意義とは、相手の目をくらませることにある。つまり、対峙している相手が正面に注意を集中しているあいだに、気づかれないように一隊が移動して、側面や背後といった、敵が無防備で予期していないところから攻めかかることによって混乱を生じさせ、敵を敗退あるいは壊滅させるという流れである。しかし、「迂回して側面あるいは背後を奇襲する」ことは、ある程度戦慣れした者ならばだれでも考えつく。「迂回して側面あるいは背後を奇襲する」こと自体に価値があるのではなく、気づかれずに相手の側面あるいは背後にまわりこむことが、勝利のポイントなのである。向かいあっている敵もまた「迂回して側面あるいは背後を奇襲する」ことが現状の打破につながることを知っている以上、戦略的にみれば迂回部隊を補足するための伏兵がひそんでいる可能性は高いし、戦場においてはよほどの機動力がなければ成功しない。くり返していえば、「迂回しての奇襲」そのものがすぐれているのではなく、迂回の「機動をいかに巧妙に、かつ機に応じて用うべきか」にかかっているのである。

戦略面における迂回では、「戦略的大機動」が成功の鍵ということとされている。しかし、双方がほぼ同じ装備で、しかも双方が展望のいい状態で監視しあっているなか、いかなる迂回も成功する可能性は低い。実際に川中島地方にいき、妻女山や海津城に立ってみると、戦場全体の視界がいいことに気がつく。妻女山に立てば、茶臼山も雨宮の渡しも海津城もよく展望できる。しかも、各々にある程度の距離があるから駐屯する軍隊の変化は一目瞭然であり、即時対応が可能となる。通常ならば、海津城から別動隊が出ていくようすは、妻女山から監視されていると考えるべきである。妻女山と善光寺—春日山城によって大きく包囲され、時間経過によって身を削られる思いでいた信玄は、完全な監視下にあるがためにいかなる動きもとれないでいたのが現実であった。そこに霧の発生が予測されることになったから、打開策が出てきたのである。

霧の役割

霧は、迂回のような危険をあたえずに、迂回と同じ効果をあたえるものである。霧というカーテンに隠れて気づかれずに相手の背後や側面にまわりこむことが可能になるからである。迂回部隊のルートについても、隊列についても、この観点から考えられるべきことと思われる。霧が発生するまえに出発したとすればある程度迂回したかもしれないが、霧が発生したあとは妻女山まで直進でいけるし、大軍が移動するにも都合がいい。極力平坦な場所を戦備行軍で直進したのではないだろうか。この点から考えて、新田次郎氏の説がもっとも妥当なように思われる。

迂回について、ジョミニは評価しつつも警句を発している。「わが方が機動の間、陣地にある軍の残部を撃破する機会を敵にあたえるような、いかなる大規模な迂回も甚だしく危険であるということは、一般原理として主張されてもよい」。このジョミニの視点は、永禄四年（一五六一年）の川中島で信玄が陥った危機を示すものでもあった。軍を二分しての作戦の危険があきらかにされているからだ。

信玄本隊の位置

信玄の立場で議論されていいのは、なぜ信玄本隊は八幡平（八幡原）に陣どったかということである。別動隊との挟撃をより確実にするつもりならば、妻女山により近づいていたほうがよかったろう。八幡平ではかなり離れており、自動車がなかった時代、移動にはかなり時間をくうことになる。妻女山からかなり離れた八幡原に陣どったということは、浅野裕吾氏が撤退の機会を探るためと推論されていることに説得性をもたせる所以である。

合理的な解釈のひとつは、本隊までもが妻女山に接近して謙信に「旋回運動」を悟られることをおそれたということであろう。当然、謙信は斥候を放っているはずだから、本隊をある程度妻女山から引き離しているほうがいいと考えたのではないか。同時に、もし別動隊が霧の晴れない夜間に奇襲してしまい、妻女山の上杉軍が混乱してとびだしてくれば、霧のなかからの突然の動きに信玄本隊も混乱する可能性はあったということである。霧のなかでの混戦を避けるためには、時間、そして時間をあたえるものとしての距離が必要になる。信玄という慎重なタイプから見て、冒険にふみ切りつつも、それは可能なかぎり手堅さを追求したはずだからである。

では逆に、より妻女山から離れて犀川を渡り、謙信の勢力圏で待機するのはどうであろうか。犀川の対岸なら「川の半渡」を打てるが、それでは殲滅戦にならないし、背後の善光寺の上杉軍の後詰めが気になったのだろう。潰走してくる敵を確実に捕捉するためには、敵の動きを正確に読む必要があった。接近しすぎていれば、すりぬけられる危険もある。遠すぎれば、敵が散兵的に潰走するため、やはりすりぬけられる危険がある。そのため、善光寺に向けて最短距離をとろうとする上杉軍が見える最適位置を望んだにちがいない。

しかし、もし別動隊が敗れたとすれば、たとえ善光寺に向けて上杉軍が移動を開始したとしても、態勢を整えてからの追跡になるため、各個撃破される危険があった。山本勘助は「謙信が勝っても負けても」と述べたとされているが、それはちがう。この戦略が成功するための前提は、あくまで妻女山への奇襲が成功することが必要となっている。着実さと万全の準備、周到さのすべてが謙信殲滅に向けられていたのである。だからこそ、別動隊に大軍が投入された。奇襲を単なる現状打開策にとどめず、確実なかたちでの殲滅戦のレベルにまで高めようとしたことが、失敗を致命的なものにした。信玄の着実さは、結果的に謙信から逆に殲滅戦をうけるかたちで八幡平での大会戦となったのである。そして、双方ともに殲滅戦を望んだことが、史上まれに見る死傷率をもたらしたのである。

なお、一般に信玄は千曲川を背にして布陣したとみなされているが、それでは背水のうえ、撤退する上杉軍に側面をさらすことになる。実際には犀川と妻女山の線上にいたのではなかろうか。

第四節　間接的アプローチ

予測の確認

信玄が川中島内を動きまわるのを、謙信は静観しつづけていた。毘沙門堂のなかで彼は、何手先まで読んでいたのだろうか。織田信長程度ならば数手先で十分であろうが、相手は信玄である。自分が妻女山に布陣したとき、それに対抗して信玄がどう布陣するかを確認することは、信玄のその後の動きを確認することでもあった。

信玄が茶臼山（雨宮の渡しでも）に布陣したとき、謙信は信玄が決戦を望んでいることを確信したはずである。信玄のかまえは必勝の布陣であるから、勝てると思えば決戦にくるはずである。それは、海津城に入ってからも変わっていないはずであった。となれば、たんに妻女山を奇襲して上杉軍を追いはらうだけということはないはずである。必ず殲滅戦にくる。そのときに生きてくるのは、一翼を強化して敵を巻きこむというカンネの原則「旋回運動」である。謙信もまた、教わらなくても旋回運動を知っていたはずである。

信玄が霧の発生を予想して利用しようとしたのに対して、謙信は信玄の奇襲につながることを予測して霧の発生を待っていた。世に「啄木鳥作戦」として知られる旋回運動が霧のなかで始動したとき、謙信は自分が望む戦場への信玄誘致に成功することになる。謙信は、信玄が予想どおりの行動をとるかどうかの最終確認をおこなう。夕刻に海津城にあがった炊煙は、信玄が夜襲をおこなうための準備である。翌日の兵糧ならば、子の刻（午後一一時～午前一時）に炊煙があがるからだ。

謙信動く

『北越軍談』では、謙信は明朝の八幡原で決戦する旨を通達している。『甲越信戦録』では、帰国するからその準備をしておくように通達したとある。敵のスパイをあざむくためでもあるだろう。謙信が妻女山を出立した時間は、『武田三代軍記』では亥の上刻（午後九時）、『北越軍談』では亥の中刻（午後一〇時）、『甲陽軍鑑』では亥の刻末（午後一一時）、『甲越信戦録』では丑の中刻（午前二時）、『上杉年譜』では寅の刻（午前三～五午前時）となっているが、月明かりで武具などが反射してしまうことを警戒しなくてはならないから、月がしずんだ午前一時よりあとの時間、丑の中刻（二時）以降になるはずである。正確にはわからないが、夜半すぎに霧が出ていたというから、謙信も武田別動隊も霧が出るのを待って動きだしたと考えるべきだろう。紙旗を立て、妻女山には一〇〇人の勇士をのこして三五か所でかがり火をたかせ、消えないようにして在陣を偽装した。

謙信が率いるのは、柿崎景家、本庄実乃、色部勝長、五十公野治長《いじみのはるなが》（新発田重家。一五四七―八七年）、山吉豊守、安田長秀（一五一六？―八二？年）、長尾政景、加地春綱（生没年不明）、中条藤資、村上義清、高梨政頼、北条高広、宇佐美定満、荒川長実、志田義時（？―一五六一年）。直江實綱を小荷駄護衛として丹波島付近の犀川北岸を渡らせ、甘粕景持を千曲川沿い東福寺付近にのこした（斎藤朝信の名前をあげている軍記物語も多いが、実際には越中国方面の押さえについており、ここには参加していない）。甘粕隊の人数は一〇〇〇人となっているから、信玄本隊と戦う上杉軍は七〇〇〇人ということになるし、直江隊に割かれた人数がいればさらに少数になったろうが、武田軍にあたえる心理的パニックと自身の用兵能力に絶対の自信がある謙信は、多少の兵力差は挽回可能と考えていた。

なお、直江隊を二〇〇〇人としている軍記物語もあるが、妻女山にいるあいだに兵糧などは相当に消費していたから、直江隊は少数だったはずである。おそらく、直江隊の目的は、謙信が妻女山をおりたことを善光寺の上杉軍に知らせることだったと思われる。信玄本隊を突破した後、犀川をわたる際に、対岸に直江隊から連絡を受けた善光寺駐留部隊が待ちうけて謙信を受け入れるという謙信撤退の布石が、ここで打たれていたとみるべきである。

この後の行動で謙信が注意したのは、第一に信玄に悟られないこと、第二に武田別動隊と霧のなかで遭遇しないことであった。別動隊は、迂回はしないが、それでも妻女山の背後ないし側面から攻撃をしかけるはずだから、謙信から見て右手を進むはずであった。そのため、謙信は左よりの進路をとって進んだ。謙信軍の千曲川渡河地点は、『甲陽軍鑑』では雨宮の渡し、『甲越信戦録』では狗ヶ瀬の渡し、『武田三代軍記』では屋代の渡しと諸説あるが、いずれにせよ大差ない。

予想された戦場へ

八幡原の大激戦を、偶発性がもたらしたものとみなす考えかたもある。多くの戦闘が偶発的におきたことを指摘するヨーロッパのすぐれた戦略理論家たちの結論に反論するには勇気がいるが、信玄・謙信ともに霧が晴れた段階ですでに戦闘隊形をとっていたということは、(時間的には信玄の予測ははずれたが、すくなくとも場所的には)そこでの戦闘を予測していたということであろう。

八幡平に謙信がくるという保証はなく、信玄が八幡平に布陣しているという保証もないのではないと思うかもしれないが、街道沿いに謙信が撤退するのなら予測はつきやすい。信玄が頭のなかでシミュレーションをして布陣位置を決めたように、謙信も頭のなかのシミュレーションで信玄の布陣位置を考え、信玄が到着するよりもまえに、予想される信玄本隊着陣の前面に布陣する。あとは信玄の到着を待つことになる。こうして、信玄自身の意志として、謙信が望んだ戦場に誘

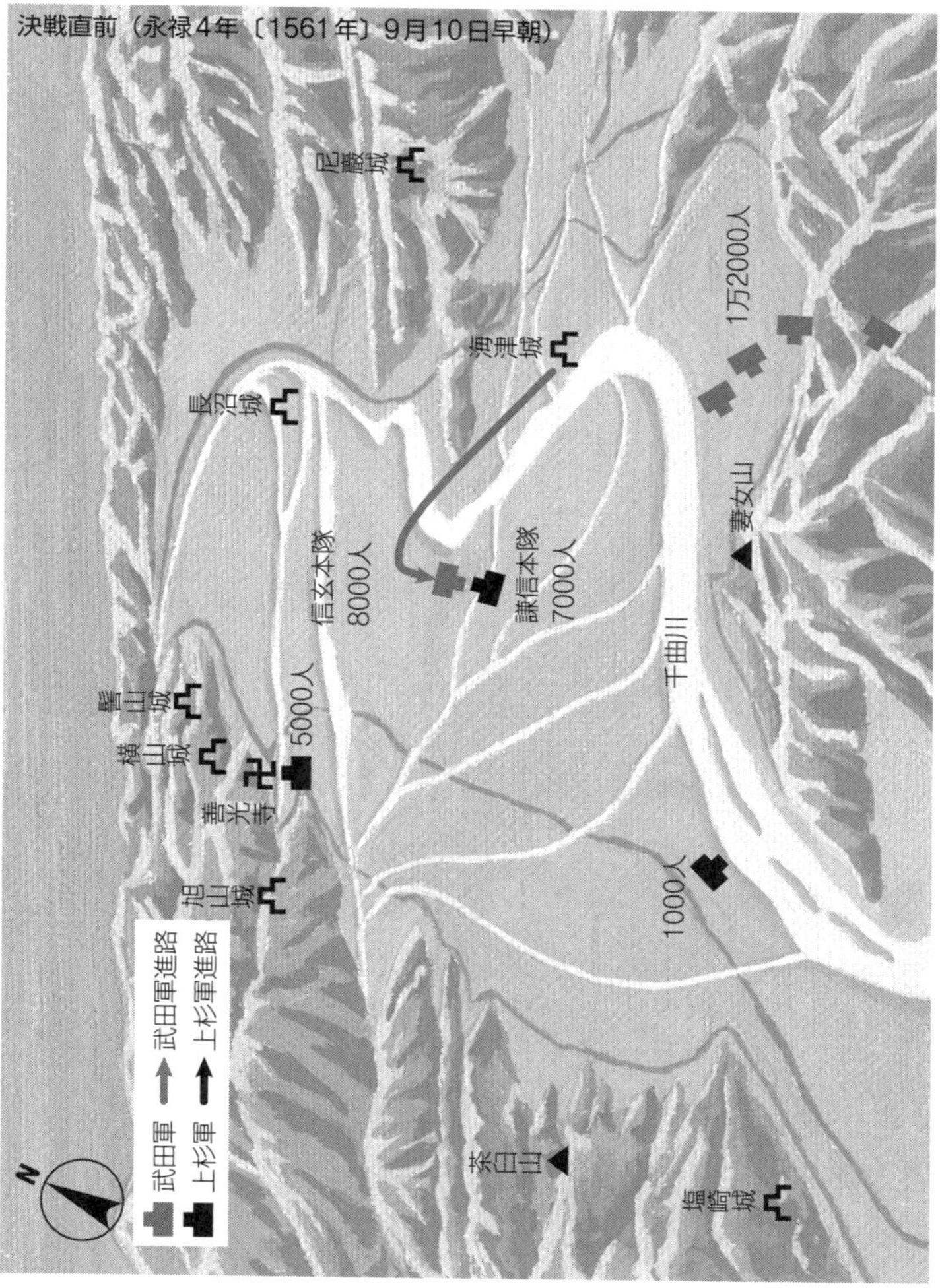

図14　謙信は霧にまぎれて八幡平に移動して待機する。

致せしめたのである。『孫子』のいう「人を致して人に致されず」である。ここまでが謙信にとっての戦略であった。ここからが戦術になる。

開始時間

戦闘開始の時間を見るのに大切なのは、霧が晴れる瞬間である。霧のなかでの開戦は危険なことである。八幡平においては、霧のなかで遭遇したというよりも、霧が晴れかけておたがい相手を認めた段階で開始されたのではないか。謙信の立場では、わざわざ危険を冒して霧のなかで攻撃をかけるよりも、霧のなかから姿を現して心理的動揺をあたえ、なおかつ同士討ちの出ないように正しく指揮する攻撃のほうが効果的だからである。謙信は、突如として姿を現して武田軍にパニックをおこさせることを第一としながらも、あくまで上杉軍がいることを教えるにとどめ、その陣形の全貌を見せぬようにして信玄に誤った対応をさせようとしていたから、霧が完全に晴れるまえに戦闘開始の指示を出したはずである。

『北越軍談』では、霧が晴れたのを辰の刻としているから、午前七〜九時になる。そして、午前一〇時にはほぼ青天となる。一般に、放射冷却が川面より発生させる霧は、日の出とともに薄れていく。川中島合戦がおこなわれた時期は日の出が午前六時まえだから、開戦時間として午前六時でもおかしくはない。『武田三代軍記』では、卯の刻（午前五時）としている。『甲陽軍鑑』どおりに開戦したとすれば午前六時であるから、霧は晴れかかっていた段階で、視界の悪さは若干のこっていたろう。しかし、それでも予期せぬ偶発的開戦でないことは、双方が前進を停止していたことからもわかる。

なお、武田軍であるが、『甲陽軍鑑』では布陣を終えて待機中としているが、『甲越信戦録』では布陣を終えていなかったとされている。合理的に考えれば、「魚鱗の陣」で待機していたのをあわてて「鶴翼の陣」に変えたことを意味しているのだろう。武田軍なら、すばやい態勢変化が可能だったはずだ。分業が未発達だった時代、すぐれた戦略家はすぐれた戦術家でもあった。謙信も信玄も、戦略家であり戦術家である。地図上で示される軍の動きだけでなく、目の前の敵との戦闘指揮にも卓越していた。『続武家閑談』を著した木村高敦（一六八〇？―一七四二年）によれば「三軍の制法よく整ひて、危ふ気なかりしは信玄にして、士卒を重んじ、大将を手足の如く従はせたるは謙信なり」としている。

奇襲と間接的アプローチ

霧が晴れて上杉軍が潰走してくるまで待機しているつもりだった武田軍は、霧のなかから上杉軍が姿を見せはじめたため、かなりの心理的打撃をうけた。これは、実際の戦闘による軍そのものの損失よりも大きい。武田軍のような強力な軍でなければ、戦わずして総崩れになってもおかしくない状態である。

信玄は、圧倒的に不利な状況で決戦を強いられることとなった。不利なのは、兵力や装備ではなく心理的なもの、すなわち武田軍にみなぎった狼狽と敗北感である。サックスは決戦のまえに敵を混乱に陥れることを強調したが、リデル＝ハートなら、さしずめこのときの謙信がもたらした効果を「間接的アプローチ」と呼んだにちがいない。

しかし、さすがに信玄は混乱しながらも、その時点でもっとも大切なことは何かを理解していた。部下は上の人間を見ているから、大将が混乱したら収拾がつかなくなる。信玄は、内心の動揺を悟られないよう冷静を装い、堂々としていた。そして、この段階でいちばん必要だと思われる指示を出す。別動隊はやがて到着する。それまでのあいだ信玄本隊が壁の役割を続けているかぎり、必ず勝つ。だから、武田軍各隊はもち場を堅守せよ――。「不敗」の上に「勝利」をねらう『孫子』的な思考である。

奇襲については、単純に評価する戦略理論家はすくない。クラウゼヴィッツなどは、効果を認めつつも懐疑的である。

「一般に攻撃のとくに有利な点は奇襲にあり、この奇襲が会戦の手始めであるという常規を銘記することはきわめて肝要である。当るべからざる勢いをもってする突然の襲撃こそ、攻撃の最強の威力である。それだからこそ敵の完全な打倒を旨とする場合には、攻撃は奇襲を欠くことができないのである」

奇襲を成功に導くには、うまく戦機に乗じ、迅速な行動で敵に対応のいとまをあたえないことが肝要である。しかし、奇襲の問題はそれ自体の成否にとどまらない。さらに、奇襲が単純な奇襲にとどまっている場合には、戦術的には勝利しても戦略的な勝利にはつながらないという指摘がある。リデル＝ハートが説明するように、単なる奇襲と、間接的アプローチにつながる奇襲は区別しなければならない。

奇襲は奇襲にとどまらず、間接的アプローチになる必要があるとリデル＝ハートは述べる。リデル＝ハートはクラウゼヴィッツ『戦争論』には批判的であるが、クラウゼヴィッツによる「奇襲」のなかには、たぶんに「間接的アプローチ」の要素が見られる。

「戦略における奇襲は、戦術におけるよりも、著しく有効にしてかつ重要な手段といわざるをえない。戦術においては、奇襲が大なる勝利を将来することは滅多にないが、これに反して戦略においては、奇襲が戦争を一挙に終結せしめた例は稀れではない」

では、単なる「奇襲」と「間接的アプローチとなりうる奇襲」とには、どのような差異があるのだろうか。

奇襲によって敵軍が打撃をうけただけでなく、全員が敗北感におおわれ精神的に崩壊した場合が、間接的アプローチとなる。間接的アプローチの原理は太古より本能的に知られていたもので、より具体的に敵の混乱の表現として隊形の乱れに現れる。『火器の誕生とヨーロッパの戦争』のなかでバート・S・ホールは、槍の利用法の変化をとらえた部分で、騎兵が槍を備える目的は「敵の隊形を崩して混乱させ、軽騎兵と歩兵の突破口を作って、あわよくば全軍を壊走させることだった。古典古代からこのかた、まとまった隊形を維持することは、戦闘のなかで協調を保って奮戦するためには絶対必要条件だった」と述べている。

第五節　戦術の段階へ

「魚鱗の陣」から「鶴翼の陣」へ

信玄の狼狽は、陣形の変化に現れてくる。『北越軍談』によると、信玄はあわてて「魚鱗の陣」を「鶴翼の陣」に変更した。「車懸りの陣」に対抗できるとされた「彎月の陣」とは逆の形態が、「鶴翼の陣」である。

「鶴翼の陣」は、広く薄い膜を張るような陣形である。もともと信玄が謙信迎撃のために敷いていたのは「魚鱗の陣」とされる。「魚鱗の陣」は、大軍による少数撃破の陣である。信玄本隊とほぼ同数の上杉妻女軍と戦うのに、あえて「魚鱗の陣」を敷いていたとすれば、それは壊走してくる敵に対するものだったからであり、それを必ず捕捉するには敵の動きを確実に読む必要があったから、妻女山から離れた八幡平に布陣したという「啄木鳥作戦」的な解釈もなりたつ。

しかし、「旋回運動」での壁が信玄本隊の役割だとすれば、「鶴翼の陣」がふさわしい。なぜ信玄は「魚鱗の陣」であったのか、そして「鶴翼の陣」に変化させたのか。これを解く鍵も、「カンネ」にある。「カンネ合戦」で騎兵によって構成された一翼を強化したハンニバルは、歩兵のいる中央部をローマ軍に対して凸型とした。歩兵数でまさるローマ軍は、カルタゴ軍の中央部を突破することを考えて殺到する。このときハンニバルは、中央の凸型を、ローマ軍の攻撃を受けとめつつ凹型に変形させていく。突進したローマ軍はじょじょに凹型のなかに入りこみ、身動きがとれなくなったところを包囲されてしまうのである。

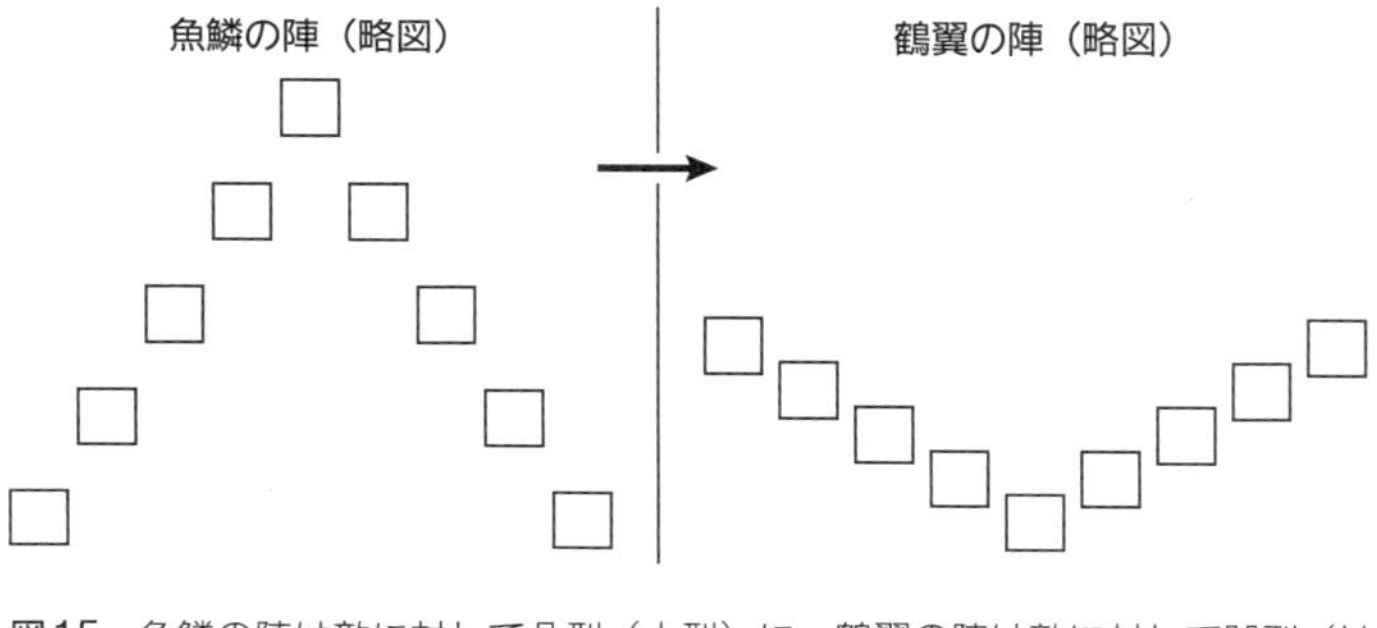

図15　魚鱗の陣は敵に対して凸型（人型）に、鶴翼の陣は敵に対して凹型（V字型）になる。

信玄の「魚鱗の陣」は、ハンニバルが壁の役割をあたえた凸型隊形に近い。壁の役割を重視し、潰走する相手を受けとめたうえで、謙信が入りこんだら身動きがとれないようにしようとしたのだろう。別動隊による包囲追撃がうまくいかない場合は、上杉軍敗残兵を捕捉するという構想もあったからかもしれない。「魚鱗の陣」から「鶴翼の陣」への変化が容易であったのも、陣形の構成要素である各隊の位置を、凸型から凹型に動かしただけだったからだ。最初からその変化を見こんでいたと考えられる。

ではなぜ、信玄は眼前の上杉軍に対して「鶴翼の陣」を選んだのか。みずからが大軍を前提とした「魚鱗の陣」は別動隊がくるまえに崩壊すると見たのかもしれないし、最初から包囲することを主目的として「鶴翼の陣」のほうがいいと考えたのかもしれないが、「鶴翼の陣」は薄い膜を広げるような陣形であるから不利であることに変わりはない。信玄ほどの戦巧者が「鶴翼の陣」を選択したことには、それなりの理由があると考えなければならない。それは、謙信の陣形に対応するものであったはずだ。謙信の陣形は「車懸りの陣」である。『甲越信軍録』によれば、信玄は車懸りは箕手でふせげると述べたとされているが、箕手を鶴翼とみなす説もある。

「車懸りの陣」の解釈

「車懸りの陣」とは、『武田三代軍記』によれば車輪が回転するかのごとく全軍が回転しつつ敵に接近し、戦っては退きをくり返すもので、何回めかに旗本同士を戦わせるものとされている。これでは決戦態勢下における必要数に満たない兵力の逐次投入になってしまい、完全に戦理に反することになる。これに対する批判は江戸時代からあり、『川中島五箇度合戦之次第』では、「車懸りの陣」は「車返し」が誤解されて伝わったものとしている。それによれば、隊を変える方法で、弘治二年（一五五六年）の川中島合戦で隊を先に固めた敵を「車かけ」でむかえ撃って破ったとある。『川中島五戦記』では「車懸といふ隊の変りようありて」としながらも、「川中島合戦」では使われなかったと述べている。

『北越耆談』では永禄四年（一五六一年）の合戦を第五回としながら、『甲陽軍鑑』に登場する「車懸りの陣」を否定している。ただし、家の法に「車懸」というものがあり、それは「敵が戦地に先立ちて、隊を立固め、此方は行懸に押懸けつつ、隊を立てんとする処を、敵は待うけて、此方備を立つる変を打たんと工む節に、此方の懸け様車懸といふ行にて懸れば、其功にて、備を立つる変を、敵が打たんと懸るが、却つて此方の大利になりて、遂に勝利を得る秘術」と説明されている。永禄四年の合戦には使用されていないが、実際の永禄四年の合戦に近いかたちで、弘治二年の合戦で車返を使って武田軍を包み討ちとったのが誤り伝えられたのではとも書かれている。それによると武田別動隊が、武田本隊と激戦を展開していた謙信軍を攻撃すると、謙信軍は撤退を開始し、それを追撃しようとしたら謙信軍が大まわりに引き返して逆襲したとしている。これが「車返」であるとされている。実際の第二次川中島合戦での謙信の行動に近い。

『上杉三代日記』のなかの「上杉謙信日記」でも、「上杉流の車返し、三行先よりくるりと引廻す」と出ている。

『古今兵革異論』に出ている「一ノ谷合戦」で使われたという「車懸」は、『甲陽軍鑑』が述べているかたちに近いが、決戦体制下での兵力の逐次投入という愚策になっている。

永禄四年の合戦が『甲陽軍鑑』とほぼ同じかたちで推移したと書いている『川中島合戦評判』では、車懸については批判的で、「衆を分つて二隊とし、互に進んで至るときは、幾巳して、必ず我が麾下を以て、彼れが麾下に相迫り撃つ」は兵を知らぬ者の言とし、古法でなくこの戦いではじめて使われたものともしている。

『春日山日記』では、日記中に見られるものとして車懸が図示されているが、二列縦隊で縦深突破の形態をしている。

浅野裕吾氏によると、「車懸りの陣」の合理的な解釈は三種あるとされる。①本隊のまわりにいくつかの触覚を出しておいて敵陣の方角に進み、敵の攻撃力をはかる「威力偵察」、②敵との近接状況下で至厳な警戒のもとに前進する「戦備行軍」、③縦二列の部隊が敵の部隊と交戦して、敵の皮を一枚一枚はぐようにつぶしながら後続部隊と交代つつ敵の陣地を突破していく「縦深陣地突破」――である。浅野氏は、霧のなかの行軍だったことに注目して、「戦備行軍」の可能性が高いと指摘している。「縦深陣地突破」については、前述した『川中島合戦評判』『春日山日記』のほか、『甲越軍記』の記述もそれに近いものとなっている。

「丸備」

「車懸りの陣」解析の鍵となるのはどのようなものになるかというと、「丸」にかかわる陣形が該当しそうである。というのも、諸軍記物語にはしばしば謙信が使った「丸備」なるものが登場するが、これは「円陣」のことである。この「丸」や「円」は「車輪」を連想させる。『甲陽軍鑑』にも、天文一六年（一五四七年）の「海野平合戦」に謙信が「丸備」をつくり「旗本を以て旗本に廻はりて懸かる所存」とあり、旗本同士の戦いが「丸備」によってなされたという記述がある。ほかにも、『甲陽軍鑑』のなかには謙信流丸備（円陣）の記述が載っている。「丸備」については、『謙信記』でも天文二二年（一五五三年）のこととしながらも「四十九備。一手の様に九備」の「丸備」が出ている。さらに『謙信記』では、攻撃のときならず撤退に際しても「總軍勢を即時引き上げて、丸備にして引退き」と書かれ、「車返し」とは「後備より先備迄、くるりと立備へ、大返し」と書かれている。

それ以外に諸軍記物語に登場する「丸備」や「車懸り」の記述をあげてみる。

『北越軍談』によると、「車懸り・片車・双車究竟の秘訣」として、謙信は十二備えに列を組み、大長蛇の備えで双車の各隊が、信玄軍の各隊に突撃するように書かれている。ただ「車懸り」と「丸備」とを別個のものとしてあつかい、「車懸り」を「一隊伐の合戦」と呼び『甲陽軍鑑』同様に一隊一隊が敵の各隊に挑みかかる戦法としているのに対し、「丸備」を「獅振竜九一の格」と呼んで区別し、「越軍一万余正丸に備え」とあるように円陣を示している。『北越軍談』にはほかに「大長蛇車返し」という名前も登場しており、「転々と旋回し、一同に返し合て、信州方の敵兵を中に取籠め」とあるが、これだと包囲戦術のようである。

『川中島五箇度合戦之次第』には、天文二二年の第一次会戦のこととして、上杉軍の各大将を「七手にて四十九備手様に組み丸隊に作り」と書かれている。同じ『河中島五箇度合戦記』には弘治二年（一五五六年）の合戦のこととて「鶴翼の陣」としながらも「丸い月の形に十二行」という記述が登場している。

『上杉輝虎註進状』の記述も興味ぶかい。そこでは朝霧のふかさが記され、一万の兵を丸備にして進む上杉軍が描かれているからである。

『上杉年譜』にも天文二二年一一月一九日に川中島合戦が開始されたことが書かれているのだが、そこには「先陣左右ノ備ヲ四十七手ヲ一手ニ組合セ、圓陣ニ備ヘ、同二十八日辰ノ下刻我兵士ヨリ一戦ヲ始メ、七手ノ備ヲ四十九手ニ変化」という円陣の記述とともに、弘治三年（一五五七年）の戦いのこととして「車返」に近い内容が書かれている。同じ『上杉年譜』には永禄四年（一五六一年）の合戦で武田義信に対して加地安芸守（春綱）、竹俣三河守（慶綱《よしつな》。一五二四―八二年）、安田治部少輔（有重。？―一五九三年）、荒川伊豆守、水原壱岐守（隆家。生没年不明）ら「五将ハ一万三千ノ勢ヲ車備ニシ」攻めかかったという記述がある。

「車懸りの陣」は「薬師十二神将（薬師如来および薬師経を信仰する者を守護するとされる一二体の武神）」に由来するとか、諸葛孔明（一八一―二三四年）の「車輪陣」に由来するといわれることもあるが、『諸葛亮集』には登場していない。ただ八陣のなかには円陣が出ている。また『孫臏兵法』には「十陣」の記述があり、ここでも円陣が述べられている。『百戦奇略』にも「受戦」として包囲されてもず円陣を組んで敵の攻撃を防ぎ、外に向かい、敵の包囲をうけるべきだとしている。

円陣の威力

ジョミニは一二種類の戦闘隊形を述べているが、完全な円陣は出ていない。しかし、半円の隊形がふたつ登場している。そのうちのひとつ凸型には三つの特徴があるとされているが、うちふたつの特徴が今回の合戦に関連しているように見える。もし、謙信が円陣のまま中央突破をおこない、追撃を防御しつつ渡河するとすれば、「通過さるべき河川を背後にして防御戦闘を行うとき」「凹型隊形をとる敵に対抗するため」というふたつの目的に合致している。信玄の「鶴翼の陣」は謙信軍を受けとめて包囲する凹型隊形に近い。つまり、謙信軍を受けとめつつつつみ囲み、謙信軍の後方から到着する予定の別動隊によって完全な包囲にもちこもうとしていた。また、謙信は敵中突破を果たした後には渡河して撤収することになっていた。

「鶴翼の陣」に近い型の凹型隊形の欠点を、ジョミニはこう述べている。

「もしこの隊形が、戦闘開始に先だってとられているということにでもなれば、敵はわが中央部に向かう代わりに、翼を攻撃することになろう。そうなればわが翼はその端末を暴露し、側面攻撃をうけるのと何等異ならぬ状態に陥ってしまう。したがって、この隊形は凸型隊形をとっている敵に対する場合を除いては、これまでほとんど用いられたことがない」

霧のなかでじょじょに姿を現しだした上杉軍。その前面に展開した部分は「魚鱗」や「鋒矢」のように中央部が突き出た凸型に見えたのかも知れない。だから、受けとめやすい、凹型に近い「鶴翼」の隊形をとったのだろう。後方の半円はまだ霧に隠れていたのではないか。こうしたことから逆算して考えると、上杉軍の前方部を見て「鶴翼」に変化した武田軍が、上杉軍の全貌を知って再び陣形を変えないように、霧が晴れだした午前六時ごろに謙信が攻撃をしかけたという『甲陽軍鑑』の記述は、妥当といえよう。

北村建信氏は、第一線右翼にあった両角・内藤隊を神明と田牧のあいだに前進させて上杉軍を包囲するかたちとしたと考えている。謙信は、単純な中央突破のように見せかけて信玄にその対応をさせ、翼先端を攻撃した。翼先端方向に兵力を移動させて中央部を薄くし、そのうえで中央突破しようとしていたのだ。翼先端への攻撃は謙信の罠であった。いみじくもジョミニは敵兵力が「広正面にわたっている場合には、決勝点はその中央部にある」と述べているが、戦略にいえることが戦術にもあてはまったのかもしれない。中央への強力な攻撃による敵の壊滅である。

円陣の特徴は、部隊を結集するものである。最初から中央部に集中攻撃を加えんとする縦隊や「鋒矢の陣」とはことなる。霧のなかで円陣の半分を見て単純な中央突破の凸型と考えたら「鶴翼の陣」が適切となる。しかし、隠れている後方の半円部分から適時各隊が要部分に投入されてくると事態は一変する。翼先端が打撃をうければ中央部が手薄になってくる。これは、攻撃する側が適宜、各部隊の攻守を変化させなければできない。

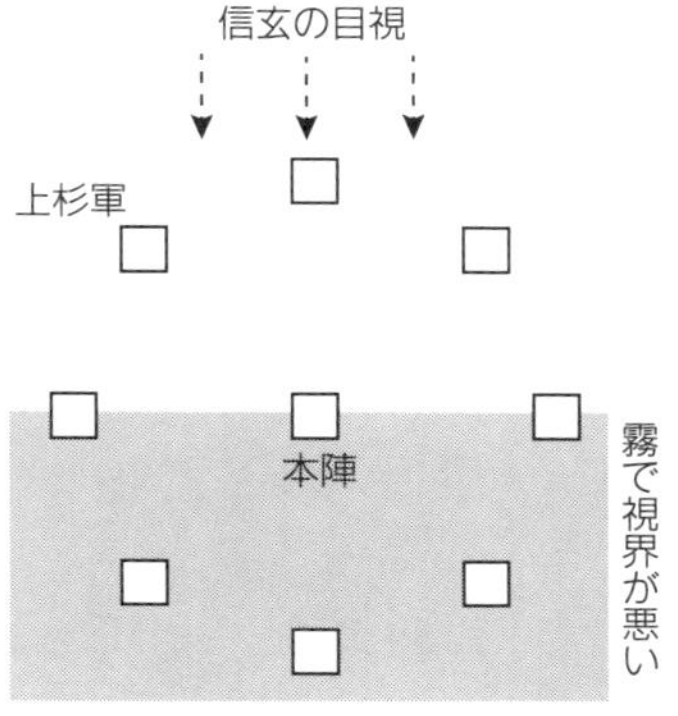

図16　上杉軍の後部分は、前にいる兵隊と霧に隠れて、信玄からは見えていなかった。

攻守一体

「丸備」と「攻守一体」の整合性については、「攻守が交互に変化すること」が「攻守一体」と考えるとわかりやすい。通常、陣形というものはいくつかの役割分担によってひとつの型をつくりあげている。つまり、先手備、中備、旗本備、殿備というかたちで役割があり、これが前から配置されて攻撃担当と防御担当が明確にわかれているのであるが、各隊の役割分担を決めておかず、全軍が戦場の動きにともないときには攻撃となり、あるいは防御となるとすれば円形に近い形となる。円は全体に同等の弾力をもち、部分単位での強弱の差がないからである。

結論をいうと、「車懸りの陣」とは交差法としての効力を有する「円陣」のことだと推定できる。丸備えのことばどおりに、本陣を中心部に置き、その周囲に各部隊を円形に配置し、攻撃と防御を部隊単位にふりわけることなく、各隊とも攻守一体とし、必要に応じて斜め上、あるいは斜め下に移動する。単なる前進・後退よりも、前の隊のあとを埋めるように斜めに移動するだけだから、各隊の移動距離は短く、全体

車懸りの陣（略図）

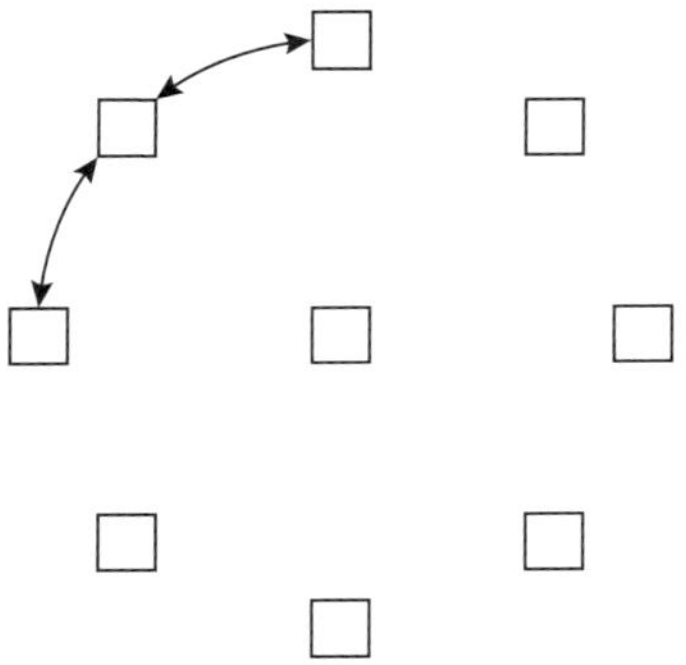

図17　敵と接触した部隊が先陣となり、その後に各隊は最小の移動で攻撃、防御の必要な場所に次々と移動できる。

としては回転しているように見え、謙信の本陣が第二陣という説明もできる。

謙信は円の中心にあって適宜各隊を移動させる。必要にしたがい、ときには敵の弱い部分を集中的に攻撃し、ときには不利な味方の救援をおこなわせる。移動距離的には最短の動きですんでいる。浅野祐吾氏による「威力偵察」「戦備行軍」ともに円形をしている。たんに状況に応じてというよりも、相手の動きそのものを予測しつつ軍を流動的に運用し、ときには全軍が攻撃して、武田別動隊がはやめに到着したときには、謙信は「受戦」の立場で包囲に対応することになる。

「攻守一体」である円陣は、夜間の霧中行軍を可能にし、いざ対戦となったら相手を切り崩せる部分に後方の半円を投入可能となるのだ。この永禄四年（一五六一年）の川中島合戦にかぎらず、謙信は円陣を好んで使用している。しかし、攻守一体となった円陣の使用は一般には困難であり、謙信のような真の軍事的天才のみが可能な戦法であったために、机上の兵学として「車懸りの陣」は存在を疑われたのであろう。謙信のみが使用できる陣形は、ほかに実証のしようもない。人間というものは自分以下の人間の能力の判定は可能だが、自分以上の人間の能力の判定はできない。「車懸」は、謙信を上まわる軍事的天才が現れて検証するときがくるまで、完全に理解され、正しく評価されることはないのかもしれない。

第六節　中央突破と一騎打ち

上杉軍八〇〇〇

このときの謙信の兵力は、『甲越信戦録』では八〇〇〇人とされている。一万三〇〇〇人中、善光寺に置いた五〇〇〇人を引いた数である。『川中島合戦伝記』では一万三〇〇〇人から人足を引いた八〇〇〇人が攻撃に加わったとし、『甲陽軍鑑』では一万人とされている。甘粕隊が抜けているから、信玄本隊に襲いかかったのは八〇〇〇人を切っていたと考えられる。おそらく、信玄本隊の兵数のほうが若干勝っていたはずである。

謙信は、大軍である必要はないと考えている。それよりも、機動力と突撃力、臨機応変な隊形の変化こそが勝敗をわかつと考えているからだ。『北越軍談』巻一一には、謙信軍の備定は、「木火土金水の五行の陣、天地風水竜虎鳥蛇の八陣を本として組み出し、七々四九備、旗本合て五〇備、七隊一手、一隊七手、是を大手組と号す」とあり、「戦兵早晩とても都合八千の着到たり」とされている。謙信が指揮する適正人数は「定式の八千」と、通常指揮するのが八〇〇〇人であるとされている。

信玄本隊は、心理的混乱から冷静な対応ができなくなっていた。信玄からして陣形を「鶴翼の陣」に変えてしまったのである（「魚鱗の陣」のままでは、これもまた問題があったのだが）。

信玄の判断はすばやかったが、はやすぎた。上杉軍の全貌を把握しないままに変化させたのだ。もっとも、上杉軍の攻撃がはじまろうとしていたときだから、待ってもいられなかったのだろう。

いずれにせよ、謙信は戦うまえから勝利していた。通常の相手ならば、第一撃で全軍崩壊したかもしれない。リデル＝ハートは、「ファランクス」は隊形が支離滅裂になったときに敗北するとみなした。ファランクスというのは、古代ギリシア軍が単位とした密集部隊である。信玄もそれをおそれていたが、まさにそうなった。

戦いは一方的なものではあったが、武田軍の頑強さとともに信玄のしたたかさが、総崩れを防いでいた。信玄の本隊が壁の役割さえ維持しつづけられれば、結果的に別動隊の動きが旋回運動となり、殲滅戦が演じられるはず。そのためにひたすらもちこたえさせることに、信玄の全精力は傾注されていた。

推測だが、この開戦段階では、上杉軍には飛び道具があまりなかったはずだ。川を天然の堀として別動隊を食いとめる役の甘粕隊に、弓、鉄砲などをわたしていたからである。いっぽう、武田軍には騎馬がすくなかったと思われる。壁の役割をもった本隊は歩兵中心でも支障がなく、そのぶんの騎馬を、機動力と打撃力がもとめられる旋回運動をおこなう別動隊に割いていたからである。

両軍の配置

『川中島五箇度合戦之次第』をもとにすると、上杉軍は西条山のもとに村上義清、高梨摂津守（政盛）、井上兵庫介清政（生没年不明）、島津左京入道月下斎（忠直）の五隊をのこし、本庄越前守繁長、新発田尾張守長敦、色部《いろべ》修理亮長実（一五五三―九二年）、鮎川摂津守（清長。生没年不明）、下条薩摩守（実頼《さねより》。生没年不明）、大川駿河守ら二〇〇〇人を千曲川の端で備えさせ、本隊の謙信の左の先手は柿崎和泉守（景家）、右の先手は斎藤下野守朝長朝信？（生没年不明）と長尾政景、二の手は北条丹後守長国（景広）、右の備えは本庄越前守慶秀、左の脇備えは長尾遠江守藤景、右の脇備えは山吉孫次郎親章（豊守か？）を配置した。中心は謙信の旗本、後備えは中条梅披斎（藤資）、さらに遊軍として宇佐美駿河守定行（定満か？）、唐崎孫次郎吉俊（生没年不明）、鉄孫太郎安清（生没年不明）、大貫五郎兵衛時泰（生没年不明）、柏崎弥七郎時貴（生没年不明）、直江大和守実綱が引きさがりひかえたとある。

武田軍の各隊の位置は、『甲陽軍鑑』と『北越軍談』では、中央が飯富昌景、左翼に武田信繁、穴山信君、右翼に内藤昌秀、左の旗本脇備えに原隼人佐（昌胤《まさたね》。一五三一？―七五年）、武田信廉、右の旗本脇備えに武田義信などが一致しているが、『甲陽軍鑑』では、諸角虎光は右翼、『北越軍談』では後備えとなっている。

信玄本隊が一二隊によって構成されていたというのは、どの軍記物語もほぼ一致している。しかし、上杉軍のどの隊が武田軍のどの隊に向かったかについては、一致していない。

戦闘の推移

上杉軍の先鋒は柿崎景家で、これは共通している。『甲越信戦録』によれば、柿崎景家隊は武田信繁隊に突撃したとされる。

しかし、『甲陽軍鑑』『川中島五箇度合戦之次第』『武田三代軍記』では、柿崎景家隊は飯富昌景隊、内藤昌豊（昌秀）隊に向かったとされ、弓や鉄砲で応戦した飯富隊が押し返したとある。これに対してこんどは上杉軍の色部勝長隊が横やりを入れたため、飯富隊が退く。『北越軍談』によれば、信繁隊に向かったのは村上義清隊となっている。武田軍の飯富昌景隊と穴山隊が、上杉軍の柿崎景家隊と新発田隊を押し返したが、上杉軍の色部勝長隊が横やりを入れたため再び押し返すとあり、この部分は『甲陽軍鑑』『川中島五箇度合戦之次第』『武田三代軍記』に近い。

円中心部の二陣にいる謙信からの指示が的確ではやいうえ円上での移動のため、上杉軍は各隊の入れ替わりも迅速である。

武田軍の抵抗も必死で、『甲陽軍鑑』によれば武田軍左翼の穴山隊が新発田隊を押し返したりもしたが、武田軍右翼の内藤昌豊隊が崩れ、上杉軍の本庄慶秀隊、長尾藤蔭隊、北条丹後（景広）隊などが武田軍を切り崩していった。

ジョミニもナポレオンも、各隊をつなぐ結節点について述べている。結節点はもろく、切り崩す点になるということである。これがどこになるか、戦術指揮では、戦いの渦中にあっても軍の様相を見て弱点を見抜く力が要求される。

『甲越信戦録』では、上杉軍の猛攻に中央の信玄本陣が危ういとみた武田典厩信繁隊が信玄の前面をふさぐかたちで立ちふさがり、さらに内藤修理太夫（昌秀）、望月甚八郎らが信繁隊の前面をふさいで、ひたすら本陣の防御を固めた。しかし、上杉軍の宇佐美隊が信繁隊を撃破し、中沢付近でついに信繁を討ちとった。武田軍の両角隊は、上杉軍の新発田隊、新津隊、松川隊と激戦をくり広げていたが、塔之越付近で両角豊後守が討ち死にする。山本勘助は上杉軍の北条隊、本庄隊を相手に戦っていたが、柿崎隊の猛攻をうけて泥木明神付近で戦死する。

しかし『北越軍談』では、武田信繁を討ちとったのは村上義清隊とされている。『北越軍談』によれば、上杉軍の長尾政勝隊が武田軍の諸角（両角）豊後隊、内藤隊を蹴散らし、上杉軍の柿崎隊が武田軍の飯富隊、山本隊を、上杉軍の新発田隊が武田軍の穴山隊を切り崩すとある。さらに水原壱岐守（隆家）と渡辺越中守が攻めこみ、ついに長尾遠江守隊と宇佐美隊が信玄本陣に突入して旗本勢と戦い、信玄の長男・義信隊との戦闘に入る。

義信の活躍はいくつかの軍記物語で語られている。『甲越信戦録』によれば、信玄が危ういとみた義信が前面に出て奮戦したところ、上杉軍の村上義清隊や柏崎日向守隊が攻めかかってきたため義信は傷を二か所にうけ、義信を救わんとした初鹿野源五郎（忠次《ただつぐ》。一五三三―六一年）が戦死している。

壁化する信玄本隊

とにかく戦闘の推移はわかりにくく、各部隊の配置も軍記物語によってことなった記述がなされているので、ここでは軍記物語の内容を理論で補完する。

「鶴翼の陣」は壁の役割を負うものであった。しかし、謙信軍の円陣は鶴翼の陣に対して有効である。謙信軍に対して信玄は、薄い膜をはったかたちとなった。

謙信のねらいは敵本陣への攻撃であるが、最初から中央に攻撃を集中すれば、武田軍の両翼に包囲されてしまう。実際に諸軍記物語を概観すると、共通しているのは、謙信が武田軍両翼のうち、まず弱いほうの翼を崩して、そこからほころびを広げるように攻めつづけ、両翼を壊してから薄い中央部に兵力を集中しているような記述である。

たぶんに推測をいれて戦闘をおおまかにみると、次のようになる。

まず、上杉軍は武田軍の翼先端を攻撃した。ここが崩れると包囲されてしまうため、武田軍は翼先端に兵を投入する。すると謙信は、それによって手薄になった部分に攻撃をおこない、それを救援するためにそこへも武田軍の兵は移動する。こうして、武田軍の中央部はだんだんと薄くなっていく。そして、謙信は兵がすくなくなった武田軍の中央部に全兵力を投入して、武田本隊の壊滅と信玄の首級、そして撤退経路を獲得しようとする。

アメリカの軍人であり戦略研究家であったアルフレッド・セイヤー・マハン（一八四〇―一九一四年）は次のように述べている。「地形の状況之を不利とする場合の外、鶴翼に対する場合は、攻撃點を敵の翼端に選定するを例とす。惟ふに両翼間の距離は、中央と一翼との距離よりも大なるが故に、両翼互いに赴援するは其の中央を救うよりも困難なるを以てなるべし」。

信玄に「鶴翼の陣」をとらせたという謙信最後の罠が、戦局をさらに有利に導かせた。ジョミニが指摘するように、翼先端が崩壊するとそこからほころび、また攻撃する側としては翼を大きく包囲するかたちもとれるようになる。それが「鶴翼の陣」をとっている全軍崩壊につながるために、翼先端の強化が必要となり、マハンが指摘するように中央部から両翼先端に兵が移動する。こうして中央が薄くなっていく。するとこんどは、上杉軍の攻撃が武田軍中央部に集中したということなのだろう。

翼先端からつき崩していけば、謙信は確実に勝つことができる。ましてや、相手はパニックをおこしているのだから。しかし、着実に敵を殲滅するための余裕が、謙信にはない。武田別動隊が到着するまえに勝敗を決して撤退しなければならないからだ。そのため、中央突破に移行していく。

いっぽう、武田軍は全体として薄い膜のような布陣だったため、両翼が破れて上杉軍による切り崩しが強まっていく。当初、信玄は上杉軍を受けとめるために持ち場死守を命じていた。しかし、「鶴翼の陣」にした失策のために崩壊する翼先端の補強につとめ、それが最終的には薄く広がる中心部にひたすら兵を集め、何重にも壁をつくろうとしたようである。信玄は、勝利するというのではなく、まずは不敗ということでわが身を守ろうという立場になっていった。それが、中央突破をくいとめる壁にもなっている。そのため、兵力を中心部に集めつつあった謙信が信玄に直戦を挑むかたちになっていった。

戦闘は、両軍の旗本どうしが争うという信じられないレベルの戦いになっていた。一般に、旗本が戦うのは、勝利の瞬間の追撃か、敗軍で大将の身が危うくなったときだけである。戦闘状況の推移から見て、上杉軍にとっては最後の勝利の瞬間であり、武田軍にとっては信玄の身が危うくなってきたともとれるが、それでも旗本同士が直接戦うというのは信じられないほどはげしい事態ということになる。謙信が「車懸」を使ったために、全員が戦闘に参加しているのである。

信玄は、この期におよんでも動じない。大将がとり乱しては全軍の指揮にかかわるからである。軍隊の維持には何が必要か、みずからの役割をよく心得ていた。しかし、武田軍一二隊のうちかろうじて隊を維持しているのは飯富隊と穴山隊と信玄の旗本だけで、一二段のうち九段まで打ち破られた。飯富隊と穴山隊も、押しまくられて後退している。通常、このような壊滅に近い状態になりながら軍隊が戦場にとどまりつづけて戦闘をおこなっていることはありえない。とうの昔に潰走していたろう。すくなくとも戦場から撤退ぐらいはしているはずである。異常事態といってもいいだろう。

武田軍本隊をその場にとどめられさえすれば別動隊到着段階で壁の役割を果たすことができるため、信玄はもちこたえさせようとしていた。最終的には謙信を殲滅する気だったのだ。加えて、ひとたび敗走したら全軍が追撃されて全滅しかねない。運よく逃げ切っても、「芝をふんでいない」ということで敗北のイメージが強まる。そうしたことからか、武田軍はもち場の死守に徹していた。「上田原合戦」のときも敗れてなお戦場にふみとどまっていたのと似ている。上杉軍の精強さは天下に鳴りひびいているが、武田軍の頑強さも比類ない。通常の軍ならばとうの昔に潰走する状況のなか、軍を維持して抵抗している。「三方原合戦」で頑強とされた徳川軍が二時間で潰走したことを考えると、武田軍の頑強さは別格である。

上杉軍の攻めかたも異常である。抵抗する武田軍を全滅させるように、はげしく、しかも真っ正面から攻めつづけている。謙信が武田軍を殲滅させつつ中央突破しようとしているのがあきらかになっていた。だから、敵が入れ替わりに立ちふさがると、その都度各隊が新手となって崩すということを、信玄本陣の眼前でくり返し、ついには旗本を率いての敵中心部への突入となっていくのだ。あくまでも壁のように立ちふさがる武田軍を蹂躙しないかぎり、上杉軍は撤退できない。まさに「死地」に入っているから上杉軍も必死である。

先に紹介した「車懸」の記述（266ページ参照）として、二列縦隊の上杉軍各隊が敵の部隊と交戦し、敵の皮を一枚一枚はぐようにつぶしながら、後続部隊と交代するような内容もあったが、最終局面の本隊どうしの交戦は、それに近いのかもしれない。

一騎打ちと中央突破

謙信みずからが信玄に一騎打ちを挑んだのは、まさにこの瞬間である。これが、信玄から謙信に一騎打ちを挑んだというのであれば即時否定できる。そもそも、信玄ならば妻女山布陣のような思いきったこともしなかったろう。しかし、謙信がおこなったとすれば、それはしごく当然のことである。謙信にはそれを裏づける前例がいくつもあった。

『関八州古戦録』や『名将言行録』に載っている話であるが、永禄三年（一五六〇年）一月に北条氏政が三万の軍勢で佐野周防守昌綱がこもる下野国の唐沢山城を包囲した。二月一九日に八〇〇〇人を率いて救援に向かった謙信は、敵中突破によって城に入ることを決意し、黒い木綿の道服に白綾の鉢巻といういでたちで、黒馬に金覆輪の鞍を置いて十文字槍をたずさえて出撃し、城の南口から敵の真っただ中を真一文字に駆けぬけて入城したという。『佐野記』にも、永禄二年（一五五九年）のこととしているが、わずか二三騎で三万五〇〇〇人の小田原北条軍をつっ切って謙信が入城したことが出ている。

『名将言行録』そして『松隣夜話』には、永禄四年（一九六一年）の小田原城攻めの際に、謙信が小田原城の蓮池の端に出かけて馬を繋ぎ、小田原城兵の眼前で昼の弁当を食べたという話が載っている。討ちとる機会ということで、城兵は一〇挺の鉄砲隊で二度撃ちかけた。弾丸は謙信の鎧の袖を撃ち抜いたものの、体にあたることはなく、謙信は悠々と茶を三杯飲みほしたという。

旗本同士の接戦まではじまっているのに、こうした前歴をもっている謙信が一騎打ちもせずに引きあげたとすれば、それこそ異常である。この場面としては、紺糸の鎧の上に萌黄緞子の胴肩衣、金の星兜の上より白練りの絹で顔を行人包として、三尺一寸の小豆長光（兼光ともいう）太刀をもち放生月毛にまたがった謙信が、黒糸の鎧の上から緋の衣の袖を肩にかけ、黄金造りの武田菱・諏訪法性唐獅子の兜をかぶり軍配団扇をもって床几に腰かけた信玄に斬りかかる図が錦絵などで描かれている。

もちろん、あったという確実な証拠はないが、否定する証拠もない。そして否定論の多くは信玄の側からの視点にかたよっている。たとえば、数個師団相当の軍隊の戦いで大将同士の一騎打ちなどありえないというのは、主として信玄の思想を基本にした常識論にすぎない。戦国時代には、信玄をのぞけば大将みずからが太刀をふるうことがしばしば見られ、北条氏康のように「氏康傷」の逸話までもっている者すらいる。謙信がみずから信玄に斬りかかって傷を負わせたからこそ、上野国厩橋にいた前関白・近衛前嗣からの書状にあるように「自身太刀討に及ばる段、比類なき次第、天下の名誉に候」という表現になったのである。しかも信玄には、この合戦で負傷してひそかに傷を治していたという事実があるらしい。また、勝利を喧伝したわりに、信玄はこの合戦について一種の戒厳令を敷き、いっさいの口外を禁じているが、これはよほど知られたくない事実があったからである。考えられるのは、敗戦とみずからが負った不名誉なできごとであり、「上田原合戦」での敗戦のときに見られたのと同じような状況であった。

なお、『上杉家御年譜』では、信玄に斬りつけたのが「荒川伊豆守」という人物であったとされているが、荒川伊豆守は謎の人物で、『上杉家御年譜』の戦死者のなかに名も見あたらない。おそらく、「大坂夏の陣」にみられたような激戦のなかでも大将は本陣で微動だにしないという上杉家の軍法の視点から、謙信みずからが信玄に斬りつけたことを否定するために、上杉家が荒川保の豪族・荒川氏に託して設定したと推測できる。

謙信が本陣から移動し、信玄の本陣まで蹂躙したということは、中央突破がほぼ成功して上杉軍は撤退段階に入っていたことを意味する。開戦以来、ほぼ遊軍と化していた武田別動隊が、この段階で到着した。敵をパニック状態に陥れたら霧が完全に晴れるまもなく戦闘を開始した謙信に対し、同士討ちをおそれた武田別動隊は、霧が完全に晴れるまで待機していた。同士討ちの危険を避けるために、奇襲は霧のなかや夜間には絶対におこなってはいけない。大軍であればなおさらのことである。『北越軍談』でも、別動隊は霧が晴れるまで待機していたことになっている。さすがに午前一〇時までは待たなかったろうが、それでもある程度晴れていなければならない。上杉軍を包囲するように追撃し、信玄本隊へ追いこんでいくとなれば、相当の見通しのよさが必要になるからだ。作戦計画どおりとすれば、あわてて霧のなかで攻撃をしかける必要はない。もとめられていたのは着実さだったからだ。

まにあわなかった別動隊

危険なのは霧のなかの同士討ちであるから、霧が晴れるまで待つのはあたりまえのことである。その常識に反して霧のなかから突如軍隊が現れるだけで、奇襲の効果としては十分である。『甲陽軍鑑』によれば、別動隊の奇襲が明け方六時、信玄本隊が謙信を捕捉するのが午前一〇時、妻女山奇襲から八幡平までの移動時間は約四時間ということになっている。八幡平での信玄本隊がおこなったのは捕捉にすぎないから、妻女山への奇襲時間が予定どおりの時刻でなくても別段何の支障もない（捕捉時間が一〇時になるか一一時になるかだけの差にすぎない）。妻女山からあわてて八幡平に向かったのは七時～九時のあいだぐらいになったから、戦闘開始後一～三時間は経過している。

クラウゼヴィッツによれば、ナポレオン戦争時代の行軍速度は、一日三マイル（プロイセンマイルは一マイルが七・五キロメートル）。「長径の大なる縦隊については、この行程は二マイルに減じられなければならない。兵数八〇〇〇の一個師団が、ふつうの道路で上記の行軍を実施すれば、平地でなら八時間ないし一〇時間を要するし、また山地でなら一〇時間ないし一二時間を必要とする」とされているが、これはそのまえの絶対王政時代よりもかなりスピードアップした速度である。根拠地から川中島までの移動日数から計算すると、謙信の春日山城から妻女山までの移動速度は一日で二三・三キロ、信玄の甲府～茶臼山の移動速度が一日二四・三キロと、クラウゼヴィッツの計算よりもはやい。時速四キロ程度と見て、武田別動隊が妻女山から何の抵抗もうけずに直行できたとしても、到着は八時～一〇時になるが、そこに甘粕隊が待ちかまえていた。

別動隊は、戦備行軍どころではなく、各隊ばらばらに八幡平に急行するしかなかった。この場合の最優先課題は、一刻もはやく到着することだったからだ。しかし、移動中に準備されていた隊形がとれなかったため、包囲もできず、一団となってぶつかることもできなかった。迎撃されれば前進そのものもむずかしかったろう。

この別動隊をさえぎるように、千曲川対岸に陣した甘粕隊が小森付近で立ちふさがっていた。『北越軍談』では、甘粕隊一〇〇〇人が竜の丸備えのかたちで敵を押し返したと書かれているが、円陣は撤退時の陣形であり、最終的に甘粕隊はそのかたちをとったかもしれないが、千曲川での防衛ではむしろ川を堀と見たてて薄い膜のような態勢をとっていたはずである。堀に見たてた川を前面にして飛び道具で攻撃する甘粕隊は籠城軍に等しいため、強行突破ができない。ここで足どめを食って貴重な時間をさらについやし、しかも最短コースで八幡平に向かうことができなかった。甘粕隊を大まわりして避けるように狗ヶ瀬、猫ヶ瀬、雨宮の渡しに迂回してようやく渡川できた。

なお『北越軍談』には、謙信が伏兵を置くべきだったと書かれているが、到着した武田の別動隊に妻女山から見おろされて伏兵の存在もばれてしまったし、八〇〇〇人（七〇〇〇人？）からさらに伏兵を割くことは、信玄本隊への打撃を小さくしてしまったろう。

『甲越信戦録』によれば、武田別動隊が千曲川を渡りおえたのを見た甘粕近江守（景持）は、兵をまとめて犀川方面に向かう。武田別動隊が甘粕隊におそいかかる。甘粕隊は円陣を組んで敵の囲みを打ち破ったが、五〇〇人もの戦死者を出してしまう。それでも無事撤退し、殿をつとめるために犀川の丹波島に三日間もとどまった。『甲越信戦録』では武田軍が丹波島を封鎖したとあるが、甘粕隊がいることをみると、それはなかったように思える。

上杉軍撤退

謙信は、蹂躙した信玄本陣をあとにして、そのまま撤退した。『甲越信戦録』『甲陽軍鑑』『武田三代軍記』などは、このようすをあたかも敗残の将が数騎で落ちのびるように描写しているが、実際は勝ち逃げである。上杉軍各隊も、おのおの別動隊到着まえにと前進したままの撤退をおこなう。おそらく、この点は開戦まえに通達していたはずである。信玄本隊は追いすがろうとするが、壊滅に近い状態で余力は乏しい。

別動隊が何時に到着して、それから戦いが何時間続いたかは不明である。かろうじて『甲陽軍鑑』が巳の刻到着としているが、それではすでに四時間近く戦いが続いているから、勝敗は決していたとみなすべきであろう。別動隊のうち猫ヶ瀬を渡った隊が、撤退途中の上杉軍にかろうじて側面攻撃をかけられたかどうかというレベルではないか。

『妙法寺記』で「よこいれ（側面攻撃）」が賞賛されている小山田氏は、『甲陽軍鑑』では別動隊に加わっていた。別動隊のなかで小山田氏がかろうじて謙信本隊をかすめたか、甘粕隊への攻撃が「よこいれ」であったかの、いずれかを示すものである。いずれにせよ、後方や側面から挟み撃ちしての殲滅にはほど遠かったことがわかる。渡川まえに丹波島の南にある陣馬河原で、上杉軍が反撃して武田軍に一撃をあたえ、追い落とされることを避けようとしたという説もあるが、定かではない。

別動隊の追撃といわれるものも、上杉軍の名のある武将の戦死者が皆無なことからほとんどなかったと思われる。本格的に攻撃されたとしたら、武将級の戦死者が相当に出たはずである。しかし、最短距離で犀川を渡ろうとした上杉軍は、渡川点のない丹波島や、急流の小市の渡を渡ろうとしたため、激戦の疲れもあって溺死者が続出したらしい。

川を渡ってしまえば、態勢が立てなおせるうえ、「川の半渡」迎撃が生きてくる。八幡平で最小限の兵力で戦い、善光寺に五〇〇〇人の兵をのこしておいた上杉軍は、渡川してきた兵を吸収することにより、まとまった数での迎撃が可能であった。すでに直江大和守（景綱）が小荷駄隊を率いて陣を張っていたから、渡川さえすれば合流して態勢を整えられる。武田軍は犀川で停止し、それ以上の前進はできなかった。犀川を渡った謙信は、その日のうちに髻山で首実検をし、善光寺に三日滞在して帰国する。『甲陽軍鑑』でも『北越軍談』でも甘粕隊は犀川付近に三日間とどまったとされるから、小規模な戦闘が再現された可能性がある。信玄は八幡平で首実験をして帰国する。

川中島合戦は、このあとも第五次合戦があり、また謙信、信玄とも出兵することはあったが、あきらかに永禄四年（一五六一年）第四次川中島合戦、そしてそれ以前の川中島合戦とは性質をことにしている。

第7章

永禄四年第四次川中島合戦後

第一節　勝敗の行方

双方の損失

この合戦後、謙信も信玄もみずからの勝利を宣伝している。当時、それをうけての賛辞が寄せられており、近衛前嗣は謙信への書状に「大利を得られ」と記し、臨済宗の僧・快川紹喜《かいせんじょうき》（一五〇二―八二年）は「河中島に百戦百勝以来、甲軍の威風天下に遍く、武名日東に高し」と記している。たしかに、両者がそれぞれ発表した相手側の戦死者数を見れば、おたがいに自分のほうが大勝利したとみなしてもおかしくはない。

洋の東西を問わず、古戦史における戦死者数はあいまいなものが多いが、日本の場合は討ちとった敵の首を手柄を立てた証拠としてもち帰るため、比較的正確な数字に近いとされている。

戦死者数について、近衛前嗣の書状によれば、武田軍のそれは八〇〇〇人にものぼることになり、信玄が清水寺成就院に送った手紙では、上杉軍の戦死者は三〇〇〇人にのぼることになる。これらはいずれも誇大に宣伝しているものであり、政治的宣伝効果を十分に見こんでの話である。実数は、そのおのおのよりもすくなくなるはずである。

算出数字は、『川中島合戦伝記』と『甲陽軍鑑』とに大別できるようである。『甲陽軍鑑』では武田軍二八八〇人、上杉軍三一一七人となっている。北村建信氏などもこれに準じた数字をあげているが、大方は『川中島合戦伝記』や『甲越信戦録』に加えて明治時代に布施秀治氏が算出した武田軍四六〇〇人、上杉軍三四〇〇人を採用している。なお、長野市教育会『川中島戦史』では、上杉軍三一一七人、武田軍三二〇〇人、『松隣夜話』では上杉軍二〇一七人、武田軍二八〇〇人という数字をあげている。

この上杉軍の死者は、玉砕的な活躍をした甘粕隊と激戦で疲れた体で犀川を渡ろうとして小市の渡しで激流にのまれて溺死した者の数をふくめているため、実際の八幡平での会戦の戦死者はもっとすくなくなる。おそらく、上杉軍の戦死者は三〇〇〇人に満たないであろう。それを証明するかのように、上杉軍の名のある武将の戦死者は皆無である。殿をつとめ、三日間も留まった甘粕近江守でさえも無事であった。それに対して武田軍は、信玄の弟・信繁、両角豊後守（虎光）、初鹿源五郎、山本勘助と戦死している。さらに、大将である信玄が傷つき、その嫡子・義信も負傷している。上杉軍将兵で髻山までもってこられなかった首も多かったろうから、武田軍の死者数は実数よりも割り引かれた数字が把握されていた可能性もある。

しかし、発表されている死傷者数を戦争参加者数にあてはめてみると、上杉軍、武田軍ともたいへんな消耗率になる。これにも諸説がある。たとえば大正・昭和期の軍事史学者河野収氏は、上杉軍の死傷者九四〇〇人（参加者を一万三〇〇〇人とみなして）で消耗率七二％、武田軍の死傷者一万七〇〇〇人（参加者数を二万人とみなして）で消耗率八八％という数字をあげている。また、曹洞宗神守山法正寺住職であった一ノ瀬義法氏は、あいまいながらも上杉軍死傷者六二〇〇人（参加者数一万一〇〇〇人とみなして）で消耗率五六％、武田軍死傷者九〇〇〇人（参加者数二万人とみなして）で消耗率四五％という数字もあげている。推定でいえば、上杉軍は八幡平合戦に参加したほぼ全員に等しい八〇〇〇人が死傷者であったろうし、甘粕隊の防戦によって死傷した人数もふくめれば、武田軍の死傷者は一万数千人にものぼるのではないかと思われる。

通常は、戦死者が一％出ると負傷者はその一〇倍ほどになり、全軍の一〇％近くが戦闘不能になることで戦いは終わるとされている。戦死者が数％も出たら大敗北を喫したということになる。「三方原合戦」で大敗北を喫した徳川軍の死者は三％といわれている。ところが、上杉・武田両軍は数十％の戦死者を出しても戦闘を継続したことになる。強兵と強兵との戦闘は熾烈なものになるとされるが、これほどのものは世界史上類を見ないはげしさであり、異常な戦闘と呼んでもさしつかえないほどである。のちに「大坂の夏の陣」で感状をもらった上杉軍の老武者が「児戯にも等しい」ともらしたのは、謙信につきしたがっての戦いのはげしさを象徴している。

ひどい損害を出しながら双方ともに致命的損失になっていないのは、両軍とも二か月後には出陣していることからもわかる。双方ともおそるべき軍団である。

両軍とも戦死者数的には相手に大打撃をあたえたことになるが、戦闘面で信玄の分が悪いことは、高級将校の死者数にもあらわれている。戦闘の大部分は午前一〇時まえにほぼ終了していたが、太田三楽評では「初度の槍は、十に十謙信の勝」「後度の軍は、十に七信玄の勝」となっており、『甲陽軍鑑』でさえ、前半は上杉軍の勝利であることを認めざるをえなかったものの、後半は武田軍の勝利であることを付加している。ほかの諸軍記物語の評価も似たり寄ったりで、豊臣秀吉や徳川家康の評価も同じようなものだが、家康は信玄が知恵負けしたこともつけ加えている。

勝敗の行方

信玄は、合戦での勝利を宣伝したようである。しかし、信玄はしばしば虚偽の宣伝を流すことがある。たとえば天文二二年（一五五三年）の川中島第一回戦は信玄が敗北しているのだが、清水寺にあてた書状には「よって去る秋の一戦勝利」と書き、しかもようやく北信濃攻略に入った段階であるにもかかわらず、「信国一二郡の内、今に一郡の分指し損じ候」（信濃一二郡のうち、征服していないのこりは一郡のみ）と述べている。

今回も、戦争に勝利したと宣伝しながらも、戦闘経過が外部にもれることをおそれて、一種の箝口令を敷いている。もちろん、軍事的内容が機密事項なのは現代だけでなく当時も同じだったろうから、合戦があったことはたしかでも、内容については口外できなかったのだろう。とくにそれが敗戦となれば、なおのことだったと考えられる。

信玄自身が内心で敗戦を認めていたらしいのは、感状を発給していないことからもわかる。第二次川中島合戦でもそうだったように、わずかでも優勢であれば、信玄は大量の感状を発給する。長らく信玄の感状とされるものが二通あったのだが、最近の研究でどちらも偽物であることが判明している。謙信のほうは、有名な「血染めの感状」がわかっているだけで五通あり、「勝った」という確信があったようである。戦略面で信玄を罠にかけることに成功したうえ、戦闘面では謙信が圧勝していたのだから、この方面での謙信勝利は動かない。

では、戦争目的ではどうか。短期的な視点からは、信玄の目的は領土獲得であるといわれることが多いが、川中島での謙信と信玄の勢力の境は変化しなかった。すくなくともこの合戦の結果としては、どちらも領土を増やしていない。海津城ものこっていたが、飯山城ものこったのである。謙信が欲していたのは決戦での勝利であるから、信玄を討ちとることには失敗したが、決戦を強要し、武田軍に大打撃をあたえた謙信に凱歌があがる。「永禄四年（一五六一年）の合戦」に限定してみれば、謙信の圧勝であることは否定できない事実である。

最終的に信玄が川中島地方の大部分を領有したことについてはどうだろうか。『北越軍談』も述べているように、信玄は一度奪った村上義清領を奪還されているのだから、川中島過半を領有したというのは、川中島合戦まえの段階へ復帰したというか、近づいたということにすぎない。

もともと謙信は川中島に領土的な野心はないのだから、土地の領有云々で勝敗を論じることは、謙信の視点では論外である。信玄の視点で見ても、川中島領有は合戦の結果ではなく、平和時のパワー・ポリティクスと、謙信不在時におこなう侵略の結果である。こうしたときには海津城の存在が力を発揮する。実効支配の拠点となるからである。海津城を中心に、周辺はじょじょに武田領にくみこまれていくことになるのだ。

しかし、より大きな視点からこの「永禄四年の合戦」をながめたら、どのように定義できるだろうか。この合戦は、天下の帰趨を決する意味をもったといえる。

第二節　天下の帰趨

とざされた道

川中島の面積は狭いが、地政学的な重要度が非常に高いことは、前述したとおりである。その川中島地方のなかだけを見ても、重要な拠点がいくつも存在している。謙信にとっては飯山城や野尻城であり、信玄にとっては海津城である。これらは、重要地点川中島のなかの最重要地点である。こうした拠点のもつ重さは、川中島地方で領有する面積の比率でははかれない。

この合戦の意義を単なる面積でとらえる愚は、川中島地方のほとんどを信玄が領有しながらも、そこで北上がとまったことからもわかる。地図上では点かもしれないが、越後国への侵入路、飯山城と野尻城は手に入れることができなかったからである。信玄の目のまえで扉はとじられ、信玄の長期的な戦争目的は完全に封印された。武田家中に越後国併合の声が復活するのは、北条氏康の死去まで待たなくてはならない。

もしも氏康なきあとの関東を併合できれば、再び越後国を標的にすることができる。けだし関東の覇者ねらいの氏康は、越後国侵攻は考えず、しかも攻勢防御策はとらずに本城への籠城策をとっていたから、上野国を越えて越後国に入るという選択肢はなかった。しかし、信玄が小田原北条氏の領土を併合して上野国を手に入れようとすれば、上野国から越後国への侵入ルートがひらけることになる。どのみち、川中島方面からの侵入は放棄されていたのである。

相手を完全に殲滅させれば、侵入に抵抗する存在はいなくなる。単純な川中島領有ではなく、戦争目的を達成するために、殲滅戦はおこなわれた。そして、その点だけでいえば、信玄だけでなく謙信もまた目的を達成することができなかった。各勢力は、この段階の力の配分で固定された。東国において、ほかに対して圧倒的に優勢な者は出てこなくなったのである。

固定された勢力配分

永禄四年（一五六一年）の第四次川中島合戦以降は、双方ともに現状を打破できない膠着状態に陥った。敗戦にこりた信玄は、二度と謙信に決戦を挑もうとはしなかった。そのため、謙信はもはや信玄に罠をしかけることができなくなった。まさに「長蛇を逸す」になったのである。

バランス・オブ・パワーにおける現状打破とは、大幅な力関係の変更のことであるが、この合戦以降、信玄は飯山城には手を出せず、川中島地方の領有という限定的な目標に切りかえて地道な蚕食につとめるようになった。飯山城が武田氏のものになったのは、武田勝頼の時代に上杉景勝が和睦の条件として送ってきたときになるが、その段階ではすでに、飯山城には「川中島合戦」当時にあった重要性はなくなっていた。

謙信も信玄も相手を打倒できないということは、力のバランス的には両者の関係が固定されたことを意味する。モーゲンソーなどが主張するように、単なる力の拡大のみをとらえてバランスの変更とはいえない。信玄が力を拡大しても、同様に謙信や氏康が力を拡大すれば、力の配分は変わらないままとなる。各々の絶対的な力の拡大にもかかわらず、相対的な力関係は固定されたままとなった。

このことが、謙信と信玄という二者だけでなく、東国全体のバランス・オブ・パワーをも固定してしまうこととなった。単純な物理学的な力学でいえば、中部勢力と北陸勢力が統合されれば、この段階ならば関東も制圧可能であり、奥羽が傘下に加わることは時間の問題となったから、東国がひとつの統一勢力となることも可能性としてあった。しかし、北陸道と中部勢力が統合されて関東や奥羽に向かうことも、西に向かうことも、可能性としてなくなった。謙信が信濃国を緩衝地帯として関東・奥羽を制圧することも、信玄が中部の力に加えて越後国から日本海沿いを南下して北陸道を制圧することもなくなった。東国の覇者がほかの東国勢力を糾合して上洛することも、東国統一勢力が登場することも、関東政権が登場することもなくなった。東国における力の配分は永禄四年段階で固定されたのである。この影響は甚大である。

多方面への影響

謙信と信玄の周辺地域は、大なり小なりこの影響をうけることとなった。北条氏康は、第四次川中島合戦の結果には失望したことだろう。信玄が勝利して謙信を打倒していたら、信玄は北上して越後国を併合し、日本海沿いを西進するだろうから、謙信と信玄というふたつの脅威が同時になくなり、なおかつ関東をわがものにするチャンスであった。信玄の目が西に向かっているかぎり、東方に野心をもつこともなく、謙信なきあとの関東は氏康が統一したにちがいない。氏康は、信玄が北陸道を手に入れて力を拡大しても、自分が関東を手に入れれば相対的な力関係は変わらないはずだと考えていたが、それらは画餅になってしまった。

関東における信玄との共闘は、ありがたい半面、油断のならない武田信玄という人物を関東に招き入れることであり、本来は氏康が占有すべき関東に信玄の領土、そして侵略拠点をつくることになっていた。しかし、不幸中の幸いは、信玄が討ちとられなかったことで武田氏の力がのこり、謙信による関東への大規模な南下は抑止されることになったことである。謙信は信濃国、関東、越中国の三方面での作戦を強いられることとなり、力は分散するはずだった。だが、やがて信玄が東海での力を拡大し、それによるバランスの修正をはかろうとすることで、信玄が小田原北条氏の脅威になってくる。そのため謙信は小田原北条氏と連携することとなり、謙信の力の分散は越中国方向と信濃国など中部地方方向の二方向だけとなるのである。

関東以上に信玄の脅威を強くうけることになるのは、甲斐国の南の地域となる。東海勢力、とくに今川氏にとっては由々しき事態となった。それは義元の死の段階で予想されなくてはならなかったことであるが、信玄が北に触手をのばしていたためにくりのべになっていたのだ。しかし、日本海への出口をふさがれた信玄に、太平洋をめざしての南下が選択肢にあがってきた。東海地方に統一勢力はなく、駿河国と遠江国を今川氏、三河国を徳川氏、尾張国を織田氏が領有し、どれも単独で信玄に勝てそうな勢力ではなかったから、状態的には各個撃破されてもおかしくなかった。武田一強に対する小勢力・弱者の分立といえた。

『甲陽軍鑑』によれば、東海道から太平洋への進路が具体的に出てくるのは永禄一一年（一五六八年）五月。今川氏真に、父の弔い合戦として信長と同盟する松平元康（徳川家康）の三河国に攻め入り、戦勝後の領土分割をしてはどうかと提案したあたりにはじまっているからまだ先であるが、北の出口をふさがれた信玄が南にあふれだすのは時間の問題となっていた。だから、信玄と組んで三河国に攻めこむことが、三国同盟を維持し、今川氏を存続させ、信玄の目を西に向けさせる最良の方法だったが、信玄の過去の行為と信長と関係をむすんでいることに警戒感と不信感を覚えたため、実現できなかった。信玄の存在は、今川氏だけでなく、長期的には三河国の徳川家康にも脅威になっていく。逆に、東海道の西部に位置する尾張国は、武田領とのあいだにいくつも緩衝地帯があるので、むしろ東国のバランスの固定は歓迎されることであった。織田信長の外交方針は、信玄の目を西に向けさせないことが主眼となってくる。信玄との友好は、その実、東国のバランス・オブ・パワーの固定化のふくみがあった。

より大きな日本全体で見れば、最大の恩恵をうけることになったのは近畿や西国である。東国の大勢力の脅威にさらされるおそれがなくなったからである。

「川中島合戦」が近畿勢力にあたえた恩恵は、上杉謙信と武田信玄の疲弊や戦力消耗ではない。一二年間という時間は大きいが、なによりも大きかったのはやはりバランスが固定されたことである。東国は、兵は強大で土地は肥えている。これがひとつの塊となって上洛したら、近畿地方の諸勢力はスチームローラーでふみつぶされるように併合されてしまっただろう。実際に織田信長が上洛したとき、東国の強兵とくらべれば脆弱な、しかもわずか数万人の兵によって、畿内は瞬時に制圧されてしまったのである。

第三節　第五次川中島合戦

拡大された戦線

川中島では挫折したが、日本海をあきらめきれない信玄は、飛騨国から越中国へという進路を検討していた。さらに、関東では氏康支援の名目で膨張政策がとられていたが、これも関東併合というより単純な領土拡大のうえ、あわよくば越後国への侵入ルートがひらけると考えられていた可能性が高い。すでに弘治三年（一五五七年）から開始されていた上野国出兵が、永禄四年（一五六一年）からはほぼ毎年おこなわれるようになる。川中島第四回戦が終了して二か月後の一一月二五日には、信玄による上野国高田城攻略があり、国峰城の小幡景定（生没年不明）、倉賀野城の倉賀野直行（生没年不明）らが攻撃された。信玄は、とれる領土はとることを基本としている。信玄の関東侵攻を聞き、謙信も一一月に関東出兵をおこなう。謙信と信玄の戦線は、北信濃からさらに関東、そして飛騨国・越中国と広範に拡大していく。

永禄五年（一五六二年）一一月、信玄は氏康とともに上杉側の松山城を攻撃し、永禄六年（一五六三年）二月四日に落城させた。永禄五年一二月には謙信も関東入りするが、それを聞いた信玄は撤兵してしまう。やむなく謙信が北関東に向かい、古河城を回復すると、こんどは信玄が越後国を脅かして謙信を帰国させた。このとき、信玄は信越国境を突破できるよう飯縄山麓に道路を通したが、謙信が帰国したためそれ以上は動かなかった。

これを最後の越後国併合の試みと見るべきかどうか判断するのはむずかしい。川中島方面への出馬は、牽制や陽動作戦のことが多くなっていた。信玄は、謙信との直接対決を避けながらも、多方面な戦いで謙信を衰退させようとしていた。上杉家切り崩しの政略にかわって、外交と多方面作戦の比重が上昇している。

謙信のほうは、関東での転戦が多くなっている。南からの小田原北条氏の膨張的拡大に対し、謙信は威令のとどく北関東を中心に常陸国や下野国でいくつもの城を攻略した。下野国の小山城は永禄六年に、唐沢城は永禄七年（一五六四年）と永禄一〇年（一五六七年）に、常陸国の小田城は永禄七年と永禄九年（一五六六年）に、謙信によって落とされている。しかし、謙信には落とした城をわがものとし、周辺を統治するという気持ちがなかったため、せっかく落としても謙信が去るとまたとにもどってしまう。これは越中国においてもあてはまることであった。ただし、ひとたび征服しようとすれば、あっという間に制圧することができた。天正四年（一五七六年）、上洛の道をひらくために越中国に侵攻したときには、短期間に越中国を制圧したうえ、数か月で能登国の過半も制圧している。

永禄七年、信玄はこんどは信濃国における上杉方の拠点・水内郡の野尻城を攻撃し、さらに越後国に乱入しているが、これも越後国攻略というよりも陽動作戦であった。目的は謙信の目を多方面に向けさせることで、真のねらいは上野国にあった。信玄は会津の芦名盛氏《あしなもりうじ》（一五二一―八〇年）と共謀して越後を東西から攻めるかたちをとっているが、謙信が越後国に帰国すると北信濃から撤兵して上野国に入り、倉賀野城を攻めている。謙信は、芦名軍をまたたくまに打ち破り、さらに野尻城を奪還している。すでに信玄は、川中島方面からの越後国侵入とそこから日本海にぬけることをあきらめていた。

同じ永禄七年、飛騨国では三木良頼《よしより》（姉小路《あねがこうじ》良頼。一五二〇―七二年）と江馬時盛（?―一五七三?年）が対立していた。謙信は、越中国の上杉方諸将に命じて三木氏を支援させていた。信玄が飛騨国から越中国に入るのをおそれていたためである。信玄は江馬氏を支援し、すでに永禄二年（一五五九年）から侵攻していたとされるが、記録上は永禄七年六月一二日に飛騨国出兵をおこなっている。このときに攻略されたのは、江馬時盛と対立した息子の輝盛（一五三五?―八二年）であった。七月、武田軍は輝盛を降伏させ、さらに三木氏を攻めた。三木氏側の千光寺が攻略される。しかし、ここで謙信が越中国の河田長親（一五四五?―八一年）に三木氏救援を命じ、あわせてみずからが北信濃に入ることで飛騨国の武田軍を孤立させようとしたため、信玄はあわてて飛騨国からの撤退を指示する。三木氏らは武田軍を追撃し、かなりの激戦となったが、武田軍は無事に撤退する。武田軍が去ったあとの飛騨国では、うしろ盾を失った江馬時盛が三木氏や輝盛と講和し、飛騨国はほぼ上杉側となった。

最後の川中島合戦

信玄の各地での侵略と陽動に対して、こんどは謙信が北信濃に侵入する。飛騨国だけでなく上野国からも、信玄を引き離すためでもある。こうして第五次川中島合戦が開始された。

永禄七年（一五六四年）七月二九日、謙信は善光寺に着陣する。八月三日、謙信は犀川を越えて南下する。海津城や周辺の城塞は無視して、信玄をさがしていた。謙信が佐竹義昭（一五三一―一六五年）に送った書状からは、信玄がみずからの所在を把握されないよう隠れていたことがわかる。さらに謙信は、佐竹義昭に佐久郡侵攻の可能性までほのめかす。八月下旬に入り、信玄も北信濃に出てくるが、謙信との正面衝突をおそれ、遠く塩崎城に入ったきり動かない。謙信と信玄は川中島南部で対峙し、一〇月下旬にまでおよんだとされる。謙信出馬からは九〇日も経過したという。

関東の動向が不安になったため、謙信は帰国するが、そのまえに飯山城の大改修をおこなった。信玄は、しばらく川中島にとどまって軍事行動をとる動きを見せたが、結局のところ飯山城には手を出さずに帰国した。

バランスが固定した状況では、謙信にとっても信玄にとっても川中島出兵は牽制の意味が強くなっていたのである。東国の、そして天下の帰趨は永禄四年（一五六一年）に決していた。あらたにバランスを変化させる場としての対立の主軸は関東であった。永禄九年（一五六六年）、信玄の執拗な攻撃により長野業盛《なりもり》（一五四四―六六年）が守る上野の箕輪城が陥落し、六年間をかけて西上野は信玄の領土となる。

やがて大きな転機がおとずれる。信玄が南下政策をとりだしたのだ。

第四節　信玄の南下と東進

戦略目標の変換

越後国併合が不可能となり、越中国方面への侵攻も飛驒国で遮断され、信玄は日本海への進出をあきらめざるをえなくなっていた。ごく自然と東海地方から太平洋へ出ることを考えるようになる。本来、今川義元が討たれて今川氏の力が低下した段階で南下政策をとってもよさそうであったが、信玄はそれをしていない。北条氏康との連携のもと、上野国を蚕食しながら多方面に謙信の目を向けさせ、なんとか北の活路をさがしていた。それが、いよいよ東海地方への進出となったのである。

今川氏にとって、信玄の目を北方に向けさせておく政策は安全保障の要であった。信玄が川中島で足をとられている以上、今川氏の北方は安全であったからだ。信玄、氏康との同盟は相互援助だけではなかった。

しかし、義元の跡を継いだ氏真は、政治や軍事においては愚者であった。蹴鞠を生業とする家の子ならば逸材として評価されたろう。が、残念なことに、今川家の跡とりだったのである。

永禄一〇年(一五六七年)、信玄は、駿河国侵攻に反対する長男・義信を廃嫡・幽閉したうえで自殺に追いこみ、家中の意見統一をはかり、さらに徳川家康とのあいだに大井川を境にした今川領分割をむすんで、駿河国侵攻を開始する。今川氏真は謙信に救援をもとめ、謙信は氏真とむすんだ。北条氏康は信玄の駿河国侵攻に断固反対し、外交革命をおこなって謙信とむすぶこととする。謙信との同盟をすすめたい氏康に対して、その息子の氏政(一五三八―九〇年)は消極的であったため、小田原北条氏も一枚岩ではなく交渉は難航し、同盟締結は元亀元年(一五七〇年)になった。これによって東国にあらたな同盟が誕生したが、謙信は氏康の関東における覇権を認めたわけではないため、バランスが変化する可能性は低かった。

永禄一一年(一五六八年)、信玄は対謙信用の施策として謙信の家臣・本庄繁長に反乱をおこさせ、会津の芦名氏にも繁長を支援させる。信玄は海津城に入って飯山城を攻めた。また、越中国の椎名氏にも越後国を攻めるよう要請する。飯山城攻撃をはじめとする北信濃での行動は、繁長支援であるとともに駿河国侵攻のための一種の陽動作戦で、謙信を北信濃と越中国と反乱鎮圧とに専念させようというものであった。信玄にとって川中島での軍事行動は、この地域の領有が主目的ではなく、ほかの地域での軍事行動をしやすくするための陽動と化していた。

陽動作戦としての東進

しかし、信玄の駿河国征服は遅々としてすすまなかった。北条氏康の妨害こそが問題の根幹と考えた信玄は、関東に侵攻する。氏康と信玄という名将どうしの戦いは、謙信と信玄の戦いとはことなった意味でスリリングなものとなった。永禄一二年（一五六九年）の「三増（三益）峠の合戦」は、似たタイプの謀将による知略戦となる。

この氏康が元亀二年（一五七一年）に死去したとき、武田家中では東進論がわきあがる。高坂弾正などによって展開されたのは、関東の北条領を征服し、すすんで越後国と東上野までも併合すべしという意見である。これを達成すれば、信玄の領国は一〇か国におよぶ大勢力となる。信長の領国はすでに一四か国におよんでいる。いまの領国だけでは、信玄の上洛は困難ではないか。

この東進論は東国政権の可能性もふくんでいるが、それ以上に東国の統一者になろうとする意図がこめられていた。信玄の領土は、領域的には信長領を上まわっているが、石高的には半分であった。だから、東国を統一してから天下の権をめぐっての争いをしてもいいのではないかということであった。しかし、信玄は現状の力のままで上洛を開始することとする。信長は四面楚歌の状態にあったから、総合的に見ればバランス・オブ・パワーは自分が有利と見ていたのである。なによりも、みずからの寿命に不安があったのだろう。

信玄の上洛戦

近畿では、東国とはことなるパワー・ポリティクスが展開されていた。将軍・足利義昭（一五三七―九七年）による信長包囲網ができあがっていたのである。義昭は、信玄の存在を反信長連合の核と見ており、信玄もこの動きを利用する。天才的な外交家・義昭主導の政治的包囲は、外交と軍事の天才である信玄によってひとつの戦略に沿ったかたちでの動きとなっていく。石山本願寺や三好党など三万人をこえる兵力によって西側から圧力をかけて、その方面に信長の兵力を割かせ、割けなければ畿内を信長領から切り離して信長の力の領国を半減させる。南近江でつながった信長領は、畿内地方と美濃国・尾張国とに分断可能である。南近江では六角氏がゲリラ戦を展開し、浅井・朝倉連合軍三万人と信玄によって信長を挟撃しようというものになっていた。伊勢国・長島の一向一揆二万人は、北畠氏との連携によって伊勢国そのものも信長領から分離させ、信玄の西進にあわせて北上し挟撃をはかる。こうした戦略を背景に、信玄は上洛戦を開始する。総兵力は信長の二倍近い。

しかし、信玄は東国でのバランスが固定されたまま上洛戦を遂行しなければならなかった。信玄は、東国の統一者でも覇者でもなく、東国勢力を代表する者でさえなく、東国の強国のひとつとして近畿地区の同盟者と挟撃しようとしていたのである。一年以上の期間を見こんで開始された信玄の元亀三年（一五七二年）の上洛戦は、『孫子』の徒らしく堅く着実なものであったが、そのまえに信玄の寿命がつきてしまった。あと一年の寿命があれば、信玄は上洛をとげていたろう。

信玄だけでなく謙信も、西に目を向けていた。東国勢力のひとつとしての武田信玄と近畿に力をもちはじめた勢力である織田信長の対立から、じょじょに東国勢力を統合しつつあった上杉謙信と近畿での統一勢力になりつつあった織田信長の対立へと移行してくるようになる。東国のバランスの変化がそれをもたらしていた。

第五節　東国全体の動き

北陸道での南下

永禄四年（一五六一年）第四次川中島合戦以降、謙信は関東出兵と越中国の反乱鎮圧とに時間をついやしていたが、とくに永禄一二年（一五六九年）からは越中国での行動が加速する。『北越軍談』の作者などは、謙信の当初からの目的が北陸道にあったとみなし、天文年間にも越中国に出兵したと記述している。『北越軍談』では、謙信が上洛して天下統一をなしとげることを目標にしていたというイメージをもたせたいがために、北陸道進出をことさら強調したのだろう。

たしかに、北陸道の越中国や加賀国は一向一揆の勢力が強く、一向一揆との対立という点から見れば父祖伝来の遺恨の地であり、陸路で見ての都への道でもあった。『春日山日記』では、謙信が村上義清に「亡父孝養の為に、先ず越中を切り取り、亡魂を安んじ、夫より能登・加賀・越前を収めて、其以後、関東八州、海東七箇国を服従して、京都に上り柳営を拝し、一度、天下の権を執って、武名を四海に顕さんと欲す」と語っている。つまり、越中国方面を第一課題としているというわけである。ここでも天文一八年（一五四九年）に越中国に出兵したような記述さえ見られる。

だが、そうした観点をぬきにしても、三国峠のみを通路としている関東や小さな点「川中島地方」から拡大しなければならない中部よりも、北陸道は日本海沿いに平野でつながっているから拡大しやすい。純粋に社会科学的見地で見れば、長尾氏伝統の政策、歴史的連続性、地政学的要因からも、むしろ北陸道で戦いが開始されたのは遅すぎるという気がする。そして純粋に地政学で見れば、防衛目的の川中島合戦に対して、越後国からの力の拡大は越中国方面進出になる。もちろん謙信は領土獲得のために戦っていないから、結果的に勢力圏が拡大したというものであった。だが、信玄の駿河国併合などにもかかわらずバランスの比重に変化がなかったのは、謙信もまた拡大していたからである。

そして、氏康と信玄が死去し、謙信のみが生きのこったとき、自然と謙信は東国の覇者となっていた。物理的な要因だけではなかった。能力的にも謙信をはばむものはいない。武田勝頼、北条氏政はともに無能ではないが、偉大な父にくらべれば見劣りする存在である。「毛利の両川」（戦国大名・毛利元就〔一四九七―一五七一〕によって確立した、軍事または政治組織の通称。地域の土豪吉川氏には次男の元春を、同じく小早川氏には三男の隆景を養子として送りこみ、それぞれの正統な血統を絶やして、勢力を吸収するのに成功した）同様に、親の遺産を維持し、チャンスがあれば拡大する程度である。とくに勝頼は、「長篠合戦」以降、急速に力をなくしていた。

勢力均衡の崩壊

勝頼、氏政ともに、謙信と同盟する理由はもっていた。勝頼にすれば「敵の敵は味方」ということで、信長への対抗上は必要であった。まして、石山本願寺が謙信と同盟しては「味方の味方」にもなっている。氏政にとっては、謙信の関東出兵をとめるためにはあらたな敵をつくって目を別方面に向けさせればいいわけで、その敵に対するかたちで謙信と同盟できれば安全だということになる。『上杉年譜』『北越軍談』『松隣夜話』などでは、武田勝頼や北条氏政が謙信と講和したうえ、上洛戦に加わると表明した旨が、各々の提供する兵力とともに記され、一部は『越佐史料』にも掲載されている。

『上杉年譜』では、足利義昭の要請によって、謙信と武田氏、小田原北条氏との同盟交渉があったことが書かれている。それを裏づける書状がのこっていないため、あくまでも可能性のひとつということになるのだが、それでも謙信が武田氏、小田原北条氏と同盟をむすんだということはあちらこちらに記されているし、バランス・オブ・パワー的にもしごく当然のことのように思われる。

『北越軍談』には、謙信がしばしば武田勝頼と和をむすぼうとしたことが書かれている。巻三五には天正元年（一五七三年）に甲州の長延寺をとおして、天正二年（一五七四年）にも同じ長延寺をとおして打診したが、勝頼は応じず、さらに巻三六では長篠合戦後に援助を申し出たが、勝頼は感謝しつつも助力をもとめなかったとされている。

『上杉年譜』巻一八によれば、天正三年（一五七五年）六月に武田勝頼の使者として小山田八左右衛門（行村《ゆきむら》。?――一五八二年）と浄福院（生没年不明）が謙信のもとをおとずれ、和議の申請があったと伝えている。さらに『上杉年譜』巻一九では、天正三年九月に勝頼からの使節が到着し、一一月に勝頼が誓詞を出したと書かれ、また北条氏政も天正二年から味方に属していると書かれている。

信玄なきあと、信長を打倒する能力を有しているのは、謙信である。一向一揆の元締めとして謙信と戦ってきた石山本願寺も、信長の攻勢のまえについに謙信に援助をもとめてきた。『越佐史料』では、これを天正三年六月一三日の「浄興寺文書」の紹介でとりあげている。「河田文書」によれば、天正四年（一五七六年）五月一八日に謙信は石山本願寺と講和、二八日には加賀国より早速救援依頼がとどいている。石山本願寺との同盟は史料的にも確認することができる。

対立の方向性

『越佐史料』には、足利義昭の講和の斡旋を武田勝頼、北条氏政、本願寺光佐（顕如）が次つぎに受け入れていったことが記されている。義昭のすすめにしたがい、まず天正四年（一五七六年）六月一二日に武田信豊が勝頼に講和をすすめ、謙信は本願寺の要請による上洛を越中の河田長親、そして加賀を経て大阪にも伝え、義昭にも武田勝頼、北条氏政と講和して上洛することを伝えている。これをうけて七月二三日に義昭は、武田勝頼と協力して上洛してほしいと謙信に伝えている。足利義昭の依頼も執拗であった。義昭からの上洛の催促は『上杉年譜』巻一九ではさらに八月と続く。このころ、すでに毛利氏は本願寺と海上での大規模な連合を形成しており、木津川付近で信長の水軍と衝突しこれを破っている。吉川《きっかわ》元春（毛利元春。一五三〇―八六年）からも大阪湾木津川河口での戦勝報告とともに上洛の催促があった。八月六日、義昭の命にしたがい北条氏政が講和を承諾した。八月一三日、義昭は本願寺を経由して加賀の一向一揆が兵站整備や兵力補給に協力することで謙信の進軍をスムーズにするよう命じた。九月二八日には武田勝頼が講和の命に応ずることとしている。

謙信の上洛準備

『上杉年譜』巻二〇にも、天正五年（一五七七年）二月に将軍足利義昭が信長の雑賀攻めが失敗した旨とともに上洛の催促をしているし、八月にも越前に入るよう催促している。さらに同年四月二八日にも、毛利氏の動きとあわせて越前国に進撃するよう要請を入れている。『越佐史料』によると、毛利氏とは元亀三年（一五七二年）二月ごろから友好関係があったようである。『北越軍談』によれば、元亀三年には土佐の長曽我部《ちょうそかべ》元親（一五三九—九九年）からの友好の使者が到着したと書かれている。これは四国勢力との挟撃の可能性をほのめかしている。

天正六年（一五七八年）、謙信は大動員令を発する。かつて一一万人をこえる兵力で小田原城を囲んだ謙信であるが、この段階で集まってくる兵数はそれを大きく上回る。

『松隣夜話』では、武田勝頼、北条氏政あわせて五万三〇〇〇人が謙信の南下と共同作戦を展開し、三河国や美濃国への侵攻を計画したとされている。これによれば謙信が率いる本軍が北陸道を五万人で南下、氏政三万五〇〇〇人と勝頼一万八〇〇〇人が東海方面を担当ということになっている。

『北越軍談』巻四〇によれば、天正五年一〇月初旬、武田家が衰退のいっぽうであるから、西上野では謙信に帰参したい者が続出しているので、謙信から命令さえもらえればと北条長国（景広。一五四八―七九年）が述べている。しかし謙信は、来春に上方へ発向があるからわずかな土地に目を向けるのは「枝葉の働」と述べている。そのうえで、関東の諸豪族に越前表出張のために越後に入らせるから、その通過時に西上野のことも伺わしる旨述べたとある。

謙信からの使者がおとずれたのは、里見氏、佐竹氏、宇都宮氏、千葉氏、小山氏とあるから、常陸国、下野国、下総国、上総国、安房国の諸国が動員対象となっていた。さらに一一月には平井、更級といった北信濃諸将に上方遠征の話があった。佐渡、庄内、関東の軍勢は三月五日までに越後の府中に集結すること、ただし庄内と東上野は半役とされた。飛騨勢は越中国黒川に出てきて合流し、加賀国、能登国、越中国の兵は道すがら順次加わることとされた。兵数は六万四〇〇〇人とある。これは、当時の謙信の勢力圏をほぼ物語っている。さらに小田原からは多米主膳正（生没年不明）がきて、北条氏照（氏康の三男。一五四〇―九〇年）に一万人をつけて援兵を送るという申し出があったが、謙信は兵に不足なしということでことわったという。

実際には越中国の兵などが春日山城に参集するよう要求されているので、軍隊の移動の効率などを考えれば西側に向かうのは非合理的となる。豊臣秀吉のようなタイプの合理主義では当然そうなるだろう。しかし「兵は詭道なり」のことばどおりに、実際の目標を隠すことは謙信のような戦略家の常道であり、永禄四年（一五六一年）第四次川中島合戦のときにも越中国出陣と思わせて川中島に出かけている。リデル＝ハートも複数の目標をもってリスクを計算しながら選択せよと述べているが、上洛か関東出兵かは謙信以外にはわからない。常人の常識でははかり知れないものが、天才の戦略のなかにはひそむ。

『上杉年譜』では上洛のための動員となっており、『上杉年譜』巻二〇では関東八州の麾下、加賀国・能登国・越中国・飛騨国そして佐渡・信濃・出羽にいたる謙信全勢力圏への動員に近く、兵六万人、越前国と若狭国の兵も加わるだろうから、一〇万人をこえる大軍が近江に入るとされている。

もしこれが上洛ならば、まさに東国の覇者による上洛戦といえる。もし関東出兵だとすれば、小田原北条氏を完全に服属させることになるから、その後に東国の統一者として上洛戦をおこなうことになる。謙信の領土は、布施秀治氏が算出した三〇〇万石（計算の仕方により、二五〇万石～四〇〇万石）、それに永禄四年の小田原攻めに参加した関東の諸将、親交のある奥羽の伊達氏、葦名氏、大宝寺氏、そして武田勝頼と北条氏政が加わるのだから、まさに全東国軍といっていい。戦国空前の大軍になったのではないか。

信長は、背後に毛利氏、本願寺、雑賀衆などをかかえたなかでこの大軍を受けとめるとなれば、兵力の絶対数で負けている。しかも、軍事能力で謙信と信長では次元をことにするほどの差がある。「手取り川合戦」後の謙信の発言は、謙信の自信を示している。もしかすると謙信は、信長旗下の一三万人強を、みずからが率いる八〇〇〇人だけで打ち破ることが可能だと考えていたのではないだろうか。

謙信の上洛戦があるとすれば、それは信玄のものとはことなった様相となる。信玄のスローモーさとは対照的に、謙信はスピーディーに、まさに電撃的な来襲になるから対処のしようがない。ただ、関東でも北信濃でも越中国でも見せたように、懲罰のように打ち破っても許してしまうことがあるから、そこを利用しようという考えが信長にはあったかもしれない。『太祖一代記』の扇一本をもって謙信のもとに降伏を願い出るという逸話は、それを暗示しているのだろう。この段階で天下統一のなかばがなったも同然であった。そして、この東国勢力が圧勝する予定だった対近畿戦は、謙信の突然の死によって未完に終わる。

こうして東国は再び、上杉氏、武田氏、小田原北条氏が並立するようになり、近畿勢力による各個撃破の対象になっていくのである。もし「川中島合戦」がなければ、あるいは謙信、信玄のどちらかが相手を殲滅していれば、信長の上洛そのものがなかったろうし、あっても元亀三年や天正六年の危機がずっとはやく、しかも大規模に発生したはずだった。

結論

「川中島合戦」は、史上名高いわりに不明な点ばかりで、謎につつまれている。史実の観点から検証される傾向が強い「川中島合戦」を、戦略をはじめとした社会科学の視点で検証し、背後に隠れた史実をあきらかにしようとしてきたのだが、それは大別してふたつの視点によって考察し、いくつかの結論が導けたように考えている。ひとつの視点は、「永禄四年(一五六一年)第四次川中島合戦」そのものを大きくとりあげて立体的に見るための戦略の視点である。もうひとつの視点は、逆に「川中島合戦」を小さな点として分析する視点である。

戦略の視点で「永禄四年第四次川中島合戦」を分析すると、史上最強の名将・上杉謙信と『孫子』の体現者・武田信玄との秘術をつくしたやりとりが理解できる。この戦いは、世界の戦史史上類を見ないほどの高度で精緻なレベルの知略戦であった。戦理に忠実で慎重な信玄が、謙信のしかけた罠に入っていくさまは、不謹慎ないい方ながら「戦いの芸術」というのにふさわしいものを感じる。とくに注目すべきなのが、作戦地帯よりもはるか彼方に置かれた春日山城の兵力であり、これが謙信の妻女山布陣と連動して巨大な外線を形成していたことである。

あわせて、この合戦が偶発的な遭遇戦でなかったことも、合戦の意義と双方の戦争目的、そして軍事戦略(戦争準備)、願文、書状などから検証し、当初から意図されていた決戦であると結論づけた。天文年間に開始された川中島合戦当初、信玄による川中島地方の侵略の出鼻をくじき、奪われた土地を奪還してやればいいと考えていた謙信は、その都度、その戦争目的そのものは達成しながらも、信玄の侵略自体はとめられなかったことから、侵略の根幹をつぶす必要を感じて信玄の殲滅を考えた。また、「謀攻」によって平和時に領土を増やしていった信玄は、その成果をいっきに失わせる謙信の侵入によって戦略的挫折をくり返し、越後国を併合して日本海に出るという目的からも謙信の殲滅を必須事項ととらえるようになる。この交差点が「永禄四年第四次川中島合戦」なのである。

「川中島合戦」を小さな点として分析するために、地理的には地政学の視点で分析し、それをバランス・オブ・パワーにあてはめてみた。すると、「永禄四年第四次川中島合戦」は歴史の大きな流れでのターニング・ポイントとして位置づけられることになった。双方ともに相手の殲滅に失敗したことがもたらした意義は大きい。「永禄四年第四次川中島合戦」は、双方の戦略におけるかけひきに目を奪われがちであるが、日本全体に、そして日本史の流れにも大きな影響があったからだ。

結果論になってしまうが、川中島合戦の期間は東国のバランス・オブ・パワーを変えるチャンスの期間であった。これを逸したことが、東国勢力による天下統一を大幅に後退させることになったのである。「永禄四年第四次川中島合戦」で上杉謙信が武田信玄を討ちとっていれば、あるいは武田信玄が上杉謙信を壊滅させることに成功していれば、東国のバランス・オブ・パワーは大規模に変化し、東国全体をたばねる大勢力が登場したことだろう。川中島地方をはさんで膠着状態に陥った上杉謙信と武田信玄は、たがいに相手を打破することができず、東国のバランス・オブ・パワーは永禄四年段階で固定される。このことが天下の帰趨を決定づけ、その後の歴史の流れを決めたのである。東国の大勢力のバランス・オブ・パワー上での力の比重、全体のなかでの配分は永禄四年段階で固定されたため、近畿地方への介入ができなかった。それは天正六年(一五七八年)に謙信が大動員令を出すまで続いたのである。

以上のように、「確実な史実」という表面に現れた現象にのみとらわれることなく、背後に隠れた本質を見いだそうとするとき、歴史解釈は大きく前進するのである。いかに正確であったとしても、真実であったとしても、断片的な史実よりも、より本質的な骨格を考えることのほうが、教訓を得る意味では大切なのではなかろうか。史料がのこっているかどうかばかりでなく、実行可能かどうかの検証、断片的な史実のあいだを想像でつなげるのではなく、論理的な整合性がとれるかどうか、戦略などの法則があてはまるかどうかの検証が、今後の歴史学の展望をひらくものであってほしいと願う。

参考文献

この一文を書くにあたって目をとおした本は、かなりのものとなった。自分の手元には、小学生のころから何十年間にもわたって収集してきた「川中島合戦」および上杉謙信と武田信玄関係の本があり、過去に出版されてきたものの相当数を所有しているが、書くにあたって再度読み直したからである。量が膨大になるので、とくに参考になった本のみを紹介したい。なかには分析用のツールとして使用した本もふくまれている。

まず、分析にあたって直接利用した部分はすくないが、歴史のとらえかたにおいて勇気づけられたのが、金子常規『兵器と戦術の日本史』である。最初に手にしたのは高校生のときだが、既定の常識にとらわれず、法則性に裏づけられた独自の視点で分析する著者の姿勢には感銘をうけ、自分もまた既成概念にとらわれぬ見方をしてもいいのだと考えるようになった。

戦略の分析用ツールとして活用したのは、謙信や信玄を見る際の基本的な戦略書として『孫子』『呉子』『戦争論』があげられるが、これらは邦訳書が何種類もある。『孫子』については、『戦略論大系　孫子』『孫子の新研究』がとくに参考となった。ほかに『李衛公問対』、ジョミニの『戦争概論』、フラーの『制限戦争指導論』、リデル＝ハートの著書では『戦略論』と『ナポレオンの亡霊』が役立った。地政学の本としてはマッキンダー『マッキンダーの地政学　デモクラシーの理想と現実』、スパイクマン『平和の地政学　アメリカ世界戦略の原点』が、バランス・オブ・パワーについてはモーゲンソー『国際政治 権力と平和』、ニコルソン『外交』などがあげられる。

史料としては、『越佐史料四』『影印　北越中世文書』『信濃史料一二』『上杉家御年譜　一』、そして「上杉氏文書」が『上越市史　別編一』に、「高白斎記」と「妙法寺記」は『武田史料集』に収録されている。

軍記物語については、『甲越信戦録』、そして「川中島五箇度合戦之次第」をはじめとして「謙信軍記」「北越耆談」「上杉輝虎註進状」「上杉三代日記」「川中島合戦評判」「川中島五戦記」「川中島合戦弁論」「上杉将士書上」は『越後史集上杉三代軍記集成　天』に、「太祖一代軍記」「春日山日記」は『越後史集上杉三代軍記集成　人』に、「北越軍談」は『上杉史料集（上）（中）』に、「北越耆談」「上杉三代日記」「川中島五箇度合戦之次第」「上杉将士書上」「松隣夜話」は『上杉史料集（下）』に、「甲乱記」「武田三代軍記」は『武田史料集』に、それぞれ収録されている。「甲陽軍鑑」は何種類か出ているが、とくに『改訂　甲陽軍鑑（上）（中）（下）』を利用した。

軍事的な分析がすぐれていたのは、浅野裕吾「作戦研究　川中島合戦」（『別冊歴史読本戦国史シリーズ（五）戦国宿命の好敵手』に収録）、河野収「新分析戦略戦術『戦略』の信玄対『戦術』の謙信」（『川中島の戦い　新分析現代に生きる戦略・戦術』に収録）であった。

「川中島合戦」にかんする本について、各種の研究書の総合的な本としては、一ノ瀬義法『激戦川中島』が多くの史料や研究書の集大成的なまとめかたで見やすい。この本が出る以前で、もっとも多くの軍記物語なども収録してあったのは、小林計一郎『川中島の戦』である。また、詳細な川中島合戦の推移は平山優『戦史ドキュメント　川中島の戦い（上）（下）』がいい。この三種の本があれば、だいたいの川中島合戦関係の本は代替することができる。

「川中島合戦」の研究書は、どちらかというと戦前にすぐれた本が多く出ている。北村建信『甲越川中島戦史』、長野市教育会『川中島戦史』、井上一次『兵學より見たる川中島の戦』、高橋武児『川中島合戦』など、いずれも戦前に刊行されたものである。

上杉謙信、武田信玄にかんする本も多々出ているので、とくに参考になったものだけをあげてみる。上杉謙信にかんしては、布施秀治『上杉謙信伝』、栗岩英治『飛将謙信』、池田嘉一『史伝上杉謙信』を参考にし、武田信玄にかんしては、広瀬広一『武田信玄伝』、奥野高広『武田信玄』、渡辺世祐『武田信玄の経綸と修養』、磯貝正義『武田信玄』が役立った。両将を比較したものとしては、春秋原在文『信玄ト謙信』、和田政雄『信玄と謙信』、ＮＨＫ編集『ＮＨＫ歴史への招待第六巻（信玄と謙信）』など。

〈参考文献一覧〉

■分析用ツール

・金子常規『兵器と戦術の日本史』（原書房、一九八二年）
・杉之尾宜生編著『戦略論大系　孫子』（扶養書房出版、二〇〇一年）
・阿多俊介『孫子の新研究』（六合館、一九三〇年）
・小野繁訳『孫子』（葦書房、一九九一年）
・公田連太郎訳『李衛公問対』（中央公論、一九三五年）
・公田連太郎訳『呉子の兵法』（中央公論、一九三五年）
・カール・フォン・クラウゼヴィッツ『戦争論　上中下』（篠田英雄訳、岩波書店、一九六八年）
・アントワーヌ・アンリ・ジョミニ『戦争概論』（佐藤徳太郎訳、原書房、一九七九年）
・ジョン・フレデリック・チャールズ・フラー『制限戦争指導論』（中村好寿訳、原書房、一九七五年）
・バジル・ヘンリー・リデルハート『戦略論（上）（下）』（森沢亀鶴訳、原書房、一九七三年）
・バジル・ヘンリー・リデルハート『ナポレオンの亡霊』（石塚栄／山田積昭訳、原書房、一九七六年）
・ハルフォード・ジョン・マッキンダー『マッキンダーの地政学　デモクラシーの理想と現実』（曽村保信訳、原書房、一九八五年）
・ニコラス・J・スパイクマン『平和の地政学　アメリカ世界戦略の原点』（奥山真司訳、芙蓉書房出版、二〇〇八年）
・ハンス・モーゲンソー『国際政治　権力と平和』（現代平和研究会訳、福村出版、一九八六年）
・ハロルド・ニコルソン『外交』（斎藤眞／深谷満雄訳、東京大学出版会、一九六三年）

■史料
・『越佐史料四』（名著出版、一九七一年）
・『影印　北越中世文書』（柏書房、一九七五年）
・『信濃史料一二』（信濃史料刊行会、一九五八年）
・『上杉家御年譜　一』（米沢温故会、一九七六年）
・『上越市史　別編一』（上越市、二〇〇三）
・『武田史料集』（新人物往来社、一九六七年）
■軍記物語
・『甲越信戦録』（龍鳳書房、二〇〇六年）
・『越後史集上杉三代軍記集成　天』（聚海書林、一九八三年）
・『越後史集上杉三代軍記集成　人』（聚海書林、一九八三年）
・『上杉史料集（上）（中）（下）』（新人物往来社、一九六七年）
・『武田史料集』（新人物往来社、一九六七年）
・『改訂　甲陽軍鑑（上）（中）（下）』（新人物往来社、一九七六年）
■軍事的分析
・『別冊歴史読本戦国史シリーズ（五）戦国宿命の好敵手』（新人物往来社、一九九六年）
・『川中島の戦い　新分析現代に生きる戦略・戦術』（旺文社、一九八四年）
・『歴史読本　特集武田信玄対上杉謙信』（新人物往来社、一九七七年）

■総合的研究書

・一ノ瀬義法『激戦川中島』（たつのこ出版、一九八一年）
・小林計一郎『川中島の戦』（春秋社、一九六三年）
・平山優『戦史ドキュメント川中島の戦い（上）（下）』（学研M文庫、二〇〇二年）

■「川中島合戦」研究書

・北村建信『甲越川中島戦史』（報国学会、一九三二年）
・長野市教育会『川中島戦史』（大正堂書店、一九三〇年）
・井上一次『兵學より見たる川中島の戦』（日本出版社、一九四二年）
・高橋武児『川中島合戦』（信濃郷土誌刊行会、一九四二年）

■上杉謙信、武田信玄にかんする本

・布施秀治『上杉謙信伝』（歴史図書社、一九六八年）
・栗岩英治『飛将謙信』（信濃毎日新聞社、一九四三年）
・池田嘉一『史伝上杉謙信』（中村書店、一九七一年）
・広瀬広一『武田信玄伝』（紙硯社、一九四四年）
・奥野高広『武田信玄』（吉川弘文館、一九八五年）
・渡辺世祐『武田信玄の経綸と修養』（新人物往来社、一九七一年）
・磯貝正義『武田信玄』（新人物往来社、一九七七年）
・春秋原在文『信玄ト謙信』（如山堂書店、一九〇九年）
・和田政雄『信玄と謙信』（潮文閣、一九四二年）
・『ＮＨＫ歴史への招待第六巻（信玄と謙信）』（日本放送出版協会、一九八八年）

あとがき

この本は、いちばん出したかった本をいちばん出したかった出版社で出すことができたというもので、自分の人生においても生涯の記念になる一冊である。

「川中島合戦」は、「平家の盛衰」とともにわたしが小学校のころからテーマとしていた、いわばライフワークともいえる合戦である。コラムや小論的なかたちでは何回か書いてきたが、最初に文章化したのは高校の卒業文集で書いた一文である。クラスで卒業文集をまとめることになり、多くの人が思い出や詩などを載せるなか、ただひとり「川中島合戦」の勝敗について論じており、ひときわ異色を放っていた。「せっかくの美しい卒業文集が、海上の文章のところでだいなしだ」といった批判もあったらしい。ライフワーク化しているのは、戦略と戦術の分析を中心にしているからで、戦略については核心に迫ったと思うのだが、「車懸り」についても独自の見解を載せている。

出版社が原書房になったことにも、いいしれぬ感慨を覚えるものであった。歴史を学びながら戦略というものに関心をもち、最初に小学校高学年で『孫子』を手にした。それからいわゆる七書を読み、高校生になって欧米の兵学にも手をのばしはじめたとき、多くの戦略書を出してくれていたのが原書房であった。リデル＝ハートでもマハンでも、原書房がなければ入手は難しかったろうから、まさに原書房は恩人であった。

その「戦略の父」的な出版社で「川中島合戦」の本を出せるのであるから夢のような話で、実際に高校時代の自分には想像もできないことであったろう。この夢を現実のものとしてくれた檀上聖子さん（株式会社本作り空）にはどれほど感謝してもしきれぬものではない。本当に恩人である。また、わたしの企画を受け入れてくれた原書房の成瀬雅人社長にも感謝している。そんなわけで、どんな本を書くときも手抜きはしないが、今回はとくに寿命を削るつもりで書きあげた。文章を書くのははやいほうだと思うのだが、蔵書にあったすべての関連本にもう一度目をとおしたため、かなり時間をくっている。ただおかげで、ちまたでひとり歩きしている事柄の出典や原典があきらかになり、また実際にはいわれていなかったことやまちがいも把握できた。

この本が人文系の歴史書と趣をことにしているのは、読んでいただければわかると思う。世の中で常識化しているからといって踏襲せず、必ず自分の目で確認して検証しているのだ。論理性をつきつめることで、矛盾した内容が並列していることに気がついた。たとえば、武田信玄は農繁期に兵を動かしていないとされてきたが、実際に調べてみたら頻繁に農繁期に出陣している。軍記物語はフィクションとして役に立たないとみなされているが、本当に役に立たないのか、手元にあるすべての軍記物語に目をとおしてみたところ、存外有用であることがわかった。理論、法則をもって史実を補完することで、それは明確になった。こうした視点をもてたのは、社会科学系統の学問を学んできたことで、分析し、検証する訓練が積み重なってきたからであろう。そして、自宅の書庫には、何十年間にもわたって収集してきた軍記物語だけでなく相当数の川中島合戦にかんする本があった。これが、今回の本を書くにあたっておおいに役立つことになった。

もちろん、軍記物語を一級史料と同列にあつかうような暴挙はしていない。軍記物語より要素を抽出して、それが戦略という法則に適合しているかどうかを検証し、そのうえで一級史料に掲載されている断片的な史実が、戦略全体を構成する一部分になるかを見ていくというやり方をとっている。その作業であらためて痛感したのは、上杉謙信と武田信玄がすさまじい能力をもった天才であったということである。一般に川中島合戦というと、現象面から見て田舎大名の国境紛争のように思われがちである。しかし、それは謙信と信玄に対して失礼な話である。そんなレベルのことに数万人を動員して死闘をくり広げたりはしない。

人間というものは、自分以下の能力の者の判断はできるが、自分以上の存在については判断できないとされる。謙信、信玄は名将である。上杉謙信、武田信玄というふたりの名将の目には凡人ではうかがい知ることができないものが見えていた。それだけの重要性を認めたからこそ、大軍を動員し、秘術をつくした知略戦が展開されたのだ。「川中島を制する者は東国を制し、東国を制する者は天下を制す」とまでいったらいいすぎかもしれないが、土地が有する力からみて、

「川中島合戦」は天下の帰趨を決する戦いであったといっても過言ではないと思う。

川中島合戦は、巨大な地政学とバランス・オブ・パワーの産物であるとともに、上杉謙信の義侠心が引きおこした激戦でもあった。謙信と信玄の激突は必然であったとしても、村上義清の救援依頼がなければあのようなかたちにはならなかったと思えるからだ。永禄四年（一五六一年）の第四次川中島合戦については、とくにそのことがいえるだろうと考えている。

自分なりに合理的に考えたものも多い。たとえば、永禄四年の第四次川中島合戦が霧の中で不意に遭遇したわけでないことは、移動時間などからあきらかであるが、謙信は信玄を誤解させるために霧が晴れかかったときに攻撃開始したものと理解した。「カンネ」については大学時代の後輩・安藤崇周くんとの会話で出たもので、発案者は安藤君である。

「車懸り」を円陣ではないかと考えたのは平成六年（一九九四年）一〇月、ちょうど亡き父が入院する一か月ほどまえのことであった。友人に米沢へ車で連れていってもらい、上杉神社と米沢林泉寺と謙信廟に参拝した帰りのことである。サッカー好きな友人が語るワールドカップの話をぼんやりと聞いていたところ、一九七〇年代にオランダチームが使ったという円形のフォーメーションの話になり、突如、それこそが「車懸り」の原理ではないかとひらめいたのである。

過去の本もそうであったが、今回も多くの人の手助けがあって書きあげることができた。本作り空の檀上啓治さんからは、ずいぶんとアドバイスしていただいた。家中本だらけにしながらも大目に見てくれた母、資料などで何か見つけたときには連絡をくれる弟、そして励ましの手紙をくれた姪たち――夏輝ちゃん、晴香ちゃん、紗慧ちゃん――には元気づけられた。軍事的内容で不確かな部分は鍛治俊樹先生、太田文雄先生、前原清隆氏に確認した。さらに、故人となられた川村康之先生などに教えてもらっていた内容もふくまれている。サッカーの円陣（トータルフットボールと呼ばれている）は、清水俊吾くん、菅又洋人くん、加藤周くんに詳しく解説してもらった。パソコンのトラブルにはずいぶんと悩まされたが、ことごとく長谷川裕一くんが解決してくれた。

内容的には、論理的整合性がとれているかどうかがいちばん気になった。方程式のように整合性がとれているか、気がつかないうちに常識に支配され、矛盾した内容になっている箇所がないかどうかは、第三者の冷静で批判的なチェックが必要となる。そうした見方の訓練ができている理系の学生にも査読をたのんでいる。秋吉拓人くん、土屋浩平くん、増田純一くん、黒須俊太くん、中條謙くん、高橋秀二くん、岩丸鷹也くん、村松陽介くん、大江達也くん、難波竹秋くん、室田知輝くん、伊東尚輝くん、菊地龍之介くんらが手伝い、図形にかんしても教えてもらった。また、戦略好きな人に、全体として納得いくかどうかを概観してもらうため江面博信くん、福田英司くん、仲本慧悟くん、出口直空くん、西山貴志くん、林彰太朗くんらに査読してもらった。そこでの意見をもとにさらに修正を加えたため、さらに時間を食ってしまったが、そのぶん論理的整合性は高まったように思う。人の縁の不思議さで、八王子生涯学習センターで公開講座をもったことから荒川伊豆守の子孫の方と知り合う機会も得、なぜ荒川姓を変えたのかという話を聞くこともできた。

合戦図については、公益財団法人ながの観光コンベンションビューローの長野市「信州・川中島」特設サイトを参考にして作画させていただいた。当方の見解とことなることもあり、完全に一致しているわけではないが、見やすい図であり、この図に当方の推測している両軍の動きを書きこんでいる。第四回戦の信玄当初の布陣で茶臼山と雨宮の渡しをうまく融合させているのには感心した。茶臼山で妻女山を監視し、千曲川沿いに兵を展開して兵站遮断をおこなった可能性は高いのではないかと思える。

なお、いちばん気になるのは、もし地下に眠る上杉謙信公と武田信玄公が本書を読まれたとして、どう評価してくれるかである。文章作成中に、あるいは資料を分析していたとき、しばしばかたわらに両将が立ち、指摘をうけているような錯覚に陥っているが、はたして納得のいくものになったかどうか。この本は両将に捧げたいと考えている。

二〇一六年秋

海上知明（うなかみ・ともあき）

新しい歴史教科書をつくる会理事・昭和12年学会理事・NPO法人孫子経営塾理事。博士（経済学）。論文に「平知盛と『海軍』戦略　軍記物語にみいだされる戦略原則」「平治の乱における平清盛の対応　軍記物語に見いだされる危機管理」など。著書に『孫子の盲点　信玄はなぜ敗れたか？』（ワニ文庫）、『戦略で読み解く日本合戦史』（PHP新書）など。『金融財政ビジネス』（時事通信社）に「新・歴史夜話」を連載中。

挿　画
青木寛子

装　丁
中浜小織（annes studio）

企画・編集・制作
株式会社 本作り空 Sola

戦略《せんりゃく》で分析《ぶんせき》する古戦史《こせんし》
川中島合戦《かわなかじまかっせん》

2016年11月30日　第1刷
2019年8月8日　第2刷

著　者
海上知明（うなかみ・ともあき）

発行者
成瀬雅人

発行所
株式会社　原書房
〒160-0022 東京都新宿区新宿1-25-13
電話・代表03-3354-0685
http://www.harashobo.co.jp
振替・00150-6-151594

印刷・製本
明光社印刷所

ISBN978-4-562-05358-2